Cicéron,
père de la codification du droit civil

Logiques Juridiques

Collection dirigée par Gérard Marcou

Le droit n'est pas seulement un savoir, il est d'abord un ensemble de rapports et pratiques que l'on rencontre dans presque toutes les formes de sociétés. C'est pourquoi il a toujours donné lieu à la fois à une littérature de juristes professionnels, produisant le savoir juridique, et à une littérature sur le droit, produite par des philosophes, des sociologues ou des économistes notamment.

Parce que le domaine du droit s'étend sans cesse et rend de plus en plus souvent nécessaire le recours au savoir juridique spécialisé, même dans des matières où il n'avait jadis qu'une importance secondaire, les ouvrages juridiques à caractère professionnel ou pédagogique dominent l'édition, et ils tendent à réduire la recherche en droit à sa seule dimension positive. À l'inverse de cette tendance, la collection « Logiques juridiques » des éditions L'Harmattan est ouverte à toutes les approches du droit. Tout en publiant aussi des ouvrages à vocation professionnelle ou pédagogique, elle se fixe avant tout pour but de contribuer à la publication et à la diffusion des recherches en droit, ainsi qu'au dialogue scientifique sur le droit. Comme son nom l'indique, elle se veut plurielle.

Dernières parutions

Daphne AKOUMIANAKI, *Les rapports entre l'ordre juridique constitutionnel et les ordres juridiques européens. Analyse à partir du droit constitutionnel grec*, 2016.

Boris BARRAUD, *La Recherche juridique. Sciences et pensées du droit*, 2016.

Bolleri PYM, *Le statut juridique des établissements de microfinance (EMF) en zone CEMAC, L'encadrement de la « petite finance » du secteur informel vers le secteur formel,* 2016.

Aurore GRANERO, *Les personnes publiques spéciales,* 2016.

Khaled MEJRI, *Le droit international humanitaire dans la jurisprudence internationale*, 2016.

Tiphaine THAUVIN, *Les services sociaux dans le droit de l'Union européenne*, 2016.

Louis-Marie LE ROUZIC, *Le droit à l'instruction dans la jurisprudence de la Cour européenne des droits de l'Homme*, 2015

Delphine COUVEINHES-MATSUMOTO, *Les droits des peuples autochtones et l'exploitation des ressources naturelles en Amérique latine*, 2015

Michel LASCOMBE Gilles TOULEMONDE, *Le droit constitutionnel de la Ve République*, 2015.

Éric Gilardeau

Cicéron, père de la codification du droit civil

L'Harmattan

Du même auteur

L'ordre public dans la jurisprudence civile d'après les arrêtistes, ANRT, 2004.

Au crépuscule de la justice pénale, coll. « Questions contemporaines », L'Harmattan, 2011.

A l'aube du droit pénal utilitaire, coll. « Questions contemporaines », L'Harmattan, 2011.

Les grands procès politiques de l'Antiquité, L'Harmattan, 2015.

Les grands procès criminels de l'Antiquité grecque, L'Harmattan, 2016.

5-7, rue de l'Ecole-Polytechnique, 75005 Paris

http://www.editions-harmattan.fr

ISBN : 978-2-343-13327-0
EAN : 9782343133270

À la mémoire de mon père Camille Gilardeau

Introduction

Cicéron n'a jamais proposé l'élaboration d'un code civil. Nous fûmes longtemps à croire que le citoyen d'Arpinum n'avait, en effet, livré en ce domaine aucune réalisation effective à l'exception d'un essai, le *de iure civili in artem redigendo*, dont les anciens lui attribuaient la paternité[1]. Mais, au fil de nos nombreuses lectures du *De oratore*, du *De legibus*, du *Brutus*, de l'*Orator*, des *Topiques* et du *De officiis* nous fûmes amenés à réviser notre jugement. Ces ouvrages nous laissaient entrevoir une pensée qui cheminait imperceptiblement parmi les considérations rhétoriques, philosophiques et politiques. Chaque ouvrage apportait une pierre à l'édifice qui s'était élevé lentement au cours des onze années qui séparaient le premier du dernier ouvrage. Frappé par le désordre qui régnait dans la jurisprudence romaine, Cicéron construisait patiemment, à l'aide de rappels méthodiques, une œuvre qui, à l'aune de la métaphysique, prenait la forme d'une véritable codification du droit[2].

Que Cicéron ait consacré une part essentielle de son œuvre rhétorique et philosophique à l'étude des questions juridiques est aujourd'hui un fait largement admis par nombre d'historiens et de philosophes du droit. Mais, lorsque ceux-ci s'attachent aux travaux de Cicéron, c'est, en général, pour souligner qu'ils sont avant tout

---

[1] Quintilien, *Institutions oratoires*, traduction Jean Cousin, Les Belles Lettres, Paris, 1980, Tome VII, XII, 3, 10 « *Et M. Tullius non modo in agendo nunquam est destitutus scientia iuris, sed etiam componere aliqua de eo coeperat* » ; Aulu-Gelle, *Les Nuits attiques*, Tome I, Livres I-IV, traduction René Marache, Les Belles Lettres, Paris, 1967, I, 22, 7.

[2] Alain Rey, *Dictionnaire historique de la langue française*, Le Robert, Tome I, Paris, 2000, p.791 « Code n.m. est emprunté (1236) au latin *caudex, codex*, qui, du sens initial de « tronc d'arbre », a pris par métonymie celui de «tablette (d'écorce ?) pour écrire » et, par extension, « livre ». Il s'est spécialisé dans le sens de « livre de comptes » et, dans la langue du droit, dans celui de « recueil de lois ». Son étymologie est inconnue, bien que le suffixe soit identifié comme celui de *vertex* « cime d'un arbre ». Le mot a été introduit en droit comme nom d'un recueil de lois et de règlements (*code pénal*, 1752 ; *code maritime*, 1780). (...) La dérivation de *code* date des XIXe et XXe s. : d'après le sens juridique, il a donné CODIFIER v. tr. (av. 1831) d'où CODIFICATION n.f. (1819) et, d'après sa valeur scientifique) ». Si le terme codification a été forgé tardivement au XIXe siècle, l'idée et le concept étaient clairement identifiés dès l'Antiquité. La codification du *ius civile* fut la démarche qu'envisageait Cicéron comme le démontre l'ensemble de son œuvre.

l'œuvre d'un interprète des auteurs grecs, que ses analyses possèdent certes, une facture originale, mais qu'elles sont marquées par l'esprit des ouvrages de ses devanciers[3]. Comme si l'orateur romain, parvenu au sommet de son cursus politique et intellectuel, s'était contenté de plaquer sur le droit romain les schèmes élaborés par la philosophie grecque

Il est certain que les textes que Cicéron consacre au droit sont très largement influencés par les différentes écoles de la pensée grecque. Loin de nous, l'idée de réfuter cette réalité. Pourtant, il nous est apparu au cours de nos travaux sur la codification que Cicéron était en ce domaine bien plus qu'un simple épigone des académiciens, des épicuriens et des stoïciens. Il fut le véritable initiateur d'une application de la philosophie à la codification du droit. D'abord, parce que, réalisant la synthèse des conceptions en vigueur à son époque, Cicéron ne se tint pas à un simple récolement éclectique des règles du droit romain. Cicéron dépassa cette démarche purement technique par une approche d'ordre criticiste[4] du droit romain.

Nous entendons ici ce concept kantien en ne lui accordant qu'une portée limitée puisqu'il ne s'agit pas d'identifier la démarche suivie par Cicéron à la procédure kantienne. Nous nous proposons seulement d'étudier les quelques éléments qui, dans la démarche de Cicéron, s'apparentent à la méthode criticiste et ceci dans leur stricte application à la codification du droit. Là s'arrête la comparaison, car rappelons-le, Cicéron développait dans les autres parties de son œuvre une conception transcendante du droit naturel condamnée par Kant.

De plus, Cicéron ne disposait ni du vocabulaire ni de la technique ni, bien entendu, des notions dont certaines seront forgées par Kant lui-même. Il faut ajouter à ceci, les considérations propres à chaque auteur et à l'époque où s'inscrivaient leurs pensées respectives situées à plusieurs siècles de distance l'une de l'autre. Mais, lorsque Cicéron envisageait la codification du droit civil, sa démarche s'apparentait à celle que mettra en œuvre le philosophe de Königsberg.

---

[3] Camille Thiaucourt, *Essai sur les traités philosophiques de Cicéron et leurs sources grecques*, Thèse, Librairie Hachette, Paris 1885.

[4] A. Rey, *op. cit.*, Tome I p.954 sous le mot critique « criticité, n.f. (1827) qui a pris son sens philosophique (1838) pour traduire l'allemand *Kritizismus*, défini par Kant comme l'examen critique des fondements rationnels de la connaissance. On en a tiré CRITICISTE adj. (1838) ».

Les interrogations de l'auteur du *De Oratore* et du *De Legibus* ne s'arrêtaient pas en effet, comme c'était encore le cas pour les grands jurisconsultes de son époque, à la meilleure présentation des questions de droit, Cicéron voulait aller beaucoup plus loin. Il inscrivait la question du droit sous les auspices de la pure logique et de la raison. Il fut, en effet, le premier dans l'histoire à poser la question que sera appelé à résoudre, plusieurs siècles après lui, Emmanuel Kant, « qu'est-ce que le droit ? » et cela dans deux ouvrages majeurs, le *De oratore* et le *De legibus*.

Le *De oratore*, rédigé en l'an 55 avant Jésus-Christ, n'était pas seulement un traité d'éloquence, destiné à disserter sur les vertus de l'orateur idéal. Sous l'apparat d'un dialogue platonicien entre Scaevola, Antoine et Crassus, Cicéron dessinait une critique sans concession des insuffisances du droit tout en dénonçant l'impéritie des orateurs et des jurisconsultes. Au fil des pages, Cicéron invitait le lecteur à prendre conscience de l'ampleur de la tâche à accomplir et énonçait les moyens pour y parvenir.

Après avoir mûri sa réflexion, il compléta, quelques années plus tard, à l'été 52, sa pensée dans le *De legibus*. Ce traité n'était pas seulement le prolongement du *De republica*, il était aussi par son livre I la suite logique du *De oratore*. Cicéron proposait de fonder non pas le droit lui-même, comme nous l'avons entendu si souvent dire, mais la science du droit sur la *recta ratio*[5], qu'il identifiait à la loi naturelle. Il opposait celle-ci à la pratique des anciens, cet « *usus* » des jurisconsultes, devenu en ce premier siècle, une source d'obscurité et de contradictions. Refondée sur le principe normatif de la loi naturelle, la science du droit devait permettre cette remise en ordre du droit romain.

Plus que jamais pour Cicéron la question de la codification du droit romain se posait. Aussi proposait-il d'inscrire cette codification du *ius civile* dans le cadre de l'empire territorial sur lequel Rome avait assis son autorité depuis le second siècle avant Jésus-Christ. La codification du *ius civile* était appelée, en effet, à rayonner sur l'ensemble des peuples conquis. Il ne s'agissait plus pour Rome d'établir une domination par la seule force des armes, mais de légitimer son autorité en assurant l'ordre et la stabilité dans l'empire à travers la cohérence

---

[5] *Infra* p. 45.

et l'unité de son droit civil. Or le projet de codification de Cicéron ne pouvait s'envisager hors du champ politique défini par le *De republica* et notamment du principat républicain dont il esquissa les grandes lignes. Dans ce cadre précis, la codification cicéronienne devait constituer le pivot d'une dialectique de l'ordre et de la puissance dans l'empire. Elle était, en effet, une œuvre principalement politique. (I)

Pour élaborer cette codification, Cicéron se proposait d'ériger le droit civil au rang d'une authentique épistémé[6], c'est-à-dire d'une science exacte. C'est à partir de ce postulat que Cicéron devait élaborer en 46 avant Jésus-Christ, dans ses traités rhétoriques, le *Brutus* et l'*Orator*, une méthode de codification du droit qui tranchait avec les compilations fonctionnelles de son époque et celles qui verront le jour plusieurs siècles plus tard avec les textes que nous qualifions de *Corpus Iuris Civilis*[7]. Cicéron y déployait, sous la notion d'*ars*, une construction logique fondée à la fois sur une définition systématique des concepts et une division scientifique des genres et des espèces en catégories juridiques, déjà exposées au livre I du *De oratore*. Se fondant sur les *responsa*[8] qui revêtaient le caractère de véritables précédents auprès des juridictions et qui étaient appelées à former le centre de sa codification, Cicéron ambitionnait d'incorporer l'ensemble des sources du droit civil. Cependant, la codification cicéronienne n'avait pas vocation à supplanter le *ius civile*. Aussi la méthode de rédaction avait-elle pour objet de laisser une certaine latitude aux prudents et aux juges dans l'application des règles. Les rédacteurs du Code civil français comme du Code civil autrichien se rapprocheront de cette méthode de codification.

Puis, Cicéron poursuivait ce long travail, deux ans plus tard, en l'an 44 avant Jésus-Christ avec les *Topiques*. Au détour de ses exposés sur

---

[6] A. Rey, *op. cit.*, p.1274 sous le mot épistémologie, « Epistémé n.f. adaptation graphique du mot grec (v.1965 ; cf. la variante *épistémie*), d'usage plus didactique encore, désigne l'ensemble des connaissances réglées à une époque ». La pensée de Cicéron concerne en effet les différents domaines de la connaissance pour l'appliquer au droit avec la volonté d'ériger le droit au rang d'une science exacte, la science du droit.

[7] Franz Hofmann, *Die Compilation der Digesten Justinians Kritische Studien*, Pfaff, Ivo, Wien, 1900 ; Douglas J. Osler, *The Compilation of Justinian's Digest*, in Zeitschrift der Savigny-Stiftung für Rechtsgeschichte, Romanistische Abteilung, Band 102, 1985.

[8] Les *responsa* étaient les consultations que délivraient les jurisconsultes sur les points de droit qui leur étaient soumis.

les lieux communs des discours, Cicéron forgeait les cadres conceptuels des grandes subdivisions de sa codification qui est, par bien des côtés, similaire aux grandes parties de la codification autrichienne. S'aidant des procédés logiques et dialectiques, Cicéron définissait les modes d'exposition des règles du *ius civile* dans le cadre d'une trame diaiérétique. L'auteur des *Topiques* identifiait l'essence de chaque disposition pour l'insérer dans une structure ordonnée du droit civil. L'*ars*[9] du droit sous le stylet de Cicéron prenait progressivement la forme d'une codification théorétique du *ius civile*[10]. (II)

Avec le *De officiis* composé à la fin de l'année 44 av. J.-C., Cicéron achevait ses réflexions en donnant un tour téléologique à la codification théorétique du *ius civile*. Partant, Cicéron consacrait un autre aspect de son projet qui n'était plus seulement une œuvre de légitimation de la puissance impériale de Rome, mais également une codification au sens moderne du terme. L'auteur du *De officiis* donnait au *ius civile* un cadre protecteur face à l'arbitraire des pouvoirs qu'ils fussent politique et économique dans la société romaine. Le projet de Cicéron était, en effet, de donner naissance à une véritable codification civile du droit.

Sous le stylet de Cicéron, l'équité, qui occupait dans la trame diairétique le rang d'une espèce du *ius civile*, se hissait insensiblement au niveau du *ius* lui-même devenant ainsi le genre de toutes les sources du droit civil. Ordonné sous l'égide de l'équité, le *ius civile* devenait un corps autonome de normes qui assurait une régulation interne de ses dispositions à travers le principe *summum ius summa iniuria* entendu comme un correctif légal des abus du droit.

Cicéron offrait une illustration remarquable de cette application de l'équité par la consécration des dernières avancées de la science juridique en matière de conventions à travers le principe de bonne foi.

---

[9] *Infra* pp. 87 et s. pour la définition précise de ce terme qui prend chez Cicéron la signification d'« épistémé ».

[10] Larousse de la langue française, Tome II, Librairie Larousse, Evreux, 1977, p.1876, « Théorétique adj. (lat. *theoreticus*, 1721) 1. *Philos*. Qui concerne la théorie, c'est-à-dire, selon Aristote, la mathématique, la physique et la théologie ». C'est en ce sens aristotélicien qu'il faut entendre le concept de « théorétique » que nous utilisons, car les travaux de Cicéron conduisaient à une connaissance parfaite du *ius civile* qui impliquait la même rigueur que la mathématique à laquelle Cicéron n'hésitait pas à faire appel pour sa méthode d'exposition des règles du *ius civile*.

Si la réticence dolosive élargissait le champ du dol, cette innovation des prudents restait pour l'auteur du *De officiis* un progrès insuffisant pour assurer une justice contractuelle complète entre les parties. Aussi Cicéron consacrait-il à travers son fameux cas du marchand de Rhodes un devoir élargi d'information en amont du contrat avant de compléter, en aval de la convention, la protection des parties par la règle de l'imprévision. À plusieurs siècles de distance, le Code civil allemand consacrera une conception de l'équité, de la bonne foi et de l'imprévision proche de la représentation cicéronienne. Après beaucoup de réticence, la France rejoindra le droit allemand avec la réforme du droit des contrats en 2016 et s'inscrit désormais dans une communion de pensée avec le citoyen d'Arpinum. (III)

Première partie

PROLÉGOMÈNES À UNE CODIFICATION POLITIQUE DU *IUS CIVILE* : LE *DE ORATORE* ET LE *DE LEGIBUS*

Au moment où Cicéron entreprenait la carrière des honneurs, le droit en vigueur à Rome subissait une évolution à la fois inédite et contradictoire. Inédite, parce que le *mos maiorum*[11], « la coutume des ancêtres » constituée par des règles transmises d'une génération à l'autre, se trouvait soumis à des interprétations multiples et divergentes qui altéraient la certitude et le contenu de ses prescriptions. Cicéron en faisait l'amer constat dans le *De republica* : « *Ainsi donc, avant notre époque, c'était la tradition ancestrale elle-même qui appelait à l'œuvre les hommes de premier rang et c'étaient les hommes éminents qui maintenaient en vigueur les coutumes anciennes et les institutions qu'avaient connues nos pères. (...) qu'est-ce donc qui subsiste des mœurs d'autrefois qui ont fait que Rome restât debout ? (...) on les ignore maintenant ...* »[12].

Pour pallier cet effacement progressif du contenu du droit coutumier de la mémoire collective, Rome crut trouver une solution dans la loi. Destinée à compenser l'incertitude et l'inadaptation du *mos maiorum*, la République multiplia les lois sans véritable souci de leur cohérence. Cette profusion législative se révéla pire que le mal. La méconnaissance des lois de la cité par les jurisconsultes et les orateurs se révéla plus grande encore. Le jugement de Cicéron était à cet égard sans appel lorsqu'il visait particulièrement trois orateurs

---

[11] Hans Ulrich Rech, *Mos maiorum. Wesen und Wirkung der Tradition in Rom, Dissertation* Philipps-Universität zu Marburg , 1936; Lengericher Handelsdruckerei, 1936 ; Bernhard Linke und Michael Stemmler, *Mos maiorum. Untersuchungen zu den Formen der Identitätsstiftung und Stabilisierung in der römischen Republik*, Franz Steiner Verlag, Stuttgart, 2000.

[12] Marcus Tullius Cicéro, *De republica*, traduction Esther Bréguet, Les Belles Lettres, Paris, 1980, V, 1, 1, 2, « *Itaque ante nostram memoriam et mos ipse patrius praestantes viros adhibebat et veterem morem ac maiorum instituta retinebant excellentes viri. (...) Quid enim manet ex antiquis moribus quibus ille dixit rem stare Romanam ? (...) sed etiam ignorentur* ».

romains de premier plan dans le *De oratore*[13] : « *or, tous trois ignoraient les lois, étaient peu ferrés sur les institutions des ancêtres et n'avaient aucune connaissance du droit civil* »[14]. Cicéron mesura très vite la difficulté à laquelle se trouvait confrontée la cité et se montrait critique à l'égard des solutions préconisées par Mucius et Servius et sceptique à l'égard des compilations de César et Pompée pour surmonter la crise que traversait alors le droit romain (Chapitre I).

Cicéron développa à travers le *De legibus* une nouvelle approche de la crise juridique. Plus qu'une novation, c'était une véritable révolution de la pensée juridique que dessinait Cicéron. Contre les contradictions, les confusions et les incertitudes de la législation et du *mos maiorum*, Cicéron trouvait dans la nature rationnelle de l'homme le fondement d'une organisation systématique du droit. « *Il s'ensuit donc que la nature nous a créés pour participer les uns avec les autres et mettre en commun entre nous tous le droit* »[15]. Le droit naturel était pour Cicéron le critère législatif des dispositions qui seraient appelées à définir les rapports juridiques entre les citoyens.

Mais, le *De legibus* s'inscrivait dans la continuité du *De Republica*. La conception du principat qu'y développait Cicéron entretenait un lien étroit avec la mutation que connaissait Rome, qui, de Cité, était devenue un empire. Il fallait adapter le *ius* à cette évolution politique et territoriale. Cicéron considérait, en effet, que le *ius civile* devait tendre à l'unité sous la forme d'un système ordonné de règles obligatoires en corrélation avec le régime d'un principat républicain qui était appelé à constituer, selon l'auteur du *De republica*, le centre et le régulateur de l'ordre politique d'un territoire étendu aux dimensions d'un empire. Cette refondation rationnelle du *ius* dans le cadre d'une codification avait donc une vocation éminemment politique (Chapitre II).

---

[13] Cicéron, *De oratore*, Tome I, Livre I traduction Edmond Courbaud, Les Belles Lettres, Paris, 1922, I, X, 40, « J'ai dans la mémoire, en ce moment, Ser. Galba, orateur extraordinaire, et M. Aemilius Porcina, et C. Carbo lui-même … ».
[14] Cicéron, *De oratore*, I, X, 40.
[15] Cicéron, *De legibus*, traduction Georges de Plinval, Les Belles Lettres, Paris, 1959, I, XII, 33, « *Marcus. – Sequitur igitur ad participandum cum alio communicandumque inter omnes ius nos natura esse factos* ».

Chapitre premier

Une introduction critique à la codification du *ius* : le *De oratore*

Les *responsa* constituaient en ce Ier siècle av. J.-C. l'armature du *ius civile*. Les nouveaux *iuris prudentes* issus de l'ordre équestre se détachaient cependant de la *scientia civilis* qui avait prédominé jusqu'alors au sein des familles aristocratiques. La rigueur d'un art qui impliquait un apprentissage long et difficile n'était plus soumise aux mêmes exigences. Progressivement, les méthodes logiques, qui avaient guidé les prudents, laissaient place à une pure casuistique qui brisait l'unité du *ius civile* et faisait naître progressivement un *ius controversum*. L'art de l'exposition des orateurs connaissait parallèlement un déclin très net. Cicéron dénonçait la confusion qui régnait dans la présentation de leurs arguments. Pour l'auteur du *De oratore*, l'ordre, la discipline, la logique avaient fui les rangs des experts du droit. Leur impéritie rejaillissait sur la cohérence même du *ius civile*. Pour Cicéron, une remise en ordre s'imposait. Une nécessité nouvelle se dessinait : inscrire le *ius* dans le corps d'un écrit unique (Section I).

Cette exigence de rédaction des règles du *ius civile* dans un système ordonné n'était pas l'apanage de l'auteur du *De oratore*. Des jurisconsultes de premier plan, comme Mucius Scaevola et Servius Sulpicius Rufus, l'avaient devancé dans cette voie. Ces derniers avaient compris que, face à un *ius civile* segmenté par une confrontation désormais systématique des *responsa*, une synthèse de leurs propres consultations, dépassant la seule démarche casuistique, pouvait ordonner les séquences du *ius civile*. L'ordre du *ius civile* devenait dans les livres *Iuris civilis* de Mucius et dans les 180 livres de Servius le canon de leur propre écriture. Le contenu des *responsa*, rangé dans un ordre systématique distribué en *capita* par Mucius, n'en conservait pas moins pour Cicéron un caractère fortement casuistique. Si Servius apparaissait, aux yeux de Cicéron, dépasser et de loin l'*usus* de Mucius par son approche scientifique du *ius*, il n'en considérait pas moins que les 180 livres de *responsa*, bien que structurés dans un système ordonné de normes rationnelles, s'inscrivaient toujours dans le cadre traditionnel des séries casuistiques. La révolution scientifique proposée par Mucius et plus encore par Servius, s'était arrêtée à l'horizon d'une structuration systématique du *ius* sous forme de normes et de concepts ontologiques. Cicéron estimait qu'il lui appartenait dès lors de franchir cette frontière à laquelle s'étaient fixés ses prédécesseurs (Section II).

L'idée, repoussée par Mucius, puis refusée par Servius, d'une science juridique pleinement assumée afin de constituer un corpus de règles modelées sous l'effet d'une méthode diairétique étendue à l'ensemble du droit civil, semblait trouver avec les projets de compilation de Pompée et de César une véritable concrétisation. Si Cicéron accueillait avec faveur le principe de fonder l'ensemble du *ius civile* sur la loi, il ne partageait cependant pas la démarche consistant à juxtaposer dans l'urgence les textes et les prescriptions existants en laissant le soin au juge de choisir la disposition adaptée pour trancher le litige. Pour l'Arpinate, il fallait aller beaucoup plus loin afin d'adapter parfaitement le *ius civile* aux dimensions de l'empire territorial de la République. Il lui semblait inéluctable de réécrire le *ius civile* pour articuler dans un ensemble logique et systématique les différentes parties du droit civil. Une systématisation appuyée avec un effet d'ordonnancement contraignant lui apparaissait nécessaire pour résoudre la crise du droit civil (Section III).

Section I - Le chaos du *ius* à la fin de la République : l'impéritie des prudents et des orateurs

Face à la diversité des lois et des représentations souvent contradictoires du *mos maiorum*, l'avocat romain avouait au détour d'une de ses *Philippiques* sa défiance et son désarroi : « *Il est, en effet, nécessaire, dans un tel bouleversement et une perturbation si générale, d'obéir aux circonstances plutôt qu'aux coutumes* »[16]. Le constat de Cicéron était définitif. Il n'était plus possible de suivre les interprétations divergentes que donnaient les jurisconsultes dans leurs

[16] Cicéron, *Discours*, Tome XX, *Philippiques*, V à XIV, traduction Pierre Wuilleumier, Paris, 1973, XI, 27, « *Necesse est enim in tanta conversione et perturbatione omnium rerum temporibus potius parere quam moribus* ».

responsa. Cette conclusion s'était progressivement imposée à lui. Elle était le fruit d'une longue réflexion que l'Arpinate avait entreprise très tôt et mûrie tout au long de son oeuvre. La casuistique du droit privé à Rome n'était plus adaptée à l'évolution et à la complexité d'une société qui exigeait plus d'uniformité et de cohérence pour la sécurité du commerce juridique.

À cette première difficulté était venue s'ajouter pour Cicéron une pierre d'achoppement bien plus inquiétante encore. Selon l'ancien disciple de Quintus Mucius Scaevola[17], les jurisconsultes s'étaient affranchis de tout principe logique. Ils créaient le droit au gré de leurs consultations en fonction d'un raisonnement qui leur était propre sans méthode commune[18]. Dans le *De legibus*, Cicéron le dénonçait avec véhémence : « *Mais les jurisconsultes, soit pour induire en de faux détours et pour paraître en savoir plus long et des questions plus difficiles, soit ce qui est plus vraisemblable, dans leur inexpérience didactique (car non seulement c'est le propre de l'art de savoir une chose, mais c'est encore un art de savoir l'exposer), dispersent souvent en une enquête qui n'a plus de limites une matière qui en réalité ne constitue l'objet que d'une seule étude* »[19]. Ce grief se teintait chez l'auteur du *De legibus* d'une pointe d'amertume dirigée plus particulièrement contre l'impéritie des prudents dans l'art de l'exposition.

Aussi Cicéron livrait-il en quelques mots la méthode que tout jurisconsulte devrait mettre en œuvre, « *quelle que soit la catégorie juridique à laquelle m'amène le cours de la discussion, je ne traiterai en chaque catégorie (et dans la mesure de mes moyens) que ce qui a rapport à notre droit civil ; mais cela, dans des conditions telles que soit bien connu le point de départ d'où se déduit chaque application particulière, - si bien qu'il n'y aura plus de difficulté (...) quelle que*

---

[17] Quintus Mucius Scaevola dit l'Augure fut le premier maître du jeune Cicéron dans l'apprentissage du droit.

[18] André Magdelain, *Un aspect négligé de « l'interpretatio »*, Revue historique de droit français et étranger, Quatrième série, Volume 61, N°1, Dalloz, Paris, 1983, pp.1-6.

[19] Cicéron, *De leg.*, II, XIX, 47, « *Sed iuris consulti, sive erroris obiciundi causa quo plura et difficiliora scire videantur, sive, quod similius veri est, ignoratione docendi (nam non solum scire aliquid artis est, sed quaedam ars est etiam docendi) saepe quod positum est in una cognitione, id in infinita dispertiuntur* » ; cette dénonciation est au fondement de la démarche de Cicéron.

soit la cause ou la question nouvelle qui se présente, à en tenir la solution juridique, du moment qu'on saura à quelle source, il faut aller la prendre »[20].

Mais, loin d'appliquer une méthode commune sur le modèle préconisé par Cicéron, la casuistique des prudents ne cessait en ce Ier siècle av. J.-C. d'accentuer leurs divergences de vues. L'opposition des solutions sur une même question prenait désormais un tour systématique. En présence de *responsa* contradictoires, il était habituel de trancher non plus sur le fondement de l'analyse juridique qui sous-tendait celles-ci, mais en fonction de considérations étrangères. Ainsi, la situation sociale éminente de l'auteur, fût-elle celle d'un nouveau venu, déterminait souvent la primauté de sa consultation au regard des *responsa* de ses concurrents.

Wolfgang Kunkel ajoutait que cette crise de légitimité des prudents, avait été accentuée au dernier siècle lorsque les fonctions de jurisconsulte furent ouvertes aux Italiens[21]. Cet élargissement du recrutement des jurisconsultes hors du réseau des familles traditionnellement dépositaires de la science du droit n'offrait plus la garantie qu'apportaient jadis des lignées de jurisconsultes formées à la connaissance du *mos maiorum*.

Paul Jörs rappelle pour sa part le regard particulièrement critique que portait Cicéron à l'égard de cette ouverture de la science du droit. Selon Jörs, l'accès des membres de l'ordre équestre aux fonctions de jurisconsultes aurait contribué à briser l'unité originelle des *responsa* et à favoriser l'apparition d'un *ius controversum*[22]. Les *responsa* apparaissaient dès lors pour Cicéron comme un amoncellement d'opinions divergentes qui n'offrait plus la moindre cohérence. Ferdinando Bona comme Dieter Nörr insistaient tout particulièrement

---

[20] Cicéron, *De leg.*, II, XVIII, 46, « … *quod ad cumque legis genus me disputatio nostra deduxerit, tractabo, quoad potero, eius ipsius generis ius civile nostrum ; sed ita, locus ut ipse notus sit, ex quo ducatur quaeque pars iuris, ut non difficile sit* (…) *quaecumque nova causa consultatione acciderit, eius tenere ius, quom scias a quo sit capite repetendum* ».

[21] Wolfgang Kunkel, *Herkunft und Soziale Stellung der römischen Juristen*, Graz, Wien, Köln, Bölhau, 1967.

[22] Paul Jörs, *Römische Rechtswissenschaft zur Zeit der Republik*, I, Franz Vahlen, Berlin, 1888, S.84 ff..

sur l'insécurité juridique engendrée par les nombreuses contradictions des *responsa* qui inquiétaient ô combien Cicéron[23].

L'indignation de Cicéron était d'autant plus grande que la diversité des *responsa* avait un retentissement bien plus important encore sur le lien qui unissait traditionnellement la jurisprudence et les sentences qu'étaient appelés à rendre les juges. En effet, dans l'opinion commune s'imposait progressivement l'idée que les juges n'étaient plus liés désormais par l'*interpretatio* des prudents. Par « prudents », Cicéron entendait les auteurs de *responsa* qui faisaient autorité auprès des magistrats. Elles étaient pour Cicéron les seules consultations qui pouvaient être identifiées au *ius civile*[24], mais elles pâtissaient de la perte de crédibilité à laquelle avaient fini par les exposer les opinions divergentes du *ius controversum*.

Aux yeux du plus grand nombre, le *ius controversum* s'identifiait à un *ius varium* aux effets délétères. Dans le *Pro Caecina*, Cicéron dénonçait ce *ius varium* qui avait fini par emporter les derniers vestiges de l'*auctoritas* que l'on reconnaissait encore aux prudents : « *Ensuite, si c'est sur un point de droit controversé qu'on a prononcé, on n'a pas plus décidé contre les jurisconsultes si l'on a prononcé contre l'avis de Mucius que juger conformément à leur autorité, si l'on a adopté l'interprétation de Manilius* »[25]. Le règne de l'arbitraire était dès lors la tare essentielle du système juridique romain. Cicéron le condamnait avec véhémence dans le *Pro Murena*[26]. Mais, il existait pour l'Arpinate une conséquence beaucoup plus grave encore. En

---

[23] Ferdinando Bona, *La certezza del diritto nella giurisprudenza tardo-repubblicana*, in *La certezza del diritto nell'esperienza giuridica romana, Atti del Convegno di Pavia, 26-27 aprile 1985*, Padova, Cedam, 1987, p.127 et s. ; Dieter Nörr, *Rechtskritik in der römischen Antike*, Band 77, Verlag der Bayerischen Akademie der Wissenschaften, München, 1974, pp.15 et s.

[24] Eugen Ehrlich, *Beiträge zur Theorie der Rechtsquellen*, I, Theil, das « *ius civile, ius publicum, ius privatum* », C. Heymann, Berlin, 1902, p.1 et s.

[25] Cicéron, *Pro A. Caecina*, Tome VII, traduction André Boulanger, Les Belles Lettres, Paris, 1973, XXIV, 69, « *Deinde si de iure vario quippiam iudicatum est non potius contra iuris consultos statuunt, si aliter pronuntiatum est ac Mucio placuit quam ex eorum auctoritate, si, ut Manilius statuebat, sic est iudicatum* ».

[26] Cicéron, *Discours*, *Pro L. Murena*, Tome XI, traduction André Boulanger, Paris, 1946, XIII, 28, « *quae consuluntur autem minimo periculo respondentur. Si id quod oportet responderis, idem videare respondisse quod Servius ; sin aliter, etiam controversum ius nosse et tractare videare* ».

effet, par un choc en retour, l'importance prise par le *ius controversum* menaçait l'autorité même du *ius civile*.

Aussi Cicéron s'appliquait-il dans le *Pro Caecina* à faire une distinction destinée à préserver les jurisconsultes qu'il jugeait dignes de cette fonction. Il identifiait leurs *responsa* au *ius civile* lui-même par opposition aux solutions sans cohérence données par des juristes qui avaient usurpé, à ses yeux, la qualité et l'autorité de prudents. Dans le *Pro Caecina*, Cicéron érigeait cette frontière qu'il voulait infranchissable. Il opposait les consultations des véritables détenteurs de la science juridique qui formaient, selon lui, le fondement des lois et les *responsa* de ceux qui n'étaient plus dignes du titre de jurisconsulte et dont il était dès lors possible de remettre directement en cause la légitimité sans porter atteinte pour autant à l'autorité du *ius* : « *S'en prendre aux interprètes du droit, en les accusant d'incompétence, c'est rabaisser les personnes et non le droit civil. Mais soutenir qu'il ne faut pas déférer à l'opinion des jurisconsultes éclairés, ce n'est pas porter atteinte aux personnes, c'est ébranler les lois et la justice* »[27].

Cette critique lancée contre l'incompétence de certains jurisconsultes s'adressait aussi aux orateurs. Les fonctions de jurisconsulte et d'orateur étaient à l'origine confondues entre les mains des mêmes experts. Mais, à la fin de la République, l'art oratoire devint une discipline à part entière et non plus une partie accessoire de la science juridique ; évolution que Cicéron avait accueillie avec faveur : « *seulement, comme l'orateur, pour étayer ses plaidoiries, a souvent recours à la science du droit, tu as adjoint celle-ci à l'éloquence, telle une vile servante qui devra marcher à sa suite* »[28].

Le résultat de cette spécialisation fut une concurrence exacerbée entre jurisconsultes et avocats pour l'accès aux prétoires. Cependant, dans cette lutte d'influence pour conquérir l'espace judiciaire, la place des orateurs n'avait cessé de grandir. Cette évolution n'avait pas

---

[27] Cicéron, *Pro A. Caec.*, XXV, 70, « *qui autem interpretes iuris vituperat, si imperitos iuris esse dicit, de hominibus, non de iure civili detrahit ; sin peritis non putat esse obtemperandum, non homines laedit, sed leges ac iura labefactat* ».

[28] Cicéron, *De orat.*, *op. cit.*, I, LV, 236, « *sed quia saepe utitur orator subsidio iuris in causis, idcirco istam iuris scientiam eloquentiae tamquam ancillulam pedisequamque adiunxisti* ».

donné le résultat qu'escomptait Cicéron. Lui, qui, dans un premier temps, s'était réjoui de la place prise par les avocats dans le débat judiciaire, déplorait désormais leurs insuffisances. Au grand dam de l'orateur, les méthodes d'exposition du plus grand nombre de ses collègues se révélaient tout aussi critiquables que leur méconnaissance du droit : « *Qu'y a-t-il en effet de plus extravagant qu'un assemblage de mots, lesquels, même les mieux choisis et les plus brillants, ne sont qu'un vain bruit, quand il n'y a par-dessous ni science ni pensée ?* »[29].

La crise du droit à la fin de la République se caractérisait, en conséquence, par une extrême confusion, une dispersion de la matière juridique et pour tout dire une véritable impéritie dans l'exposition des arguments. Cicéron développait une critique des plus cruelles, mais aussi des plus fondées : « *leur discours est tellement confus et embrouillé que rien n'est le premier point, rien le second ; c'est un entassement désordonné de mots extraordinaires, au point que leur plaidoyer, qui devrait porter la lumière sur les faits, les noie, au contraire, d'obscurité et de ténèbres ; on dirait que, par ce vain bruit, ils cherchent à couvrir leurs propres paroles* »[30].

Pour Cicéron, il était urgent de mettre fin à cette situation. Le droit devait trouver une langue nouvelle, qui fut adaptée aux rigoureuses exigences de la démonstration juridique, afin de conférer au *ius civile* la cohérence qu'il avait perdue. Le droit civil ne devait plus souffrir la moindre contradiction interne. À ce titre, le *De oratore* prendra dans le *corpus* cicéronien une place à part. Il constituera une œuvre critique qui s'adressera à la fois aux prudents et aux orateurs.

Contrairement à Ferdinando Bona qui ne voyait dans le *De oratore* qu'un ouvrage à destination des orateurs[31], nous pensons, comme

---

[29] Cicéron, *De orat.*, I, XII, 51, « *Quid est enim tam furiosum quam verborum vel optimorum atque ornatissimorum sonitus inanis, nulla subiecta sententia nec scientia ?* ».

[30] Cicéron, *De orat.*,Tome III, Livre III, traduction par Henri Bornecque, Les Belles Lettres, Paris, 1930, III, XIII, 50, « *ita confusa est oratio, ita perturbata, nihil ut sit primum, nihil ut secudum, tantaque insolentia ac turba verborum, ut oratio, quae lumen adhibere rebus debet, ea obscuritatem et tenebras afferat atque ut quodam modo ipsi sibi in dicendo obstrepere videantur* ».

[31] Ferdinando Bona, *L'ideale retorico ciceroniano ed il « ius civile in artem redigere »*, in Studia e Documenta Historiae et Iuris, XLVI, 1980, p.296 ; voir également, F. Bona, *Sulla fonte di Cicero, de oratore, 1, 56, 239-240 e sulla*

Johannes Stroux[32], Guzman Brito[33] et Gabor Hamza[34], que les juristes se trouvaient concernés tout autant que les avocats par cet ouvrage. Parce que le *ius civile* était le champ commun de leurs compétences, l'auteur du *De oratore* se proposait de conduire habilement prudents et orateurs vers la seule voie possible de réforme, une codification du droit civil.

Mais, l'idée d'une remise en ordre du *ius civile* n'était pas propre à l'auteur du *De oratore*. Bien d'autres l'avaient envisagé avant lui. Cependant, aucune de ces entreprises n'avait trouvé grâce à ses yeux. Cicéron articulait à travers son œuvre une double critique à l'encontre des tentatives de ses devanciers qui avaient cherché à rendre au *ius civile*, mais selon lui vainement, sa cohérence d'antan. L'Arpinate pointait en premier lieu les insuffisances des collections des *responsa* avant de mettre directement en cause les projets de compilation du droit qu'il jugeait limités dans leur portée.

Section II - Une « révolution scientifique » inachevée : les collections de Mucius et de Servius

Au moment où Cicéron se livrait à cette réflexion dans le *De oratore*, d'autres travaux visant à rendre plus de cohérence au *ius civile* avaient déjà vu le jour. Mais, Cicéron jugeait qu'ils ne pouvaient remédier à la crise que connaissait le droit civil. L'auteur du *De oratore* critiquait, en effet, les travaux de Brutus et de Caton qui avaient réuni leurs consultations dans le but d'ordonner les différentes parties du droit concernées par leurs *responsa*.

Cicéron rejetait ces collections de cas particuliers, qui, par leur accumulation, n'apportaient aucun remède au chaos du droit romain :

---

cronologia dei « decem libelli » di P. Mucio Scevola, in Studia e Documenta Historiae et Iuris. 39, 1973, p.455.

[32] Johannes Stroux, *Die griechischen Einflüsse auf die Entwicklung der römischen Rechtswissenschaft*, in « *Atti del Congresso Internazionale di diritto romano* », Band I, Pavia, 1934.

[33] Alejandro Guzman Brito, *Dialéctica, casuistica y sistematica en la jurisprudencia romana*, en *Revista de Estudios Historico-Juridicos*, V, Valparaiso, 1980.

[34] Gabor Hamza, *Cicero und der Idealtypus des iurisconsultus*, in « *Helikon* », XXII-XXVII, 1982-1987.

« *Mais ici vos jurisconsultes viennent à leur tour nous embarrasser et nous dégoûter de l'étude de leur science. Je vois que Caton et Brutus ne manquent presque jamais de nommer dans leurs livres les personnes, hommes ou femmes, auxquels ils ont communiqué des décisions sur le droit. Ils voulaient sans doute nous faire croire que le point douteux, objet de la consultation tenait à la personne et non pas au fond même de l'affaire, pour nous décourager par la multitude infinie des cas individuels et nous enlever la volonté d'apprendre en même temps que l'espérance de savoir* »[35]. Aldo Schiavone précise à ce titre que « *Les livres de Caton – peut être une masse hétérogène de matériaux ne se limitant pas aux réponses de l'auteur (...) devaient être vus comme un mélange mal abouti de vieux et de neuf, à mi-chemin entre Sextus Aelius et Publius Mucius* »[36].

Cicéron annonçait déjà l'opposition qu'il entendait instaurer entre l'*usus* des prudents et une science juridique véritable qu'il identifiait à la méthode suivie par Crassus : « *Mais ce sont difficultés que Crassus débrouillera quelque jour, en nous exposant cette science avec les divisions générales qu'il y aura introduites. Car tu sauras Catulus, qu'il nous a expressément promis hier, de réunir les éléments du droit civil, actuellement épars et dispersés, de les classer en catégories déterminées et d'en former un système facile et clair* »[37].

Cependant, le regard critique de Cicéron n'était pas aussi acerbe pour toutes les collections de *responsa*. Ce dernier conservait, en effet, pour Quintus Mucius Scaevola une véritable admiration, qui n'était pas seulement le respect d'un disciple envers son ancien maître, mais aussi la marque d'une considération pour l'auteur des dix-huit livres, *Iuris civilis,* qui avait su réunir par un classement méthodique et complet l'ensemble du droit civil en vigueur à son époque. Ferdinando

---

[35] Cicéron, *De oratore,* Livre II traduction Edmond Courbaud, Les Belles Lettres, Paris, 1966, II, XXXIII, 142, « *In quo etiam isti nos iuris consulti impediunt a discendoque deterrent. Video enim in Catonis et in Bruti libris nominatim fere referri, quid alicui de iure viro aut mulieri responderint ; credo, ut putaremus in hominibus, non in re consultationis aut dubitationis causam aliquam fuisse ut, quod homines innumerabiles essent, debilitati a iure cognoscendo voluntatem discendi simul cum spe perdiscendi abiceremus* ».

[36] Aldo Schiavone, *Ius l'invention du droit en occident*, Belin, Paris, 2008, p.236.

[37] Cicéron, *De orat.,* Livre II, 142, « *Sed haec Crassus aliquando nobis expediet et exponet descripta generatim. Est enim, ne forte nescias, heri nobis ille hoc, Catule, pollicitus, se ius civile, quod nunc diffusum et dissupatum esset, in certa genera coacturum et ad artem facilem redacturum* ».

Bona et Mario Bretone rappellent à juste raison la révérence marquée de Cicéron pour l'œuvre scientifique de Mucius Scaevola[38].

En effet, Quintus Mucius Scaevola avait été l'un des premiers à introduire à Rome la procédure du raisonnement diairétique héritée de la pensée grecque[39]. Cette partie de la dialectique, issue de la philosophie platonicienne, consistait à développer une argumentation fondée sur une définition précise des concepts et leur répartition par genres et espèces. Ainsi dans les *Lois*, Platon établissait trois critères pour assurer une connaissance précise des entités : nom, définition, essence[40]. Dans le *Sophiste*, Platon précisait que la méthode diairétique permettait de clarifier la connaissance des notions. À travers la division des notions par genres et par espèces, il n'était plus possible de prendre une forme pour une autre, ni d'identifier des formes qui étaient en réalité différentes[41].

Or s'inspirant de la méthode diairétique grecque, Quintus Mucius Scaevola avait introduit une nouvelle façon de penser le droit par un recours systématique à l'abstraction, dans une création continue de notions juridiques, qui était au fondement même d'une véritable révolution scientifique du *ius*. Nous citerons à titre d'exemple la qualification juridique du « *quidque contractum* » qui est à l'origine de notre propre représentation du contrat : « *Mucius. Une obligation doit se résoudre par les moyens qui l'ont contractée. C'est pourquoi si l'on a contracté par la chose, on doit résoudre par la chose ; par exemple, quand on a donné en prêt à consomption, on doit en retour donner autant d'argent ; et quand nous avons contracté sur quelque objet par les paroles, l'obligation doit se résoudre ou par la chose ou par les paroles. Par les paroles, lorsque l'on passe une acceptilation au débiteur ; par la chose, lorsque l'on donne la chose promise. De même lorsque l'on a contracté un achat ou une vente ou une location ;*

---

[38] F. Bona, *Cicerone e i « libri iuris civilis » di Quinto Mucio Scevola*, in *Questioni di giurisprudenza tardo-repubblicana, Atti di un Seminario, Firenze, 27-28 maggio 1983*, Milano, 1985, pp.205-279 ; Mario Bretone, *Tecniche e ideologie dei giuristi romani*, Edizioni scientifiche italiane, Napoli, 1982.

[39] *Diairesis*, division, distribution.

[40] Platon, *Œuvres complètes*, Tome XII, 1ère partie, *Les Lois*, traduction par Auguste Diès, Les Belles Lettres, Paris, 1956, X, 895 d 1-5.

[41] Platon, *Œuvres complètes*, Tome VIII, Troisième partie, *Le Sophiste*, traduction par Auguste Diès, Les Belles Lettres, Paris, 1925, 253d.

parce qu'un tel contrat peut se faire par le simple consentement, de même il peut se résoudre par le consentement contraire »[42].

L'auteur des dix-huit livres *Iuris civilis* fut l'un des premiers à utiliser, en effet, le participe du verbe *contrahere* pour formaliser dans un concept unique la multiplicité de situations juridiques qui avaient été conçues jusqu'alors sans lien les unes avec les autres, comme la *stipulatio*, l'échange, le prêt, le dépôt. Ces actes n'étaient pas définis avec la précision des termes que nous utilisons aujourd'hui. Ils se caractérisaient essentiellement par les rites, les gestes et les paroles qui réduisaient l'opération juridique à sa manifestation la plus concrète. Or Quintus Mucius Scaevola élabora avec le terme, « *quidque contractum* », sous la signification de « *tout ce qui a été contracté* », un concept abstrait qui permettait de donner pour la première fois une représentation unitaire à des situations juridiques distinctes.

L'auteur de *Iuris civilis* divisait cette figure ontologique en différentes parties qui présentaient toujours leurs caractères propres hérités de la tradition, mais désormais dans une référence commune au concept fondateur du « *quidque contractum* ». Quintus Mucius Scaevola faisait naître à la vie juridique le concept de "contracter" comme une forme générique détachée de tout contenu spécifique, mais qui permettait de réunir sous une qualification unifiante des opérations aussi diverses que la *stipulatio*, le prêt ou la vente.

Cicéron sera amené, au cours de ses plaidoiries, à donner une illustration de cette conception ontologique mise au point par son maître lorsqu'il précisera dans le *Pro Roscio Comoedo* qu'une action formulaire pour la restitution d'une somme d'argent était recevable dès lors que l'une des trois formes spécifiques du *quidque contractum* avait été initialement respectée : « *Une somme d'argent certaine a été réclamée ; la stipulation du tiers a été faite. Pour cela, il faut que cette somme ait été remise ou qu'elle ait été inscrite à la page de*

[42] *Les cinquante livres du Digeste ou des Pandectes de l'empereur Justinien*, Tome septième, Behmer et Lamort, Metz, Rondonneau, Paris, an XIII, « *Pomponius, libi.* 4, *Ad Quintum Mucium* in *D.*, 46.3.80, *Prout quidque contractum est, ita et solvi debet. Ut, cum re contraxerimus, re solvi debet : veluti cum mutuum dedimus, ut retro pecuniae tantundem solvi debeat. Et cum verbis aliquid contraximus, vel re vel verbis obligatio solvi debeat. Verbis, veluti cum acceptuum promissori fit : re, veluti cum solvit quod promisit. Aeque cum emptio vel venditio vel locatio contracta est : quoniam consensu nudo contrachi potest, etiam dissensu contrario dissolvi potest* ».

l'expansum[43], *ou qu'elle ait été promise par stipulation* »[44]. L'auteur du *Pro Roscio Comodeo* décrivait ainsi les règles communes aux différentes formes d'actes qui déterminaient la portée d'une déclaration de volonté quelles que puissent être les modalités de sa manifestation. Cette procédure ontologique devait trouver son achèvement lorsque le participe « *contractum* » prendra sous le stylet des juristes la forme du substantif « *contractus* ».

Partant, cette méthode diairétique permettait de soumettre différentes catégories juridiques à des *regulae* communes les adaptant ainsi à l'exigence de clarté et de souplesse requise par les échanges commerciaux qui prenaient alors leur essor. La forme juridique du *contrahere* trouvait son pendant dans celui du *solvere*, sa résiliation. Une promesse faite *verbis* ne pouvait être résiliée que sous une forme parallèle. Un contrat conclu *in re* devait être résilié *in re*[45].

Quintus Mucius Scaevola avait fait une œuvre de synthèse entre la tradition civiliste des prudents et les actions formulaires de l'édit du préteur. La constitution de ces catégories juridiques était une étape décisive pour structurer les différentes formes des actes juridiques du *ius civile*. Ainsi, le contrat, le dépôt, la vente, la location, la société, mais aussi l'obligation, jusqu'aux critères communs de la bonne foi, du dol et de l'erreur, étaient les fruits de la méthode diairétique issue de la pensée grecque appliquée au droit romain.

Mais, si l'auteur des livres *Iuris civilis* avait introduit à Rome l'usage grec des procédés diairétiques destiné à éclairer sous la forme d'une division des questions l'exposition de ses *responsa*, il n'avait pas utilisé ceux-ci pour subdiviser le plan général de son oeuvre. Aldo Schiavone remarque à ce titre que si une telle méthode avait été mise en œuvre les livres *Iuris civilis* de Quintus Mucius Scaevola permettraient « *de connecter un thème à l'autre dans le cadre d'une classification unitaire et totalisante. Mais il n'en est rien, et il est*

---

[43] Le *codex accepti et expansi* ou journal des recettes et des dépenses était un registre comptable sur lequel était reporté tous les mois les chiffres inscrits au jour le jour. Ce document comportait deux colonnes : sur l'une on mentionnait les sommes reçues (*accepta*) et sur l'autre, les règlements effectués (*expensa*).

[44] Cicéron, *Pro Q. Roscio Comoedo, Discours* Tome I, traduction par Henri de la Ville de Mirmont, Les Belles Lettres, Paris, 1973, V, 14, « *Pecunia petita est certa ; cum tertia parte sponsio facta est. Haec pecunia necesse est aut data, aut expensa lata, aut stipulata sit* ».

[45] Pomponius, 4, *Ad Quint. Muc.*, in *D.*, 46.3.80.

impensable, ajoute ce dernier, *que cela ne soit dû qu'à une difficulté d'emploi des nouveaux outils* »[46]. Pour notre collègue, il s'agirait d'un choix délibéré de l'auteur de *Iuris civilis* de ne pas franchir cette limite qui le séparait d'un ordonnancement juridique complet du droit civil.

Nous ne sommes pas certain que cet argument puisse expliquer la position adoptée par Mucius. Nous pensons tout au contraire que l'univers juridique dans lequel l'auteur des livres *Iuris civilis* inscrivait sa démarche ne lui permettait pas de franchir la ligne d'horizon des prudents qui se limitait au cadre strict des *responsa*. Nous en voulons pour preuve l'exposition adoptée par Quintus Mucius Scaevola. Celui-ci faisait de la famille le champ d'application de ses *responsa*. Mucius invoquait le testament, l'affranchissement ou le *statuliber*[47], au regard même de l'*auctoritas* du *pater familias*. Les *responsa* relatives à l'usucapion, la possession ou les servitudes avaient toujours le même objet, la puissance du père de famille sur les biens qui composaient son patrimoine. Il en était de même lorsqu'il s'agissait du testament ou de la succession légitime. L'étude du contrat trouvait son origine dans la réalité sociale de la famille.

Le contrat de société était à cet égard une parfaite illustration de la méthode d'exposition employée par Mucius. Ce dernier partait du *consortium*, l'indivision constituée par les enfants à la mort du *pater familias* pour gérer les biens de la succession. Il faisait coïncider cette forme juridique traditionnelle avec une figure nouvelle, la *societas* constituée par simple échange des consentements : « *Dans toutes les conventions qui sont de bonne foi ou de droit étroit, il y a nullité si les parties contractantes sont dans l'erreur sur ce qu'elles font, par exemple si celui qui achète ou qui prend à bail ne pense pas la même chose que ceux avec qui il contracte. Il faut dire la même chose lors de l'établissement d'une société, si les parties ne s'entendent pas, et*

[46] A. Schiavone, *op. cit.*, p.258.

[47] *Digeste*, 40.7.29.1 *Statuliber* Le *statuliber* concerne un esclave qui au terme du testament de son maître deviendra libre soit sous la condition qu'il paiera une certaine somme à l'héritier soit gratuitement en fonction d'un terme plus ou moins lointain. S'il arrivait qu'avant le terme, l'esclave concerné par la clause testamentaire soit vendu et passe ainsi sous l'autorité d'un autre maître la condition n'en subsistait pas moins et l'esclave disposait alors du droit de recouvrer sa liberté avant le terme fixé en réglant à celui qui l'avait acheté la somme qu'il aurait dû acquitter à l'échéance du délai auprès de l'héritier pour devenir libre.

que l'une pense une chose, l'autre une autre ; cette société qui doit être fondée sur le consentement des parties est nulle »[48].

Conformément à la méthode diairétique, Mucius rangeait ces deux espèces sous un concept ontologique de société fondé lui-même sur deux caractères communs : un droit de propriété dont les membres étaient titulaires sur les biens de la *societas* et un droit corrélatif de gérer ces mêmes biens. Nous voyons ici que si Mucius adapte l'ancien droit au droit des gens, s'il rattache son champ d'investigation à la famille, il confine l'usage de la méthode diairétique à ces limites précises et n'entrevoit à aucun moment de dépasser ce cadre pour étendre la *diairesis* au niveau d'une subdivision des parties générales de son ouvrage.

Dès lors, si l'hommage que Cicéron rendait à son ancien maître était indéniable[49], il se nuançait d'une critique lorsque l'auteur du *Brutus* déclarait préférer Servius Sulpicius Rufus à Mucius[50]. En effet, comme le rappelle Aldo Schiavone Mucius s'était arrêté « *au seuil de la construction d'un système global, ne l'utilisant que pour la disposition des contenus à l'intérieur des livres et des capita* »[51]. Aussi, comparativement, la méthode de Sulpicius Rufus était-elle de ce point de vue plus proche du projet que nourrissait Cicéron.

Servius Sulpicius Rufus avait, en effet, affiné l'approche scientifique de Mucius Scaevola en disposant les *responsa* dans le cadre d'un réseau de concepts juridiques qui se développait selon une

---

[48] *Les cinquante livres du Digeste ou des Pandectes de l'empereur Justinien*, Tome sixième, Behmer et Lamort, Metz, Rondonneau, Paris, an XIII, « *Pomponius, liber 36, Ad Quintum Mucium*, in *D.* 44.7.57, *In omnibus negotiis contrahendis, sive bona fide sint, sive non sint, si error aliquis intervenit, ut aliud sentiat, puta, qui emit, aut qui conducit, aliud qui cum his contrahit, nihil valet quod actum sit. Et idem in societate quoque coeunda respondendum est, ut, si dissentiant, aliud alio existimante, nihil valet ea societas, quae in consensu consistit* ».

[49] Cicéron, *Brutus*, traduction par Jules Martha, Les Belles Lettres, Paris, 1973, XXXIX, 145-146 « le plus orateur était Scaevola. Celui-ci, avec un esprit très pénétrant pour démêler le vrai et faux dans une question de droit positif ou naturel, avait un langage d'une précision et d'une brièveté merveilleuses : orateur – soit dit pour le définir – merveilleux dans ce genre spécial d'interprétations, d'explications, de discussions – là je n'ai jamais vu son pareil ; - mais pour la mise en valeur des idées, pour l'éclat oratoire, pour l'art de la réfutation, critique redoutable plutôt qu'orateur digne d'admiration ».

[50] *Infra* p. 87.

[51] A. Schiavone, *op. cit.*, p.264.

méthode analogique créant un lien entre les différentes parties concernées du *ius*[52]. Le passage du « *quidque contractum* » de Mucius au « *contractus* » de Servius « *marquait un pas décisif*, rappelle Aldo Schavione, *vers la construction d'une forme ontologique accomplie, capable de représenter abstraitement l'existence d'un lien juridique symétrique entre des sujets formellement égaux* »[53] et cela, ajouterons-nous, dans les domaines du droit où cette nouvelle forme juridique était appelée à s'appliquer.

Servius Sulpicius Rufus concevait le *ius* sous la forme d'un système de concepts abstraits adaptés aux réalités de l'économie que connaissait alors la société romaine. Ainsi, prolongeant la procédure diairétique suivie par son prédécesseur, Servius parvenait aux conséquences ultimes de la logique propre à chaque figure juridique du *ius*. Nous avons une illustration de cette évolution avec une question qui fut posée au jurisconsulte à l'occasion du naufrage d'un navire. Le litige concernait de grandes quantités de blés qui avaient été chargées en commun par plusieurs commerçants sur un navire. Avant le départ du navire et à la demande d'un des marchands, l'armateur avait restitué à ce dernier sa part dans la cargaison de blé.

Les autres négociants, qui avaient chargé leur grain sur le navire, avaient questionné Servius sur la possibilité d'intenter une action en détournement de cargaison. Servius distinguait dans son *responsum* l'existence de deux genres de biens donnés en location et par voie de conséquence deux formes de location. Selon la conception traditionnelle, la restitution devait avoir lieu à l'identique. À l'inverse, la restitution portant sur des choses fongibles ne pouvait se faire que par équivalent[54].

Tout en inscrivant son étude dans le cadre de l'espèce à résoudre, la réponse de Servius développait une argumentation à l'origine d'une distinction fondamentale au sein du *ius civile*. Les deux typologies de la location et du dépôt étaient clairement affirmées. Servius précisait,

---

[52] Plusieurs recensions de l'ouvrage de Servius Sulpicius Rufus se trouvent au Digeste et permettent de définir des concepts génériques comme la liberté : D.35.1.6.1, D.33, 8, 14 ; D.33.8.15. ; D.40.1.6, D.40.1.7 ; D.40.4.35, D.40.7.14 ; D.40.7.14.1 ; D.40.4.48 ; D.40.7.39 ; D.40.7.3.2. ou bien l'affranchissement testamentaire : D.40.2.39.1 ; D.40.4.40.1. ou encore la libération testamentaire : D.40.7.39.4 ; D.40.7.39.2 ; D.40.7.3.11.

[53] A. Schiavone, *op. cit.*, p.364.

[54] *D.*, 19, 2, 31.

en effet, que si le grain avait été embarqué dans des jarres séparées et nommément rattachées à chaque marchand, le propriétaire du grain cédé par l'armateur aurait pu le revendiquer et agir en détournement de la cargaison. Mais, dans le cas qui était soumis à Servius, les grains avaient été chargés sans distinction entre les propriétaires respectifs des volumes embarqués. Dès lors, les marchands ne disposaient plus d'une propriété sur les grains, mais d'un droit de créance sur une équivalence. Ainsi parallèlement aux deux formes du dépôt et de la location, le jurisconsulte faisait émerger à travers son étude du cas une distinction sous-jacente entre droit de propriété et droit du crédit. Celle-ci déterminait à son tour la solution du litige. Il n'existait aucune faute de l'armateur qui avait prélevé une part des grains de la cargaison pour les restituer à l'un des marchands avant le départ du navire[55].

L'analogie sur laquelle se fondait la méthode diairétique, conduisait Servius à distinguer la location du dépôt ou la faute de la responsabilité contractuelle[56]. Ainsi, Servius structurait les différents domaines du *ius civile* à travers ses *responsa*. Dans cette exposition nouvelle, l'arborescence des séries casuistiques formait progressivement un réseau logique de qualifications. Servius Sulpicius Rufus appliqua cette démarche à la notion de *societas* afin d'affirmer le caractère consensuel de la société. Contrairement à Mucius, qui avait développé une représentation familiale et patrimoniale de la *societas* assise sur un fondement strictement égalitaire, Servius envisageait d'autres formes de sociétés en rupture avec ce principe. Ainsi, pour ce dernier une société pouvait conférer à l'un des associés une part dans les bénéfices sans que celui-ci soit appelé à participer aux pertes en se fondant sur la seule considération de son apport en industrie. La structuration du *ius civile* s'adaptait ainsi aux nécessités de la vie commerciale.

Cependant, malgré cette approche systématique de Servius, ce dernier n'en restait pas moins plus proche des travaux de Mucius que du projet de Cicéron. Servius combinait, en effet, comme Mucius, mais à un niveau plus systématique, la casuistique des *responsa* dans le cadre d'une procédure diairétique. Mais, comme Mucius, il se refusait à dépasser cette limite et ne souhaitait pas organiser le *ius*

[55] *D.*, 19, 2, 31.
[56] *Ad ed.*, in *D.* 38.2.1.

civile en système de normes, malgré la structuration du droit civil à laquelle celui-ci était parvenu. Les travaux du jurisconsulte restaient dès lors très éloignés de l'œuvre scientifique que se proposait d'entreprendre l'auteur du *De oratore*.

Il n'en reste pas moins que les œuvres de Quintus Mucius Scaevola et de Servius Sulpicius Rufus avaient marqué une étape décisive dans la conception du *ius* qui rendait possible l'idée d'une codification du droit. Ils avaient transformé la nature des *responsa* qui n'étaient plus seulement des actes de volonté en tant que manifestation de l'autorité des jurisconsultes, mais également des actes de connaissance issus d'une véritable technique juridique. Cette forme inédite des *responsa* pouvait désormais constituer le soubassement d'une future codification dès lors que la méthode diairétique serait appelée à dépasser les limites étroites des simples séries casuistiques. Cicéron devait se servir des résultats de la révolution « scientifique » inspirée par Mucius et Servius pour l'élargir à l'espace formel d'une codification. Il devait en être de même avec les projets de César et de Pompée qui ouvraient une voie vers la codification du droit civil.

Section III - Une solution inadaptée : les compilations des lois de César et Pompée

Suétone rappelle que César avait lui-même conçu le projet d'une mise en ordre du droit romain à travers une législation destinée à coordonner les textes et coutumes en vigueur afin de donner plus de clarté et plus de certitude au système juridique : « *Caesar destinabat ius civile ad certum modum redigere atque immensa diffusaque legum copia optima quaeque et necessaria in paucissimos conferre libros* »[57]. Dans ses *Etymologies*, Isidore de Séville prête à Pompée un projet identique et fait également référence au projet de César dans les termes suivants : « *Leges autem redigere in libris primus consul*

[57] Suétone, *Vie des douze Césars*-César-Auguste, traduction Henri Ailloud, Les Belles Lettres, Paris, 2008, *Div. Iul.*, 44, 3.

Pompeius instituere voluit, sed non perseveravit, obtrectatorum metu. Deinde Caesar coepit id facere, sed ante interfectus est »[58].

Suétone et Isidore de Séville utilisaient le terme « *lex* », la loi. La *lex* était l'une des sources du droit romain à côté du *plebiscitum*, du *senatus-consultum*, des *edicta praetorum* et des *responsa prudentium*. La définition donnée par les *Institutes* précisait la notion : « *Lex est quod populus romanus senatorio, magistratu interrogante, veluti consule, constituebat* »[59]. Au terme de cette acception, la loi émanait, en conséquence, de la collectivité du peuple romain, entendue au sens formel de *populus*, c'est-à-dire du peuple constitué dans ses assemblées, essentiellement les comices centuriates et les comices tributes.

Nous disposons avec Isidore de Séville d'une précision sur la force obligatoire attachée au terme de « *lex* ». Il précisait en effet : « *Factae sunt leges ut earum metu humana coerceatur audacia, tutaque sit inter improbos innocentia, et in ipsis improbis formidato supplicio, refrenetur nocendi facultas* »[60]. Isidore de Séville insistait ici sur le caractère coercitif de la loi. Aldo Schiavone prête au projet de codification de César « *un dessein peut-être à tonalité autocratique et orientalisante* »[61]. Ce dernier associe Ofilius à cette œuvre « *d'une consolidation et d'une réorganisation du texte de l'édit* » avec « *un triptyque complet Libri iuris partiti, Ad edictum, De legibus comme une sorte de préparation au projet de César* »[62].

Mais, Aldo Schiavone aboutit à une conclusion qui est opposée à celle que nous soutenons. Ce dernier considère, en effet, que Cicéron aurait modifié entre la rédaction du *De oratore* et celle du *Brutus* son projet, qui de systématique serait devenu une simple mise en ordre du

---

[58] Isidore de Séville, *Etymologiae*, Libro V, *De legibus-De temporibus*, traduction Francisco Javier Andrés Santos, Valeriano Yarza Urquiola, Les Belles Lettres, Paris, 2013, l. V, c. 5. « *Leges autem redigere in libris primus consul Pompeius instituere voluit, sed non perseveravit, obtrectatorum metu. Deinde Caesar coepit id facere, sed ante interfectus est* ».

[59] Gaius, *Institutes*, traduction Julien Reinach, Les Belles Lettres, Paris, 1951, l.I, tit. II, § 4.

[60] Isidore de Séville, *Etymologiae*, l. V, c. XX.

[61] A. Schiavone, *op. cit.*, p.428.

[62] A. Schiavone, *op. cit.*, pp.428-429.

ius civile à la manière des prudents et cela en raison même de l'opposition politique de Cicéron à César[63].

Notre désaccord avec notre collègue se double, comme nous le verrons, d'une opposition sur le sens et la portée que revêtait l'art du droit dans le *De oratore* et le *Brutus*. Ces œuvres témoignent non seulement que Cicéron n'avait pas abandonné son projet de codification entre 55 av. J.-C. et 46 av. J.-C., mais qu'il s'était servi de la conception exposée dans le *Brutus* pour renforcer l'objectif défini neuf ans plus tôt dans le *De oratore*[64].

Il n'en restait pas moins que César et Pompée envisageaient de donner au *ius* une portée qu'il n'avait jamais eu jusqu'alors, celle d'un ensemble de normes fixé une fois pour toutes et rendu accessible au public, c'est-à-dire à tous les citoyens. Bien que la *lex* portât sur le droit civil, Isidore de Séville rappelait dans ses *Etymologiae* que celle-ci ne visait pas des intérêts particuliers, mais bien l'utilité commune des citoyens : « *nullo privato commodo, sed pro communi civium utilitate conscripta* »[65].

Dès lors, la *lex* unissait le *populus* dans son acception formelle de volonté comitiale et le peuple ou *publica* en tant que communauté des citoyens pour la mise en oeuvre du droit civil. La *publica* était appelée à devenir le destinataire des mesures arrêtées par le *populus* au sein de ses assemblées. Au regard des collections privées des *responsa* de Mucius et de Servius, un pas décisif venait d'être franchi. La tradition qui avait été ouverte plusieurs siècles plus tôt par la loi des Douze Tables s'inscrivait au cœur même des projets de César et de Pompée. La loi des Douze Tables fut, en effet, l'une des ruptures majeures que connut le droit romain dans son mode d'élaboration. À la figure traditionnelle des *responsa*, issues du droit pontifical et aristocratique, se superposait une conception venue de Grèce qui consacrait une formation publique du droit.

---

63 A. Schiavone, *op. cit.*, p.428, « Et c'est peut-être ainsi que s'explique le changement de cap opéré par Cicéron entre le *De oratore* et le *Brutus* : ce qui en 55 devait lui sembler encore une exigence simplement culturelle, lui apparaissait en 46 contaminé par un choix politique selon lui absolument inacceptable, risquant de conduire à une approbation de la politique de César ».

64 *Infra* p. 89.

65 Isidore de Séville, *Etymologiae*, l. V, c. XXI.

Cicéron retiendra le principe fondamental qui caractérisait ce recours à la loi dans le cadre de son projet de codification : « *On recherche toujours en effet l'égalité du droit, et autrement en réalité, ce ne serait pas le droit. Si les petits l'obtenaient d'un seul homme juste et bon, ils s'en contentaient ; mais comme cela arrivait peu, on inventa les lois pour qu'elles tinssent à tous, toujours, un seul et même langage* »[66]. L'unité du droit à travers la loi était pour Cicéron la garantie que désormais le *ius civile* s'exprimerait d'une seule et même voix. L'opposition avec les *responsa* était un aspect fondamental de la codification telle que l'envisageait Cicéron.

Car, l'unité du droit impliquait nécessairement que le *ius* s'exprimât sous la forme d'un système de normes cohérentes. Dès lors, une loi exclusivement consacrée à l'ensemble du *ius civile* permettrait d'éviter la multiplication de *leges* et de *responsa* contradictoires. Une loi unique consacrée au droit civil offrirait également l'avantage majeur de faire échapper le *ius civile* à toute forme de manipulation. Le contenu de ses prescriptions resterait ainsi intangible dans sa formulation. Joint au caractère impératif, voire coercitif de la *lex*, le *ius civile* se verrait ainsi soustrait à l'arbitraire des controverses des prudents.

Les projets de codification aussi bien chez César que Pompée auraient certainement permis d'assurer une remise en ordre du droit civil. Face aux contradictions que connaissait le droit civil et à la nécessité de trouver une solution rapide à la crise juridique qui en résultait la technique de la compilation s'imposait. Cependant, l'état du droit romain ne permettait pas d'envisager une compilation *stricto sensu* qui aurait consisté dans un simple regroupement de sources dispersées[67]. César comme Pompée n'auraient pu éviter de mettre en œuvre une réforme sur le fond du droit. Les lois, les *responsa*, les *plebiscita*, les édits du préteur et les *senatus-consulta* étaient arrivés à un tel point de confusion qu'il était indispensable d'assurer leur

---

[66] Cicéron, *De officiis*, Tome II, Livres II et III traduction par Maurice Testard, Les Belles Lettres, Paris, 2010, II, XII, 42, « *Ius enim semper est quaesitum aequabile ; neque enim aliter esset ius. Id si ab uno iusto et bono viro consequebantur, erant eo contenti ; cum id minus contingeret, leges sunt inventae quae cum omnibus semper una atque eadem voce loquerentur* ».

[67] Claude Moatti, *Tradition et raison chez Cicéron : L'émergence de la rationalité politique à la fin de la République romaine*, in Mélanges de l'Ecole française de Rome, *Antiquité*, t.100, N°1, 1988, pp. 406,407.

coordination afin de rendre cohérentes les solutions des prescriptions entre ces différentes sources. Des arbitrages se seraient alors imposés. Il est dès lors vraisemblable que César ou Pompée auraient été confrontés à plusieurs reprises à l'impossibilité de concilier les solutions d'une même source ou de plusieurs sources et qu'ils auraient été contraints pour vaincre cette difficulté à délimiter le champ d'application des dispositions en concours.

Mais, quelles que fussent ces contraintes, César ou Pompée n'auraient pu dépasser les limites d'une simple consolidation du droit civil. La remise en ordre du droit exigeait une coordination des sources. Cette consolidation aurait certainement permis de rendre au *ius civile* entendu *lato sensu*, une véritable cohérence. Il est cependant tout aussi manifeste qu'une simple coordination des sources n'aurait pu apporter qu'une solution temporaire à la crise que connaissait le droit romain. Très vite, en effet, les imperfections propres aux compilations feraient resurgir à plus ou moins long terme les difficultés qu'elles avaient prétendu combattre. Contraints par l'ampleur de la tâche et une marge de manœuvre étroite qu'imposait une consolidation du droit civil, César ou Pompée n'auraient pu s'évader d'une exposition casuistique et chronologique du contenu du *ius*. Les controverses des prudents, la dispersion des sentences, la diversité des usages et les contradictions des lois se seraient à nouveau et progressivement posées.

Aussi pour Cicéron, ces entreprises n'avaient-elles qu'un but pratique. Si les compilations, proposées par César[68] et Pompée[69] dépassaient par leur ampleur et leur caractère systématique les collections des *responsa* de Brutus, de Caton, de Mucius ou de Servius, si les travaux des deux *imperatores* constituaient un effort louable, il ne les jugeait pas moins limités dans leur portée, car il ne s'agissait tout au plus que de coordinations techniques comme le rappelle Franz Wieacker[70]. Cicéron souhaitait dépasser cette simple remise en ordre du droit civil.

---

[68] Elmér Polay, *Der Kodifirierungsplan des Iulius Caesar*, in *Iura, Rivista internazionale di diritto romano e antico*, n°16, 1965, S.27 ff.

[69] E. Polay, *Der Kodifikationsplan des Pompeius*, in *Acta Academiae Scientiarum Hungaricae*, 13, 1963, S.85-95 ff.

[70] Franz Wieacker, *Römische Rechtsgeschichte*, Band I, C. H. Beck, München, 1988, S.568, n.27.

Son ambition était, en effet, d'une tout autre portée. Pour ce dernier, l'abstraction des concepts et la procédure diairétique devaient organiser l'ensemble du *ius civile* en un système de normes ordonnées. Sous sa plume, le *ius* était appelé à prendre un caractère universel, former un corps de règles cohérentes, qui serait soumis aux seules exigences de la raison et cela à l'aune d'une nouvelle conception de la loi naturelle. Dès lors, la représentation cicéronienne de la codification se rapprochait des législations qui verront le jour au XIXème siècle. Cicéron proposait, en effet, de réaliser une œuvre systématique et rationnelle qui réunirait les sources du droit à travers une méthode synthétique, loin des collections de Mucius et de Servius ou des compilations de César et Pompée.

C'est ici que Cicéron marquait une première rupture avec son époque. Il se différenciait de ses contemporains non seulement par l'ambition de son projet, mais aussi par sa conception même du droit qui ne se référait plus à la tradition comme le faisait Mucius ou à la seule prudence, au sens antique du terme, très présente chez Servius. Cicéron entendait trouver dans la philosophie des principes et des critères. Une philosophie, certes, mais qui n'était pas dénuée de raison pratique et d'un but précis, élaborer une codification de nature politique adaptée aux dimensions du territoire de la République qui était celui d'un empire. Sur cet aspect, Cicéron se rapprochait des projets de César et de Pompée. Mais, la nature de la codification, qu'il se proposait de mettre en œuvre, était beaucoup plus adaptée à l'état politique, territorial et social que connaissait Rome.

Chapitre II

Une refondation rationnelle du *ius* adaptée à un empire : le *De legibus*

En présence d'un *ius civile* soumis aux aléas d'une jurisprudence de plus en plus divisée, à l'incertitude d'un *ius controversum* qui se transformait lui-même en un *ius varium* discrédité et aux défaillances des orateurs dans l'art de l'exposition, la refondation du droit civil était devenue pour Cicéron le prérequis à toute idée de codification. Cette refondation passait par une légitimation du *ius* sous la forme d'une unité retrouvée autour d'une conception renouvelée de la loi naturelle. Si Cicéron fut à l'origine d'une conception transcendantale de la loi naturelle qui inspira les auteurs de l'école du droit naturel moderne, le paradigme jusnaturaliste qu'il exposait au livre I du *De legibus* échappait aux canons de la représentation du droit naturel classique.

Pour l'auteur du *De legibus*, il s'agissait de donner un fondement philosophique au droit romain positif par une approche purement criticiste avant la lettre de la loi naturelle. Celle-ci était appelée à devenir le critère permettant de déterminer parmi les dispositions issues des différentes sources du *ius civile* celles qui présenteraient un caractère universel afin de réguler rationnellement les relations juridiques au sein d'un empire. Les prescriptions du *ius civile* sélectionnées à l'aune de ce critérium jusnaturaliste étaient appelées à constituer la nouvelle codification du droit civil (Section I).

Le défi qui se posait à Cicéron était des plus difficiles à relever. Il lui fallait, tout d'abord, transcrire le *ius* de la cité dans le cadre d'un système juridique adapté aux dimensions d'un empire. Il lui fallait ensuite ordonner les figures juridiques du *ius* sans pour autant porter atteinte aux caractères originaux du droit civil. La codification devait assurer, sous l'autorité de la loi entendue ici dans son acception de commandement politique, une régulation des relations juridiques et sociales en étroite liaison avec un nouveau modèle de souveraineté. Imperceptiblement l'organisation politique du principat se dessinait comme le point cardinal où se rencontreraient et pourraient se combiner ces exigences contradictoires.

Mais, ce n'était point ici la figure du *Princeps* dans son acception de *rector rei publicae* ou d'une fonction apparentée à celle qu'occupera Auguste qu'évoquaient ces passages du *De republica.* La *Correspondance* offre à ce titre des éclaircissements importants sur le sens réel de la pensée de Cicéron en la matière. Le génie de la conception cicéronienne tenait non pas à l'*auctoritas* d'un prince placé au-dessus des ordres, voire du Sénat lui-même, mais dans une régénération morale des détenteurs du pouvoir judiciaire au sein de la République. Ceux-ci devaient se conformer au modèle de l'« *optimus civis* ».

Les gouverneurs, les magistrats, les promagistrats et les juges étaient appelés à suivre des règles de procédure objectives afin de rendre leurs sentences justes et indiscutables et faire naître chez les habitants de l'empire la confiance dans les garanties du *ius*. Loin d'un dispositif constitutionnel inédit, Cicéron proposait sous la figure de l'« *optimus civis* » un retour à l'antique tradition du magistrat républicain qui, par la rigueur de ses principes, saurait instaurer un équilibre véritable entre pouvoir politique et justice (Section II).

Une question se posait cependant. Dans le cadre de cette régénération politique et juridique, quelle serait la place réservée à la jurisprudence ? Si Cicéron avait toujours revendiqué pour l'activité des prudents une totale liberté, son projet de codification ne pouvait s'accommoder d'un tel principe, à tout le moins pas d'une manière absolue. Sous le stylet de Cicéron, l'organisation normative du *ius* dans laquelle devait s'inscrire la jurisprudence conduirait celle-ci à abandonner sa spontanéité originelle. Certes, le projet de Cicéron ne présentait pas les effets contraignants d'un *ius respondendi* placé sous l'autorité directe d'un *Princeps*. La conception cicéronienne de l'*optimus civis* ne se réfère pas à une figure singulière, qui aurait été beaucoup plus conforme à la pratique augustéenne du principat. Cicéron rattachait son projet à un paradigme qui concernait non seulement les magistrats, mais également les jurisconsultes, c'est-à-dire, ceux dont les *responsa* présentaient les qualités requises pour entrer dans une codification.

Cicéron souhaitait, en effet, intégrer au nombre des dispositions codifiées les *responsa* des jurisconsultes auxquelles il reconnaissait une autorité toute particulière. Mais ces *responsa* intégrées dans un même corps de lois mêlées avec d'autres prescriptions du *ius civile* développeraient une force obligatoire dont l'interprétation des prudents ne pourrait plus désormais totalement s'évader. Il existait avec le *De republica* et le *De legibus* une alternative au *ius respondendi* autoritaire d'Auguste, un *ius respondendi* qui ne dépendrait plus d'un homme, mais de la loi elle-même (Section III).

Pour Cicéron, le modèle de l'*optimus civis* avait figure humaine. En effet, il existait, selon lui, une exception remarquable parmi les jurisconsultes de son époque, un prudent qui par sa transcription ontologique du *ius* avait su concevoir celui-ci comme un ensemble organique. Cet homme, que Cicéron qualifiait de « *prince des jurisconsultes* », n'était autre que Servius Sulpicius Rufus lui-même. Les *responsa* de Servius étaient la substantifique moelle, qui devait, selon l'auteur des *Topiques*, constituer le centre de sa codification. Servius préfigurait, à travers ses consultations, un ordre rationnel ouvert à la vie juridique comme devrait l'être la codification du droit civil qu'il envisageait de rédiger.

Cicéron voulait suivre et achever la voie ouverte par Servius. Les prescriptions du *ius* codifiées sous forme de *regulae* devaient mettre en lumière la *mens* du droit civil. Les *regulae*, qui en résulteraient, n'étaient pas appelées à devenir des dispositions exhaustives, mais des principes simples et travaillés auxquels l'*interpretatio* des prudents et des préteurs pourrait conférer toute leur portée. Progressivement se dessinait le style herméneutique que Cicéron voulait donner à sa codification. Les réflexions de l'Arpinate le conduisaient à transformer la représentation du *ius civile*. L'ordre du discours juridique se métamorphosait en concepts intégrés à un système cohérent de règles (Section IV).

Section I - La loi naturelle pour critère de codification du *ius civile*

Chacun garde en mémoire ce fameux passage du *De legibus* où Cicéron faisait de la raison le principe universel à partir duquel le droit devait s'organiser : « *Mais ce qui est complètement insensé, c'est de considérer comme étant juste tout ce qui figure dans les institutions et les lois des peuples (...) Il n'y a en effet qu'un droit unique, qui astreint la société humaine et que fonde une Loi unique : Loi, qui est la juste raison dans ce qu'elle commande et ce qu'elle défend. Qui ignore cette Loi, est injuste, qu'elle soit écrite quelque part ou non* »[71].

Cicéron précise tout aussitôt qu'« *En tout cas pour ce qui est de nous, nous ne pouvons distinguer la loi bonne de la loi mauvaise en vertu d'aucune autre règle que celle de la nature* »[72]. Nous avons ici la ligne de partage entre Cicéron et Mucius Scaevola et Sulpicius Rufus. Ces derniers souhaitaient s'en tenir à la dimension casuistique des *responsa*. Cicéron voulait ériger le *ius civile* sur un fondement nouveau, la *lex*.

Mais la *lex*, dont il s'agissait ici, n'est pas la loi de César ou de Pompée. Elle était d'une tout autre nature. La loi écrite, qui procédait de la volonté des hommes, pouvait se trouver soumise, malgré les garanties qu'offrait celle-ci, aux aléas d'intérêts contradictoires qui s'affrontaient lors de son élaboration. Il fallait donc une norme à la loi que le *populus* était appelé à édicter. Cette règle résidait dans la nature même en tant que manifestation d'une raison souveraine et objective. C'est en ce sens qu'il fallait entendre la notion de loi comme le précisait Cicéron : « *la Loi est la raison souveraine incluse dans la nature, qui nous ordonne ce que nous devons faire et nous interdit le contraire* »[73].

Dans ce passage du *De legibus*, la loi naturelle devenait le critère d'une législation universelle. Or, en l'espèce, Cicéron se séparait de la conception aristotélicienne de la loi naturelle. Il ne s'agissait pas pour lui de déduire la règle de droit de la seule nature des choses. Certes, Aristote considérait que la loi avait pour fondement un principe général de justice, mais il faisait alors référence à la loi positive[74].

---

[71] Cicéron, *De leg.* I, XV, 42, « *Iam vero illud stultissimum, existimare omnia iusta esse quae scita sint in populorum institutis aut legibus* (…) *Est enim unum ius quo devincta est hominum societas et quod lex constituit una, quae lex est recta ratio imperandi atque prohibendi. Quam qui ignorat, is est iniustus, sive est illa scripta uspiam sive nusquam* ».

[72] Cicéron, *De leg.*, I, XVI, 44, « *Atqui nos legem bonam a mala nulla alia nisi naturae norma dividere possumus* ».

[73] Cicéron, *De leg.*, I, VI, 18, « *lex est ratio summa, insita in natura, quae iubet ea quae facienda sunt, prohibetque contraria* ».

[74] Aristote, *Ethique à Nicomaque*, traduction Jules Tricot, Vrin, Paris, 1959, 1134a-1136a.

Aristote considérait, en effet, que la loi était par essence mouvante, que celle-ci variait selon les circonstances.

En quête de clarté et de cohérence pour le système juridique romain, Cicéron ne pouvait que rejeter cette conception aristotélicienne. Cicéron était sans conteste en rupture avec cette acception de la loi naturelle. Il l'exprimait sans ambages dans ce célèbre passage du *De republica* : « *Il existe une loi véritable, la droite raison, conforme à la nature, universelle, répandue parmi tous, constante et éternelle ...* »[75].

La loi naturelle, telle que l'entendait Cicéron, était inhérente à la raison de l'homme. La nature humaine se caractérisait essentiellement par une conscience qui lui permettait de déterminer selon un critère universel ce qui était permis et ce qui était interdit. Dès lors, le droit qui se fondait sur cette juste raison était par essence l'apanage de l'homme : « *Car à qui la raison a été donnée par la nature, à ceux-là aussi a été donnée la raison saine, donc la loi, qui est la raison saine quand elle prescrit ou défend ; si la loi, le droit aussi. Et comme à tous l'a été la raison, le droit par conséquent a été accordé à tous* ! »[76]

Pour Cicéron, la loi naturelle ne résultait pas de l'observation, de l'expérience, de la prudence, mais d'un principe normatif, la conscience rationnelle de l'homme. Certes, Cicéron avait été influencé par le stoïcisme. Mais, Jean-Louis Ferrary précisait à ce titre que le discours de Laelius dans le troisième livre du *De republica* avait traduit une conception rationnelle de la loi naturelle qui était beaucoup plus originale, car Cicéron empruntait à d'autres courants de pensée et notamment à l'Académie, sa représentation du droit naturel et de l'*honestum*[77].

Cependant, nous croyons pouvoir aller plus loin encore. Nous pensons que l'absence de référence dans le discours de Laelius à un

---

[75] Cicéron, *De republica*, III, XXII, « *Est quidem vera lex recta ratio naturae congruens, diffusa in omnes, constans, sempiterna* ».

[76] Cicéron, *De leg.*, I, XII, 33, « *Quibus enim ratio a natura data est, isdem etiam recta ratio data est ; ergo et lex, quae est recta ratio in iubendo et vetando ; si lex, ius quoque ; et omnibus ratio. Ius igitur datum est omnibus* ».

[77] Jean-Louis Ferrary, *Le discours de Laelius dans le troisième livre du De republica de Cicéron*, in *Mélanges de l'Ecole française de Rome*, *Antiquité*, Vol. 86, N°2, 1974, p.760.

modèle ou à une école philosophique particulière - ce que relève Jean-Louis Ferrary à partir de l'analyse de Lactance dans ses *Institutions divines*[78] - dénotait une pensée qui était propre à l'auteur du *De republica.* Elle explique l'influence qu'exercera Cicéron en ce domaine à partir du XVIIe siècle par sa conception plus proche des représentations des auteurs de l'école du droit naturel moderne.

Cette idée d'un droit naturel transcendant rayonnera, en effet, non seulement sur les pensées de Domat et de Montesquieu, mais également sur le jusnaturalisme rationaliste de Grotius à Wolff[79]. Pour autant, ce n'est pas à cet aspect du droit naturel cicéronien que nous nous attachons ici. Les passages précités du *De legibus* et du *De republica* révèlent une véritable approche criticiste du droit avant la lettre. Dans sa réflexion sur le rôle de la raison et de la loi naturelle, Cicéron associait ces concepts pour les ériger en Idée de la raison. Nous sommes proches ici d'une acception kantienne du droit.

Certes, la pensée de Cicéron et celle de Kant sont éloignées l'une de l'autre par de multiples raisons. Tout d'abord, parce que, comme le rappelait fort justement Simone Goyard-Fabre, dans son ouvrage « *La philosophie du droit de Kant* », l'auteur de la *Rechtslehre* exprimait un « *refus de la métaphysique ontologique et le rejet de l'horizon de transcendance sur lequel les jusnaturalistes, de Cicéron à Domat ou à Hufeland, ont déchiffré les notions corrélatives de " loi naturelle" et de " droit naturel"* »[80]. Ensuite, parce que la pensée de Cicéron s'inscrivait dans des schèmes inhérents aux représentations du droit naturel classique et que ce dernier n'avait ni le vocabulaire ni les concepts de la philosophie transcendantale que forgera Kant au XVIIIe siècle lorsqu'il se démarquera des doctrines du droit naturel moderne.

Simone Goyard-Fabre rappelait également la critique d'Emmanuel Kant à l'égard des conceptions d'inspiration cicéronienne du droit naturel : « *L'idée d'un droit naturel transcendant (cf. Cicéron, De legibus, livre II, § 4 ; De republica, livre III, § 22) appartient*

---

[78] J.-L. Ferrary, *op. cit.*, p.745, note 1 « Lactance (*Inst.*, 5, 16, 2-13), alors qu'il attribue à Carnéade les thèses du discours de Philus, laisse au seul Cicéron la responsabilité de celles de Laelius ».

[79] Simone Goyard-Fabre, *La philosophie du droit de Kant*, Vrin, Paris 1996, p.41, p.76 et p.78.

[80] S. Goyard-Fabre, *op. cit.*, p.76.

désormais pour Kant au dogmatisme vermoulu des pensées qui se sont dérobées à tout effort criticiste »[81]. Nous exprimons cependant une réserve sur cette analyse. Pour juste qu'il puisse être, le grief du philosophe de Königsberg concernait la conception transcendantale de la loi naturelle chez Cicéron. Sans nier un instant cet aspect essentiel de la représentation cicéronienne de la loi naturelle, il existait, selon nous, une dimension de cette notion dans la pensée de l'auteur du *De legibus* qui échappa, semble-t-il, à l'inventeur de la méthode criticiste. Ce n'était pas là le moindre des paradoxes pour Kant qui fut un lecteur attentif du *De legibus*.

En effet, au livre I du *De legibus*, Cicéron ne faisait nullement de la loi naturelle une source du droit positif. À aucun moment, l'auteur du *De legibus* ne se livre à une interprétation purement descriptive de la généalogie de l'univers juridique. Cicéron ne s'attachait pas à exposer le droit comme le feront les auteurs jusnaturalistes aux XVIIe et XVIIIe siècles sous la forme d'une succession de dispositions découlant de la loi naturelle à travers une chaîne ininterrompue de syllogismes. Le propos de l'auteur du *De republica* et du *De legibus* se situait à un autre niveau. La loi naturelle n'était pas envisagée ici par Cicéron en tant que source du droit, mais bien comme un critère appelé désormais à guider la science juridique dans la construction du droit.

Cicéron fondait de la sorte la science du droit sur la philosophie. Le passage concerné était, en effet, l'un des plus connus du Livre I du *De legibus* et exprimait de la manière la plus claire la conception de Cicéron : « *Non ergo a praetoris edicto, ut plerique nunc, neque a duodecim tabulis, ut superiores, sed penitus ex intima philosophia hauriendam iuris disciplinam putas ? (…) Natura enim iuris explicanda nobis est, eaque ab hominis repetenda natura* »[82]. Cicéron excluait que la science juridique pût se fonder sur les sources traditionnelles du droit pour l'entreprise qu'il envisageait, mais sur la droite raison en tant que critère universel du *ius*. C'était tout le sens de la question que posait Atticus à Cicéron : « *Ce n'est donc pas en partant de l'Edit du préteur, comme le font maintenant la plupart des auteurs, ni, comme les anciens, en partant des XII Tables, que l'on*

[81] S. Goyard-Fabre, *op. cit.*, p.78 note 2.
[82] Cicéron, *De leg.*, I, V, 17.

doit, à ton avis, aller puiser la connaissance du droit, mais au cœur même de la philosophie »[83].

Un peu plus loin dans le texte du *De legibus*, Cicéron précisait le sens et la portée qu'il fallait donner au critère qui devait être mis en œuvre : « *la sagesse pratique est une loi dont le propre serait qu'elle nous ordonne de bien agir et nous interdit de pécher, et cette chose qui, pensent-ils, a reçu sa dénomination grecque nomos, du fait de la répartition due à chacun de ce qui lui appartient, nous lui donnons, je pense, le nom de loi (lex) du fait de choisir (legere) ; car de même qu'ils placent dans la loi l'idée essentielle de "partage égal", nous y mettons, nous, celle de "choix distinct" : tous deux étant des caractères de la loi* »[84].

Cicéron établissait clairement le rattachement de la *lex* au *nomos* grec, c'est-à-dire à une représentation isonomique de la loi entendue au sens d'un « *partage égal* » à l'aune d'une conception distributive dont il faut préciser le sens. Il ne s'agissait pas ici de procéder à une répartition des droits, mais bien plutôt de renforcer par l'entremise de la loi naturelle l'existence de droits qui appartenaient déjà à chacun. La loi venait simplement apporter aux droits préexistants, mais incertains du *ius civile* la garantie de sa force obligatoire.

Nous sommes proches, en l'occurrence, de la conception qu'Emmanuel Kant attribuera à la formule « *suum cuique tribuendo* ». Emmanuel Kant érigeait ce principe en critère universel du droit : « *que dans l'état civil (lex justitiae distributivae), qui seul détermine ce qui est juste, ce qui est juridique et ce qui est de droit* »[85]. La loi avait dès lors pour effet de déterminer ce qui devait relever du droit. Sans le critère de la loi, il n'était pas de droit certain : « *L'état non juridique, c'est-à-dire celui dans lequel il n'y a pas de justice*

---

[83] Cicéron, *De leg.*, I, V, 17.

[84] Cicéron, *De leg.*, I, VI, 19, « *prudentiam esse legem, cuius ea vis sit, ut recte facere iubeat, vetet delinquere, eamque rem illi Graeco putant nomine νσμον α suum cuique tribuendo appellatam, ego nostro a legendo. Nam ut illi aequitatis, sic nos delectus vim in lege ponimus, et proprium tamen utrumque legis est* ».

[85] Emmanuel Kant, *Métaphysique des mœurs, Doctrine du droit*, Œuvres philosophiques, Bibliothèque de la Pléiade, Gallimard, Paris, 1986, I, § 16, p.523.

distributive (...) L'état qui lui est opposé (...) une société soumise à une justice distributive »[86].

Cicéron était parvenu à cette conclusion même : « *c'est donc de la notion de Loi qu'il faut faire sortir l'origine du droit : car c'est elle qui est la force de la nature, l'esprit et la conscience de l'homme prudent, la norme du droit et du non-droit* »[87]. Cette référence à la *lex*, au sens du *nomos* grec, accentuait la contradiction entre une loi officiellement proclamée qui permettrait de faire un « *choix* » entre les dispositions destinées à entrer ou pas dans le corps des règles du droit civil et le *ius*, entendu *lato sensu*, qui soumis à l'arbitraire des prudents, ne distinguait pas entre les prescriptions justes et celles qui ne l'étaient pas.

Dès lors, la loi, dont il s'agissait, n'était pas la *lex* au sens commun du terme, mais une loi supérieure conçue comme le critère de toute autre disposition légale : « *Mais, parce que tout notre langage roule sur des conceptions de sens commun, il nous faudra entre-temps parler comme tout le monde, et appeler "loi", comme le fait le vulgaire, le texte écrit qui sanctionne une volonté exprimée par un ordre ou par une défense. Mais pour fonder le droit, prenons pour origine cette Loi suprême qui, commune à tous les siècles, est née avant qu'il existât aucune loi écrite ou que fût constitué nulle part aucun Etat* »[88].

Aussi, précisait Cicéron, le droit ne sera-t-il plus établi à partir des opinions individuelles, mais sur le fondement de la nature même de cette loi supérieure qui était intangible : « *le droit se fonde, non pas sur l'opinion, mais sur la nature même* »[89]. Cicéron précisait un peu plus sa pensée faisant de la loi naturelle le critère qualitatif par

---

[86] Emmanuel Kant, *Métaphysique des mœurs, Doctrine du droit, op. cit.*, I, § 41, pp.572-573,

[87] Cicéron, *De leg.*, I, VI, 19, « *a lege ducendum est iuris exordium. Ea est enim naturae vis, ea mens ratioque prudentis, ea iuris atque injuriae regula* ».

[88] Cicéron, *De leg.*, I, VI, 19, « *Sed quoniam in populari ratione omnis nostra versatur oratio, populariter interdum loqui necesse erit, et appellare eam legem, quae scripta sancit quod vult aut iubendo aut prohibendo, ut vulgus appellare solet. Constituendi vero iuris ab illa summa lege capiamus exordium, quae, saeclis communis omnibus, ante nata est quam scripta lex ulla aut quam omnino civitas constituta* ».

[89] Cicéron, *De leg.*, I, X, 28, « *neque opinione sed natura constitutum esse ius* ».

excellence : « *car le Bien lui-même vient, non pas d'opinions subjectives, mais de la nature* »[90].

Il est compréhensible que les commentateurs les plus autorisés n'aient retenu de cette partie du livre I du *De legibus* qu'une conception transcendantale de la loi naturelle. Il existait, en effet, une confusion, qui pouvait être facilement commise, si l'on s'arrêtait à la question que posait Cicéron à son frère lorsqu'il l'interrogeait : « *Tu acceptes donc que nous reprenions à sa source l'origine du droit même ?* » et quand Quintus lui répondit : « *C'est tout à fait mon avis de procéder ainsi* »[91]. Si les termes « sources » et « puiser » pouvaient effectivement laisser penser, comme l'indique Simone Goyard-Fabre, au mot « *fons* »[92] avec la signification de "fontaine", il nous faut constater pour autant que ce passage ne concernait pas « *le point d'origine d'où jaillit le droit* »[93], comme le soutient notre collègue, mais la source à laquelle il fallait puiser la science du droit.

En effet, dans ce passage, les termes « *iuris disciplinam* » que Georges de Plinval traduit par l'expression « *connaissance du droit* » doivent s'entendre plus particulièrement sous l'acception de « science du droit », traduction que nous trouvons chez Charles Nisard et qui est le sens ordinairement attribué par Cicéron à cette expression[94]. Nous verrons plus loin le sens et la portée que prenait le terme, « science du droit » chez Cicéron lorsque celui-ci l'identifiait au concept d' « *ars* » qui incluait lui-même les notions de *scientia* et de *disciplina*[95].

Mais quand il s'agissait du droit proprement dit, le texte du *De legibus* se proposait de faire de la loi naturelle le fondement du droit et non d'ériger celle-ci en cause génératrice du *ius*. Ainsi, en prélude à l'étude qu'il souhaitait entreprendre Cicéron lançait-il à Quintus et

---

[90] Cicéron, *De leg.*, I, XVII, 46, « *enim bonum non est opinionibus, sed natura* ».

[91] Cicéron, *De leg.*, I, VI,20 : « *Marcus. – Visne ergo ipsius iuris ortum a fonte repetamus ?* (…) *Quintus. – Ego vero ita esse faciendum censeo* ».

[92] S. Goyer-Fabre, *op. cit.*, p.53.

[93] S. Goyard-Fabre, *ibid.*

[94] Cicéron, *Traité des Lois*, Œuvres complètes traduction en français sous la direction de Charles Nisard, Tome IV, Firmin, Didot, Frères, Paris, 1864, I, V ; cf. également F. Gaffiot, *Dictionnaire Latin Français*, Hachette, Paris, 1934 p.536 ; « *disciplina iuris civilis eruditissimus* » Cicéron, *De orat.*, 1, 180, « le plus versé dans la science du droit civil ». Cette formule est utilisée par Cicéron à propos de Quintus Mucius Scavola.

[95] *Infra* pp. 87 et s.

Atticus l'invitation suivante : « *voyons maintenant les bases du droit* »[96]. Nous rappelons également le texte que nous avons déjà cité par lequel Cicéron invoquait la loi naturelle non pas en tant que cause génératrice du droit, mais simplement comme l'essence du fondement du droit. Le terme « *origine* » n'a pas d'autre acception ici : « *Mais pour fonder le droit, prenons pour origine cette Loi suprême* »[97].

Cicéron employait donc le terme « origine » sous le sens particulier d'une loi naturelle prise en tant que fondement principiel du *ius*. Cicéron n'étudiait pas celle-ci, contre toute attente, d'un point de vue générique, comme le feront les auteurs jusnaturalistes aux XVIIe et XVIIIe siècles, qui déduisaient l'ensemble des règles de droit de la loi naturelle selon une démarche déductive. Les règles résultaient alors, comme nous l'avons indiqué, d'une suite ininterrompue de syllogismes. Le propos de Cicéron était totalement étranger dans ces passages du *De legibus* à une conception transcendantale de la loi naturelle. Cicéron s'interrogeait sur tout autre chose. Il mettait en cause la manière de penser et d'organiser le droit en invitant à fonder ses principes sur la philosophie.

Cicéron ne cessait de l'affirmer dans le cadre du *De legibus* : « *Voilà tous les préliminaires que j'ai dû poser, avant de donner le reste de cet entretien et de ce débat, pour que l'on puisse plus facilement comprendre que le droit repose sur la nature* »[98]. Le terme « *positum* » définit sans ambiguïté le sens et la portée du propos de l'auteur du *De legibus*. C'était aussi le cas pour l'emploi du verbe « *ponantur* » dans le passage suivant : « *Aussi, craindrais-je de m'exposer à jeter des fondements mal calculés et insuffisamment éprouvés* »[99].

Si Cicéron ne s'inscrivait pas dans l'idée d'un commencement, d'un point de départ du droit, c'est parce que la problématique posée par l'auteur du *De legibus* était d'une tout autre nature. Il cherchait à répondre à la question *quid iuris* ? : « *Car nous avons à expliquer la nature du droit et il faut aller la découvrir dans la nature de*

---

[96] Cicéron, *De leg.*, I, VI, 18, « *nunc iuris principia videamus* ».
[97] Cicéron, *De leg.*, I, VI, 19, « *Constituendi vero iuris ab illa summa lege* ».
[98] Cicéron, *De leg.*, I, XII, 34, « *Quae praemuniuntur omnia reliquo sermoni disputationique nostrae, quo facilius ius in natura esse positum intellegi possit* ».
[99] Cicéron, *De leg.*, I, XIII, 37, « *Quocirca vereor committere ut non bene provisa et diligenter explorata principia ponantur* ».

l'homme »[100]. L'analyse de Cicéron apparaît ici dans toute son originalité. Il s'agissait pour l'auteur du *De legibus* de s'interroger exclusivement sur ce qu'était le droit pour mieux le fonder.

Bien avant Emmanuel Kant, sans disposer des outils conceptuels, ni du vocabulaire propre à une approche criticiste du droit, Cicéron s'interrogeait sur la constitution du droit. C'est en ce sens qu'il fallait entendre le mot "*natura*" en tant qu'élément constitutif[101]. Or, s'interroger sur la constitution du droit, c'était s'interroger sur son fondement. Cicéron ne cherchait donc pas à expliquer l'existence du droit, comme on pourrait le faire pour un phénomène que l'on observerait et dont il faudrait expliquer la cause première. Il se contentait de poser la question de la légitimité du droit. Cicéron cherchait ainsi à donner un fondement rationnel au système juridique romain afin de procéder à sa refondation. C'était tout le sens du texte compris entre l'interrogation d'Atticus et la réponse de Cicéron[102].

Par bien des côtés, cette aspiration de Cicéron se retrouvera à plusieurs siècles de distance chez Franz von Zeiller, le *Spiritus Rector* de l'ABGB, le code civil autrichien[103]. Disciple d'Emmanuel Kant, Zeiller souhaitait refonder le droit existant dans l'empire d'Autriche sur le droit naturel non pour remplacer le droit en vigueur, comme le proposaient les tenants du jusnaturalisme moderne, Wolff ou Martini, mais pour adapter le droit à l'état des institutions et à la dimension d'un espace politique multinational qui exigeait non pas l'uniformité du droit, mais son unité. Nous avions rappelé en 2011 à l'occasion du

---

[100] Cicéron, *De leg.*, I, V, 17, « *Natura enim iuris explicanda nobis est, eaque ab hominis repetenda natura* ».

[101] *Natura*, pris dans le sens d'état naturel et constitutif d'une chose, cf. *De orat*, 2, 307.

[102] Cicéron, *De leg.*, I, V, 17, « *Marcus. - Non enim id quaerimus hoc sermone, Pomponi, quem ad modum caveamus in iure, aut quid de quaque consultatione respondeamus. Sit ista res magna, sicut est, quae quondam a multis claris viris, nunc ab uno summa auctoritate et scientia sustinetur, sed nobis ita complectenda in hac disputatione tota causa est universi iuris ac legum, ut, hoc civile quod dicimus, in parvum quendam et angustum locum concludatur. Natura enim iuris explicanda nobis est, eaque ab hominis repetenda natura, considerandae leges quibus civitates regi debeant ; tum haec tractanda, quae conposita sunt et descripta iura et iussa populorum, in quibus ne nostri quidem populi latebunt quae vocantur iura civilia* ».

[103] Eric Gilardeau, *Der Einfluss des Gedankengutes Kants auf das Allgemeine Bürgerliche Gesetzbuch durch Franz von Zeiller*, Zeitschrift für Rechtsvergleichung, Internationales Privatrecht und Europarecht mit Euro-Info ZER, Manz,Wien, 2004, pp.123-142.

bicentenaire de l'ABGB que le code civil autrichien n'avait pas pour finalité de supprimer les statuts particuliers en vigueur dans l'empire d'Autriche, mais simplement de codifier le droit civil afin de l'adapter à l'évolution sociale dans le plus strict respect du pouvoir impérial dont il contribuait à renforcer l'autorité et la légitimité[104].

Section II - Une codification du *ius civile* dans le cadre d'un « *optimus status civitatis* »

Or, pour comprendre le projet de codification de Cicéron, il est nécessaire d'inscrire cette lecture du *De legibus* dans le prolongement de l'ouvrage qui le précède, le *De republica.* Cicéron rappelait lui-même l'étroite liaison qui existait entre ces deux œuvres. Les lois étaient appelées à s'adapter au régime que ce dernier définissait dans le *De republica* : « *Donc, étant donné que nous devons observer et garder cette forme d'Etat dont Scipion, au cours de nos six livres (De re publica) a démontré qu'elle était la meilleure ; étant donné que toutes nos lois devront s'adapter à ce genre de régime* »[105]. Cicéron dessinait, en effet, une théorie du principat à travers les six livres qui composaient cet ouvrage[106]. Les lois et par voie de conséquence la codification du droit civil, qu'il se proposait de mettre en œuvre, étaient appelées à s'adapter à une théorie du pouvoir politique entièrement renouvelée.

Certes, comme le rappelait Pierre Grenade, l'écart entre la conception cicéronienne du principat et la réalisation politique de cette idée par Auguste était « *immense* »[107]. Mais, à la différence de Pierre Grenade, nous considérons que l'ouvrage de Cicéron a exercé une influence réelle sur la pensée d'Auguste. Bien sûr, le cynisme et les froids calculs de l'*imperator*, dissimulant sous un apparat républicain

---

[104] E. Gilardeau, *L'ABGB de 1811, une codification kantienne de la citoyenneté,* Revue historique de droit français et étranger,vol. 89, n°3, Paris, 2011, pp.407-421.

[105] Cicéron, *De leg.*, I, VI, 20 « *Quoniam igitur eius ei rei publicae, quam optumam esse docuit in illis sex libris Scipio, tenendus est nobis et servandus status, omnesque leges adcommodandae ad illud civitatis genus* ».

[106] Pierre Grenade, *Remarques sur la théorie cicéronienne dite du « principat »*, in Mélanges d'archéologie et d'histoire, volume 57, 1940, pp.32-63.

[107] P. Grenade, *op. cit.*, p.63.

une monarchie de fait, ne pouvaient être comparés à l'idéal sincère d'une République placée sous l'égide de deux principes fondamentaux, l'« *optimus status civitatis* » et « *l'optimus civis* »[108]. Ces deux notions constituaient non seulement les axes majeurs de la théorie que développait Cicéron dans le *De republica*, mais elles formaient également une constante de sa pensée politique que l'on retrouvait jusque dans les aspects les plus pratiques de l'administration des affaires publiques.

En effet, si le texte du *De republica* nous est parvenu sous la forme d'un palimpseste incomplet, nous disposons de la *Correspondance* de Cicéron qui fut rédigée dans une période très proche de la rédaction du *De republica*. La *Correspondance* nous offre à ce titre un témoignage de première main sur la conception cicéronienne du régime que l'historiographie qualifie de « principat ». Aussi, nous ne nous référerons pas dans cet ouvrage à une expression qui nous apparaît forgée dans le but de simplifier une notion qui se laisse difficilement enfermer dans une idée ou un principe. Nous pensons que le caractère réducteur de cette qualification ne permet pas de rendre compte de la pensée de Cicéron. Nous partageons à ce titre l'analyse de Pierre Grenade lorsque ce dernier écrivait que recourir à cette qualification, « *c'est méconnaître la diversité des vocables par laquelle l'auteur essaie de suggérer une notion trop riche pour être ramassée dans une seule formule* »[109].

Dans le domaine précis qui nous occupe, la formule d'« *optimus status civitatis* » nous paraît plus proche de la réalité politique, juridique et sociale à laquelle renvoie la pensée de Cicéron. Nous estimons que sa *Correspondance* permet d'éclairer le *De republica* sous un jour plus concret, plus proche des préoccupations réelles de l'orateur. Comme le montre l'œuvre entière de Cicéron, l'idée d'une codification du droit civil ne pouvait s'envisager sans une entreprise parallèle de restauration des valeurs traditionnelles de la République romaine sur un plan politique.

---

[108] Cicéron, *Correspondance*, Tome III, Lettres CXXII-CCIV, traduction par Léopold-Albert Constans, Les Belles Lettres, Paris, 1936, CLIII, *Ad Quint., Fr.*, III, 5, 1 (octobre-novembre 54, « *Sermo (...) de optimo statu civitatis et de optimo cive* ».

[109] P. Grenade, *op. cit.*, p.41.

C'est la raison pour laquelle nous pensons que cette dimension précise a pu exercer une influence sur la conception augustéenne du pouvoir. L'évolution politique, économique, juridique et sociale que connaissait Rome exigeait des solutions pragmatiques. Elle conduisait Cicéron et Auguste vers une représentation fort proche, voire identique dans le domaine de la pratique de l'administration du pouvoir politique. L'approche cicéronienne de l'« *optimus status civitatis* » n'était pas seulement théorique, mais concrète. C'est pourquoi le *De republica* et certaines parties de la *Correspondance* étaient sur ce point parfaitement complémentaires.

Si nous exprimons des réserves sur l'analyse proposée par Richard August Reitzenstein, qui considérait que la théorie du *De republica* constituait une préfiguration du principat d'Auguste[110], nous sommes en revanche en accord avec ce dernier sur l'idée que cette œuvre a pu exercer une véritable influence sur les aspects pratiques qu'induisaient l'« *optimus status civitatis* » et « *l'optimus civis* » dans le contexte précis de la Rome du Ier siècle av. J.-C. C'est ici, selon nous, le trait d'union véritable entre l'œuvre de Cicéron et la construction politique d'Auguste.

Cette organisation du pouvoir que l'historiographie qualifie de « principat » chez Cicéron et pour rendre compte de l'œuvre d'Auguste ne peut être comprise hors du contexte politique et économique de l'époque où s'inscrivaient d'une part, les réflexions de l'auteur du *De republica* et d'autre part, les mesures prises par l'*Imperator*. Le *ius* devait, en effet, s'adapter à l'évolution politique et territoriale que connaissait Rome en cette fin du Ier siècle avant J.-C. Comme le rappelle Aldo Schiavone, la conquête portait en soi la logique de cette évolution. « *Le plein essor d'un pouvoir mondial (...) les armées romaines se déployaient de la Manche au Rhin et jusqu'à la mer Noire portait en soi un besoin de règle, de discipline, de normalisation entièrement nouveau* »[111].

Aussi Cicéron souhaitait-il relier la codification du droit à l'avènement de cette nouvelle dimension politique qui lui apparaissait inéluctable. L'unité institutionnelle de l'empire impliquait, sinon

---

[110] Richard August Reitzenstein, *Die Idee des Principats bei Cicero und Augustus, Nachrichten der königlichen Gesellschaft der Wissenschaften zu Göttingen*, Göttingen, 1917 S.399 ff..

[111] A. Schiavone, *op. cit.*, p.393.

l'uniformité du droit, du moins sa refondation rationnelle. Selon la formule significative d'Aldo Schiavone, le *ius* est « *le logos de la république, et le fondement de son excellence* »[112]. Cicéron était le témoin privilégié de la mutation que connaissait la République dans son organisation économique et sociale. La multiplication des échanges, la constitution d'immenses fortunes, les bouleversements sociaux qui en résultaient rompaient les cadres traditionnels du régime aristocratique. Dans le *De republica*, Cicéron rappelait que la République était littéralement la chose du peuple. Mais, un peuple ne pouvait être pour Cicéron une simple réunion d'individus. Le peuple se fondait non seulement sur une communauté d'intérêts, mais également sur l'unité du droit[113].

Or, les transformations, qui étaient imposées à la cité, avaient un effet délétère. En ce Ier siècle av. J.-C., les intérêts divergents à l'œuvre dans la société romaine achevaient de disloquer les anciennes solidarités et laissaient les individus livrés aux forces contradictoires de puissances politiques et financières sans limites. Il fallait restituer aux citoyens la protection d'un droit qui était devenu incertain dans son application. La nécessité d'une discipline collective au service du bien public dans un cadre territorial élargi aux dimensions d'un empire ne pouvait s'incarner que dans une restauration de la cohérence du droit. Mais, pour être effective et durable, cette réforme devait s'accompagner d'une régénération des principes et des hommes appelés à gouverner la République.

C'est ici, l'un des aspects majeurs du *De republica* qui, nous semble-t-il, n'a pas été véritablement mis en lumière. Le *Princeps* ou l' « *optimus civis* » n'est pas seulement le reflet de la figure mythique de Périclès ou l'imitation du modèle du citoyen parfait de Platon. Il existait une autre dimension, véritablement romaine de l'image de l'« *optimus civis* », qui jaillissait sous le stylet de Cicéron. À ce titre, la *Correspondance* explicitait la position qu'adoptera Cicéron dans le *De republica*.

Au début de l'année 59 av. J.-C., Cicéron adressa une lettre à son frère Quintus. Nous sommes alors cinq ans avant la rédaction du *De*

---

112 A. Schiavone, *op. cit.*, p.180.

113 Cicéron, *De rep*, I, 25, 39, « *est igitur, inquit Africanus, res publica res populi, populus autem non omnis hominum coetus quoquo modo congregatus, sed coetus multitudinis iuris consensu et utilitatis communione sociatus* ».

republica. Cicéron mettait en exergue les principes, pour ne pas dire les vertus, qui devaient conduire l'homme d'État dans l'exercice de ses fonctions. Quintus était gouverneur de la province d'Asie. Cicéron décrivait les qualités que son frère serait appelé à cultiver dans sa fonction judiciaire[114]. En effet, pour Marcus, la fonction judiciaire du gouverneur occupait une place éminente : « *Et, à mon avis du moins, le gouvernement de l'Asie ne comporte pas des activités très variées : il repose tout entier, essentiellement, sur l'administration de la justice* »[115].

Nous voyons ici que l' « *optimus civis* » était un modèle non pas abstrait, mais concret. Il s'agissait pour Cicéron de répondre à l'une de ses préoccupations majeures qui concernait l'administration de l'empire. Les gouverneurs de province au cours du Ier siècle av. J.-C. s'étaient illustrés par l'exercice arbitraire de leurs attributions et tout particulièrement dans le domaine judiciaire. Nous rappelons simplement le cas de Verrès qui avait tout particulièrement abusé de son pouvoir juridictionnel dans le cadre de son gouvernement de Sicile[116].

Cependant, Verrès n'était pas un cas isolé. Le pouvoir judiciaire des promagistrats était une des principales causes de prévarication dans l'administration de leurs provinces. Ces agissements avaient non seulement pour effet de jeter un peu plus le discrédit sur le gouvernement républicain, mais les sentences torses, qui étaient rendues par des promagistrats peu scrupuleux, rejaillissaient également sur le droit. Celui-ci apparaissait incertain aux yeux des provinciaux quand ils ne le jugeaient pas comme l'instrument de la brutalité du conquérant romain sur des sujets. La conception que défendait Cicéron était dirigée contre ces abus. Il s'agissait de renverser cette situation en imposant les principes, les vertus, le modèle de l' « *optimus civis* » aux gouverneurs. Leur juridiction devait garantir l'application d'un droit objectif et équilibré.

---

114 Cicéron, *Correspondance*, Tome I, Lettres I-LV, traduction par Léopold-Albert Constans, Les Belles Lettres, Paris, 1969, XXX, *Ad Quint., Fr.*, I, 1 (Rome début de 59).

115 Cicéron, *Correspondance*, XXX, *Ad Quint., Fr.*, I, 1, VII, 20, « *Ac mihi quidem videtur non sane magna varietas esse negotiorum in administranda Asia, sed ea tota iurisdictione maxime sustineri* ».

116 Cicéron, *Discours*, Tome VI, *Seconde action contre Verrès*, Livre V, traduction Gaston Rabaud, Les Belles Lettres, Paris, 1929.

Aussi, pour Cicéron, la rigueur dont devait faire preuve un gouverneur de province ne pouvait se départir de l'impartialité la plus absolue. Le promagistrat en tant qu'*« optimus civis »* devait non seulement veiller à se conformer personnellement à ce principe, mais à le faire appliquer également par ceux qui étaient les délégataires de ses attributions judiciaires. Voici ce qu'écrivait Cicéron à son frère Quintus à ce sujet : « *Une telle conduite, et les autres mesures pleines de sévérité que tu as prises dans ta province, il ne nous serait pas facile de les maintenir sans une absolue intégrité ; use donc d'une extrême rigueur dans les jugements que tu rends, mais à condition que la faveur ne vienne jamais l'altérer et qu'elle reste toujours impartiale. Cependant, il n'importe guère que ta justice soit impartiale et diligente, si ceux à qui tu as délégué quelque part de tes attributions judiciaires n'agissent pas comme toi* »[117].

Cicéron démontrait ici que l'*« optimus civis »* n'était pas destiné à s'identifier à la figure d'exception d'un homme qui réunirait toutes les vertus. Richard Heinze avait soutenu à ce titre que la notion de « *princeps* » devait être entendue sous une forme ontologique permettant de désigner l'ensemble des « *principes* »[118]. Pierre Grenade soutenait que « *les discussions soulevées par Heinze sur l'unicité ou la pluralité du "princeps" sont vaines dans la mesure où l'idée de l'"optimus civis" est dérivée d'une notion idéale de la philosophie grecque, c'est un pur concept* »[119]. À la différence de Pierre Grenade, nous considérons que le débat ouvert par Heinze est des plus fondés si l'on s'en tient à l'acception que donnait Cicéron de l' « *optimus civis* » dans sa *Correspondance*.

En effet, la lettre de Cicéron à Quintus ne limitait pas cette qualification au seul détenteur de l'autorité sur la province, mais étendait celle-ci à l'ensemble de ses délégataires. Tout citoyen qui viendrait à disposer de l'autorité publique directement ou

---

[117] Cicéron, *Correspondance*, XXX, *Ad Quint*., *Fr.*, I, 1, VII, 20, « *Haec et cetera plena severitatis quae statuisti in ista provincia non facile sine summa integritate sustineremus. Quare sit summa in iure dicendo severitas, dummodo ea ne varietur gratia sed conservetur aequabilis. Sed tamen parvi refert abs te ipso ius dici aequaliter et diligenter, nisi idem ab iis fiet quibus tu eius muneris aliquam partem concesseris* ».
[118] Richard Heinze, *« Cicero'Staat » als politische Tendenzschrift* in *Hermes*, 1924, LIX, S.73-94.
[119] P. Grenade, *op. cit.*, p.51.

indirectement et notamment, lorsqu'il s'agissait du pouvoir judiciaire, devait se conformer aux exigences des vertus inhérentes à la fonction de juge. Dans cette stricte limite, il nous apparaît légitime de considérer que l'idée d'une pluralité de « *principes* » s'imposait non pas seulement comme une qualification destinée à s'appliquer aux plus hauts dignitaires de la République, mais également à tous ceux qui détenaient une partie de la puissance publique.

L'accessibilité de l'audience, la modération dans l'exercice du pouvoir judiciaire, le respect du principe du contradictoire étaient également des qualités auxquelles devait s'attacher le promagistrat en tant que juge. Cicéron offrait à son frère l'exemple de Cnaeus Octavius[120] pour illustrer ces qualités, preuve s'il en était du caractère traditionnel et pragmatique de l'*« optimus civis »* : « *Il faut aussi qu'on puisse obtenir facilement ton audience, que tes arrêts soient prononcés avec douceur, que dans la fixation des sommes à acquitter comme dans la discussion entre parties tu te montres exact et scrupuleux. C'est par là que naguère Cn. Octavius se fit tant aimer : à son tribunal le premier licteur n'eut qu'à se reposer, l'accensus*[121] *qu'à se taire, chaque plaideur eut la parole aussi souvent et aussi longtemps qu'il voulut. Une pareille complaisance pourrait peut-être sembler excessive, si derrière elle il n'y avait eu une remarquable sévérité : il forçait les favoris de Sylla à restituer ce qu'ils s'étaient approprié par la violence et la terreur ; ceux qui, étant magistrats, avaient rendu des jugements iniques se voyaient contraints, étant redevenus simples particuliers, de se soumettre aux règles qu'ils*

---

[120] L.-A. Constans, *Notes complémentaires* sous Cicéron, *Correspondance*, VII, 21, pp.288-289, précise « Il s'agit, selon nous, de Cn. Octavius, consul en 76, préteur en 79. On a cru jusqu'ici sans raison valable, qu'il s'agissait de C. Octavius, père de l'empereur Auguste, préteur en 61 (cf. app. Crit.). Suétone, *Aug.*, 3, parlant du père de l'empereur, cite ce que Cicéron dit de lui dans sa lettre *Q. fr.*, I, 2, 7 (*LIII*), mais ne dit rien de ce qui est rapporté ici. Par contre, Cn. Octavius est qualifié par Salluste, *Hist.*, ed. Maurenbrecher, II, 26 de *milis*, et Cicéron, *De fin.*, II, 93, l'appelle *optimus atque humanissimus vir*. Mais, il y a mieux que ces présomptions : c'est un texte de Cicéron, *Verr.*, 3, 65, 152, où l'on voit demander contre un mandataire de Verrès, Apronius, la *formula Octaviana, Quod per vim et metum abstulisset*. On a jusqu'ici fait l'honneur de cette *formula* à L. Octavius, consul en 75, préteur en 78 ; mais le rapprochement du texte des Verrines avec le nôtre (*quae per vim et metum abstulerant*) nous paraît trancher la question en faveur du préteur de 79, Cn. Octavius ».

[121] Huissier attaché à un magistrat.

avaient eux-mêmes posées. Sévérité qu'on digérerait malaisément si la douceur des manières n'en venait corriger l'âpreté »[122].

L'exemplarité du promagistrat était d'autant plus évidente que ce dernier ne connaissait aucune limite à son pouvoir. Cicéron considérait que tout gouverneur au sein de la République devait se soumettre aux principes qu'il venait d'énoncer et tout particulièrement dans l'administration de la justice, car son pouvoir juridictionnel était dispensé sous le regard attentif des justiciables de son ressort.

C'était la ferme invitation que donnait Marcus à son frère, gouverneur de la province d'Asie : « *dans un pays où une si grande multitude de citoyens et d'alliés, tant de villes, tant de peuples ont les yeux fixés sur le signe de tête d'un seul homme, où il n'y a aucun secours à attendre, aucun moyen de se plaindre, pas de Sénat, pas d'assemblée populaire ! Aussi, appartient-il à un homme qui est un grand caractère, et qui, naturellement raisonnable, a en outre reçu une forte éducation et a fait les meilleures études, de se montrer, dans l'exercice d'un pouvoir aussi absolu, tel que ses sujets ne regrettent pas l'absence d'un autre pouvoir au-dessus du sien* »[123].

Cicéron ne limitait pas ces principes et vertus aux seuls gouverneurs et à leurs délégataires judiciaires, mais il les étendait à chaque magistrat dans la République. L'auteur du *De officiis* déclarait solennellement à ce sujet : « *Ainsi, c'est le devoir propre du magistrat de comprendre qu'il représente la cité, qu'il doit soutenir son prestige et son honneur, sauvegarder les lois, définir les droits et se souvenir*

---

[122] Cicéron, *Correspondance*, XXX, *Ad Quint., Fr.*, I, 1, VII, 21, « *Adiungenda etiam est facilitas in audiendo, lenitas in decernendo, in satisfaciendo ac disputando diligentia. His rebus nuper Cn. Octavius iucundissimus fuit, apud quem primus lictor quievit, tacuit accensus, quotiens quisque voluit dixit et quam voluit diu ; quibus ille rebus fortasse nimis lenis videretur, nisi haec lenitas illam severitatem tueretur. Cogebantur Sullani homines quae per vim et metum abstulerant reddere ; qui in magistratibus iniurise decreverant, eodem ipsis privatis erat iure parendum. Haec illius severitas acerba videretur, nisi multis condimentis humanitatis mitigaretur* ».

[123] Cicéron, *Correspondance, Ad Quint., Fr.*, I, 1, VV, 22, « *in qua tanta multitudo civium, tanta sociorum, tot urbes, tot civitates unius hominis nutum intuentur, ubi nullum auxilium est, nulla conquestio, nullus senatus, nulla contio ! Quare permagni hominis est et cum ipsa natura moderati, tum vero etiam doctrina atque optimarum artium studiis eruditi, sic se adhibere in tanta potestate ut nulla alia potestas ab iis quibus is praesit desideretur* ».

que tout cela a été confié à sa bonne foi »[124]. L'« *ea fidei* » du magistrat à laquelle se référait l'auteur du *De officiis*, qui n'était autre que la bonne foi, incarnait pour Cicéron le mètre-étalon appelé à mesurer la conduite de l'ensemble des acteurs de la vie juridique, juges, prudents et parties[125]. L'auteur du *De officiis* faisait de la bonne foi « *le fondement de la justice* »[126].

Il faut également se souvenir que Cicéron ne se contentait pas d'énoncer ces principes et vertus pour ses concitoyens, mais qu'il les pratiquait lui-même. Il suffit de se reporter à sa questure de Sicile en 74 av. J.-C. comme à son excellent gouvernement de Cilicie en 51 av. J.-C. La refondation du droit que proposait d'entreprendre Cicéron s'accompagnait nécessairement d'une régénération des vertus des citoyens en charge des fonctions judiciaires. La remise en ordre du *ius civile* impliquait l'intervention de juges intègres qui feraient une application rigoureuse des solutions nouvelles dessinées par la codification et qui seraient étendues aux provinciaux.

C'est dans ce cadre précis que Cicéron envisageait la codification du droit. Celle-ci était d'abord pour lui une œuvre politique destinée à prendre acte de la mutation de la cité aux dimensions d'un empire. L'auteur du *De republica* et du *De legibus* mesurait toutes les exigences auxquelles devait répondre une réforme républicaine du droit. La conception cicéronienne, que l'on qualifie, selon nous abusivement de « principat », était en réalité la volonté de faire évoluer le régime républicain vers l'« *optimus status civitatis* » sous l'égide d'une figure ontologique, « *l'optimus civis* », un modèle pour l'administration de la justice.

Les principes, qui guidaient Cicéron, étaient, en conséquence, très éloignés de la représentation augustéenne du « principat ». Le modèle du « *rector reipublicae* » proposé par André Magdelain se trouvait lui-même aux antipodes de la figure du *princeps* incarnée par Auguste[127].

---

[124] Cicéron, *De offic.*, Livre I, traduction par Maurice Testard, Les Belles Lettres, Paris, 1974, I, XXXIV,124, « *Est igitur proprium munus magistratus intellegere se gerere personam civitatis debereque eius dignitatem et decus sustinere, servare leges, iura describere, ea fidei suae commissa meminisse* ».

[125] *Infra* pp. 177 et s., sur l'importance de la bonne foi dans son application en matière de conventions.

[126] Cicéron, *De off.*, I, VII, 23, « *Fundamentum autem est iustitiae fides* ».

[127] André Magdelain, *Auctoritas principis*, Les Belles Lettres, Paris, 1947, pp.1-36, explique le rôle dévolu au *rector reipublicae* qui exerce une *auctoritas* plus large

Cependant, les aspirations de l'auteur du *De legibus* comme du *De republica* rejoignaient l'entreprise de l'*imperator* tant en matière juridique que judiciaire. L'un et l'autre partageaient à tout le moins les deux finalités suivantes : la remise en ordre du droit et la régénération de l'administration judiciaire.

Cicéron estimait que le *ius civile* devait tendre à l'unité que lui conférerait l'instauration d'un système ordonné de règles obligatoires. La codification avait à ce titre une vocation véritablement politique. Aussi, la différence fondamentale entre le projet de Cicéron et l'entreprise d'Auguste résidait-elle dans le régime politique concerné, mais également dans la fonction impartie à la codification. Celle-ci devait incarner pour Cicéron le centre de l'ordre juridique et assurer la régulation du *ius civile*. Dans le régime instauré par Auguste, ce rôle était réservé au *princeps*. L'opposition était en conséquence radicale.

Section III - Un *Ius respondendi* sous l'égide de la loi

Mais, le caractère politique que pouvait présenter la codification proposée par Cicéron emportait des conséquences importantes pour la science juridique. En effet, une codification du droit civil aurait impliqué pour les acteurs de la vie juridique et judiciaire une modification du rôle que ces derniers seraient désormais appelés à jouer dans la construction du droit. Leur pouvoir créateur serait amené à subir non seulement la limite des prescriptions codifiées, mais également et surtout un contrôle de nature politique. Cicéron avait-il exprimé cette volonté ? Il n'existe pas d'affirmation formelle de ce dernier à ce titre. Jamais Cicéron ne proposa de mettre en œuvre un encadrement de la jurisprudence.

Cependant, il est permis de s'interroger sur la position de Cicéron. Certes, celui-ci faisait une description des prudents sous le jour d'une *auctoritas iuris peritorum* libre de toute obédience. La jurisprudence était par nature spontanée. Elle constituait une initiative individuelle mise au service du public. Mais, tout en reconnaissant cet aspect

---

que celle du Sénat lui-même puisque ses recommandations étaient appelées à devenir après une ratification des mesures équivalentes aux senatus-consultes, aux lois ,voire aux jugements.

essentiel d'une entreprise exclusivement personnelle, Cicéron n'en exprimait pas moins une réserve sur la portée de cette liberté : « *Moi ? Je pense qu'il y a eu dans notre Etat de très grands citoyens qui se sont adonnés à l'expliquer au peuple et à lui fournir des consultations ; mais, après avoir annoncé de grands objets, ils se sont cantonnés en de petits. Qu'y a-t-il en effet d'aussi important que le droit d'un pays ? Mais quoi d'aussi étroit que la tâche des gens que l'on consulte ? – Encore est-elle nécessaire, et je ne crois pas que ceux qui ont pris la direction de cette branche aient ignoré tout l'ensemble du droit ; mais ils n'ont approfondi ce qu'on appelle le droit civil que dans la mesure où ils voulaient le mettre à la disposition du public. Or cela, en théorie, est bien mince, mais au point de vue pratique, nécessaire* »[128].

Nous retrouvons ici la critique que Cicéron avait exprimée à l'égard des jurisconsultes qualifiés d'esprits étroits et formalistes dans le *Pro Murena*[129]. Cette mise en cause était tout aussi virulente dans le *De oratore* lorsqu'il considérait que la science juridique était réduite à n'être qu'une technique de la chicane : « *Ainsi, le jurisconsulte réduit à lui-même n'est rien qu'un procédurier subtil et retors, crieur d'« actions de la loi, rabâcheur de formules, éplucheur de syllabes* »[130].

Dans une note à sa traduction du texte, Edmond Courbaud apporte une précision sur le terme « *leguleius* » qui permet de préciser la portée de l'analyse de Cicéron : « *Il est dit leguleius, c'est-à-dire praticien familier avec les lois particulières, mais n'ayant aucun principe général de jurisprudence, aucune vue d'ensemble du droit civil* »[131]. C'est ici une critique sans concession et qui expliquait pourquoi une codification du *ius civile* était une réforme qui

---

[128] Cicéron, *De leg.*, I, IV, 14, « *Egone ? Summos fuisse in civitate nostra viros, qui id interpretari populo et responsitare soliti sint, sed eos magna professos in parvis esse versatos. Quid enim est tantum quantum ius civitatis ? Quid autem tam exiguum quam est munus hoc eorum qui consuluntur ? Quamquam est (populo) necessarium, nec vero eos, qui ei muneri praefuerunt, universi iuris fuisse expertis existimo, sed hoc civile quod vocant eatenus exercuerunt, quoad populo praestare voluerunt ; id autem in cognitione tenue est, in usu necessarium* ».

[129] Cicéron, *Pro Murena*, 25-27.

[130] Cicéron, *De orat.*, I, LV, 236, « *Ita est tibi iuris consultus ipse per se nihil nisi leguleius quidam cautus et acutus, praeco actionum, cantor formularum, auceps syllabarum* ».

[131] Edmond Courbaud, Note (1) sous Cicéron, *De oratore*, LV, 236 p.85,

s'imposait pour Cicéron. Seule, une codification offrirait cette vue d'ensemble du droit civil à laquelle s'étaient refusés les prudents, même chez ceux, qui, comme Quintus Mucius Scaevola et Servius Sulpicius, avaient eu recours à la méthode diairétique.

Or, cette réforme devait concerner la jurisprudence elle-même. Il n'était plus possible, selon Cicéron, de tolérer le discrédit dont souffrait la science juridique à son époque, car cette déconsidération menaçait l'autorité même du droit civil. Dans le *Pro Caecina*, Cicéron constatait que le danger était d'autant plus grand que les opinions les plus autorisées, c'est-à-dire tous les citoyens qui comptaient dans la République, mettaient formellement en cause et les prudents et la force obligatoire du droit civil : « *et, en général, je m'étonne que devant les tribunaux il y ait parfois des hommes de talent pour soutenir qu'il ne faut pas s'en rapporter aux jurisconsultes et que dans les procès le droit civil ne doit pas toujours prévaloir* »[132].

Pour Cicéron, le problème n'était donc pas la science juridique elle-même, mais l'incertitude des solutions du *ius* née de la position de juristes, qui, par leur impéritie, brouillait la clarté et la cohérence du droit civil. Ces derniers n'étaient plus dignes d'entrer au nombre des prudents. Cicéron voulait en conséquence réserver le titre de jurisconsulte à ceux qui avaient véritablement la qualité requise pour y prétendre : « *Car si ceux qui soutiennent cette opinion prétendent que les jurisconsultes rendent parfois des décisions contraires à la justice, ils ne doivent pas dire que c'est aux jurisconsultes mais bien à certains hommes inintelligents qu'on doit refuser son adhésion. S'ils conviennent au contraire que les consultations des jurisconsultes sont bonnes et prétendent néanmoins qu'on doit juger de façon différente, ils veulent qu'on prononce de mauvais jugements, car il n'est pas possible que sur un point de droit on doive juger d'une façon et donner une consultation différente, ni qu'on puisse compter parmi les véritables jurisconsultes celui qui donne du droit une interprétation que l'on ne doive pas sanctionner par un jugement* »[133].

---

[132] Cicéron, *Pro Caec.*, XXIV, 67, « *et non numquam ab ingeniosis hominibus defendi mihi mirum videri solet, nec iuris consultis concedi nec ius civile in causis semper valere oportere* ».

[133] Cicéron, *Pro Caec.*, XXIV, 68, « *Nam hoc qui disputant, si id dicunt non recte aliquid statuere eos qui consulantur, non hoc debent dicere iuris consultis sed hominibus stultis obtemperari non oportere. Sin illos recte respondere concedunt et*

Cicéron introduisait donc une distinction entre les juristes et dans le *De oratore*, il allait jusqu'à définir les conditions que devrait remplir un jurisconsulte pour se voir reconnaître le droit de porter ce titre : « *Me demanderait-on qui mérite le titre de jurisconsulte, je répondrais : c'est celui qui, instruit des lois et des coutumes où se fonde le droit privé, donne de savantes consultations à ses concitoyens, les dirige dans leurs procès, leur indique les formules de précautions nécessaires, et je mentionnerais en ce genre Sex. Aelius, M'Manilius, P. Mucius* »[134].

Nous retrouvons ici les trois fonctions essentielles imparties aux prudents : *respondere, cavere et agere* que Carlo Augusto Cannata regroupait en deux parties fondamentales. Tout d'abord, il appartenait au jurisconsulte d'assurer les fonctions du *respondere* et du *cavere* qui exigeaient une réponse précise et adaptée aux formulaires d'action pour le cas qui lui était soumis. Ensuite, le prudent devait remplir une mission d'assistance (*agere*) auprès de l'avocat chargé de l'affaire dans le cadre du procès[135].

Est-ce à dire que la codification du droit civil aurait conduit Cicéron à réserver aux véritables experts le droit de donner des consultations ? Certes, Cicéron n'a jamais formulé expressément, comme nous l'avons déjà indiqué, l'idée d'instaurer, ce que fera le régime impérial, un privilège au profit de juristes brevetés, une élite autorisée par le pouvoir politique à donner des consultations dont Fritz Schulz attestait l'existence dès le principat d'Auguste[136].

André Magdelain expliquait, en effet, que le régime augustéen ne pouvait tolérer que la jurisprudence et l'Edit du préteur pussent échapper à l'emprise de l'*auctoritas* du *princeps* et que ne pouvant substituer ces deux sources du droit il lui avait fallu trouver le moyen

---

aliter iudicari dicunt oportere, male iudicari oportere dicunt. Neque enim fieri potest ut aliud iudicari de iure, aliud responderi oporteat, nec ut quisquam iuris numeretur peritus qui id statuat esse ius quod non oporteat iudicari ».

[134] Cicéron, *De orat.*, I, XLVIII, 212, « *Sin autem quaeretur quisnam iuris consultus vere nominaretur, eum dicerem qui legum et consuetudinis eius, qua privati in civitate uterentur, et ad respondendum et ad agendum et ad cavendum peritus esset, et ex eo genere Sex. Aelium, M'Manilius, P. Mucium nominarem* ».

[135] Carlo Augusto Cannata, *Histoire de la jurisprudence européenne*, I, *La jurisprudence romaine*, G. Giappichelli, Torino, 1989, pp.41 et s.

[136] Fritz Schulz, *History of Roman Legal Science*, Clarendon Press, Oxford, 1946, p.112.

de contrôler celles-ci et tout particulièrement la science juridique[137]. Comme l'écrit fort justement André Magdelain « *L'existence d'une source du droit dégagée de tout contrôle de l'Etat était peu compatible avec l'esprit du principat* »[138].

Ce dernier rappelait que la qualification « *iurisconsultus* » était attribuée, comme c'était le cas sous la République aux juristes qui délivraient des *responsa*, mais à cette différence près, que seuls désormais pourraient se prévaloir de ce titre les prudents « *brevetés* » par le *princeps*[139]. La qualité de jurisconsulte était devenue, en effet, un privilège conféré par le *princeps*, « *un privilège destiné seulement à élever au-dessus de la masse des juristes une élite dont le mérite était expressément reconnu par l'empereur* »[140].

Antonio Guarino estimait que la liberté jurisprudentielle avait survécu sous le principat d'Auguste. Il concédait seulement que le *princeps* pouvait accorder un titre honorifique de « *respondere ex auctoritate principis* »[141]. Cette distinction au profit de certains jurisconsultes n'en attestait pas moins, sinon l'existence d'un contrôle étroit du pouvoir politique sur la science juridique, du moins une forme subtile de sélection des prudents. L'expertise des jurisconsultes « honorés » par le *princeps* était nécessairement appelée à bénéficier d'une véritable prééminence sur celle de leurs concurrents.

Malgré ses critiques acerbes contre la jurisprudence de son temps, jamais Cicéron n'exprima une conception aussi autoritaire. Tout d'abord, parce que pour ce dernier, la définition qu'il donnait de la science juridique s'identifiait à la liberté du jurisconsulte, ensuite parce que sa conception de l'« *optimus status civitatis* » et de « *l'optimus civis* » était aux antipodes du principat augustéen ; Cicéron inscrivait sa réforme dans le cadre de la République, non dans celui d'une monarchie fut-elle de fait.

---

137 André Magdelain, *Jus respondendi*, in *Jus imperium auctoritas*, Etudes de droit romain, Ecole française de Rome, Rome, 1990, p.104.
138 A. Magdelain, *op. cit.*, p.105.
139 A. Magdelain, *op. cit.*, p.106.
140 A. Magdelain, *ibid.*
141 Antonio Guarino, *Il ius publice respondendi* in Mélanges Fernand de Vischer, Revue Internationale des Droits de l'Antiquité, Série 1, Tomes 2-5, Bruxelles, 1949, p.400 et s.

La conception cicéronienne de la codification du droit civil s'éloignait en conséquence de la représentation autoritaire qui verra le jour sous Auguste. Selon l'auteur du *De officiis*, la science juridique, entendue en tant qu'*auctoritas prudentium*, disposait de la plus grande latitude pour appliquer les dispositions codifiées du *ius civile*. Malgré les siècles qui le séparaient de l'Arpinate, Portalis se prononçait de la même manière contre une vision autoritaire : « *Forcer le magistrat de recourir au législateur, ce serait admettre le plus funeste des principes ; ce serait renouveler parmi nous la désastreuse législation des rescrits ; car, lorsque le législateur intervient pour prononcer sur des affaires nées et vivement agitées entre particuliers, il n'est pas plus à l'abri des surprises que les tribunaux. On a moins à redouter l'arbitraire réglé timide et circonspect d'un magistrat qui peut être réformé, et qui est soumis à l'action en forfaiture, que l'arbitraire absolu d'un pouvoir indépendant qui n'est jamais responsable* »[142].

Mais, les critiques de Cicéron contre le *ius controversum*, sa proposition d'une codification du droit civil déterminaient implicitement une conséquence identique aux mesures prises par Auguste, mais par une voie différente et naturellement beaucoup moins autoritaire. Cicéron se proposait de mettre en œuvre à travers sa codification du droit civil, comme nous le verrons, des règles générales, claires et précises dont l'énoncé s'apparenterait *mutatis mutandis* au mode d'expression concis et élégant qu'adopteront au XIXe siècle les auteurs du code civil français et du code civil autrichien. Ces dispositions par leur généralité auraient un effet immédiat. Les prudents devraient s'adapter à cette forme inédite du droit pour dépasser l'horizon étroit d'une approche purement casuistique de leurs *responsa*.

Avec ce changement d'échelle du *ius*, les jurisconsultes ne seraient plus en mesure d'éluder la nouvelle réalité juridique qui aurait pour effet de subordonner la science juridique à la loi. Certes, les prudents pourraient concevoir le droit *de lege ferenda* dans le prolongement de leur pouvoir créateur ce que Cicéron non seulement ne niait pas, mais dont il affirmait également la nécessité, comme nous le verrons, lorsque nous aborderons la figure centrale de l'*auctoritas prudentium*

---

[142] Jean-Etienne-Marie Portalis, *Discours, rapports et travaux inédits sur le Code civil*, Joubert, Paris, 1844, p.13.

appelée à constituer par ses *responsa* le centre des dispositions de sa codification[143].

Aussi la mutation du *ius civile* induirait-elle un effet plus profond. Une nouvelle représentation du droit civil s'imposerait à la science juridique. Si Cicéron plaçait la jurisprudence au centre de sa codification, il n'en souhaitait pas moins étendre celle-ci à l'ensemble des sources du droit civil : l'édit du préteur, les lois, les senatus-consultes, les jugements passés en force de chose jugée. Dès lors, l'idée que le *ius civile* trouverait son fondement dans la loi elle-même finirait par s'imposer comme une réalité juridique incontournable. La logique, qui était à l'œuvre dans le *De republica* et le *De legibus*, nous semble permettre, en effet, de le soutenir.

Partant, le droit codifié conduirait à une interprétation de ses dispositions non plus *de lege ferenda,* mais désormais de *lege lata.* L'analyse du droit des prudents prendrait nécessairement appui sur les dispositions du droit préalablement sélectionnées pour entrer parmi les normes de la codification civile.

Le cadre légal ainsi défini serait tout aussi contraignant que le système des jurisconsultes brevetés mis en place par le principat augustéen. Cicéron serait parvenu sur le fondement de *l'auctoritas prudentium* à régénérer la jurisprudence en contrôlant non pas les jurisconsultes eux-mêmes comme le faisait Auguste, mais simplement la qualité de leurs *responsa* au regard des dispositions intégrées à sa codification. La restauration de la République passait par ce rétablissement de l'autorité de la jurisprudence.

Aldo Schiavone démontre que Cicéron dans le *De republica* développait une conception de la science juridique identique à celle qu'élaborera Savigny faisant des juristes les représentants naturels du peuple ; il faut entendre le mot « peuple » dans un sens purement abstrait en tant qu'entité identifiée à la République[144]. Or, loin de l'idée commune que l'on se fait de l'héritage de Savigny ce dernier n'était pas opposé au principe même d'une codification, mais l'auteur du *Vom Beruf* considérait que celle-ci était prématurée pour les pays allemands. L'œuvre de Savigny fut prolongée par celle des juristes qui formèrent l'école Pandectiste pour mettre en œuvre l'idée d'une

[143] *Infra* pp. 68 et s.
[144] A. Schiavone, *op. cit.*, pp.180-181.

science juridique qui incarnerait l'esprit du peuple et qui déciderait de « *porter le niveau de la science juridique allemande à celui qu'avaient atteint en leur temps les juristes romains* »[145].

Cette injonction de Savigny fut entendue par les juristes allemands conformément à l'idée kantienne, qui avait inspiré l'auteur du *Vom Beruf*, consistant à soumettre le droit privé germanique à une étude purement scientifique afin de lui apporter « *la garantie de la vérité conceptuelle* »[146]. Devenue une science juridique reconnue par le pouvoir impérial, les grands noms de cette école constituèrent les membres des commissions de rédaction du code allemand comme ce fut le cas pour Bernhard Windscheid (1817-1892) ou exercèrent une influence déterminante et autorisée sur les rédacteurs du BGB comme Georg Friedrich Puchta (1798-1846). L'école Pandectiste était devenue une science juridique sous le contrôle du pouvoir politique.

Le *De republica* comme le *De legibus* nous conduisent à considérer que Cicéron avait vraisemblablement envisagé cette conséquence qui résulterait d'une codification du *ius civile*. C'était tout le sens de sa démarche. Sa nécessité s'imposait comme une évidence. Cicéron n'avait-il pas dénoncé le fait que l'on puisse s'improviser jurisconsulte en trois jours seulement ?[147] Il ne s'agissait pas ici d'un trait d'ironie, mais bien le fruit d'une réflexion amère et profonde. Cicéron considérait que le *ius controversum* était la conséquence même de cette impéritie.

Ses critiques l'amenaient à rejeter la liberté donnée à tous les juristes de rendre des *responsa* et à considérer qu'il s'agissait là d'une licence insupportable. Il fallait dès lors régénérer la jurisprudence en contrôlant son recrutement non pas sous la forme autoritaire que lui donnera Auguste, mais par l'incorporation des *responsa* de l'*auctoritas prudentium* au nombre des prescriptions fondamentales de sa codification. Cette sélection indirecte des jurisconsultes les plus expérimentés était seule à même de relever le *ius civile* du discrédit dans lequel il était tombé. Cette démarche s'inscrivait dans le cadre

---

[145] Olivier Jouanjan, *De la vocation de notre temps pour la science du droit : modèles scientifiques et preuve de la validité des énoncés juridiques*, Revue européenne de sciences sociales, XLI-128, Droz, Genève, 2003.

[146] Carl Friedrich Wilhelm von Gerber, *System des Deutschen Privatsrechts, Erste Abteilung*, Iena, 1872, S.12.

[147] Cicéron, *Pro Murena*, XIII, 28, « *triduo me iurisconsultum esse profitebor* ».

d'une refondation rationnelle du *ius civile* permettant à Cicéron d'entreprendre une véritable « révolution scientifique » du droit.

Section IV - L'*auctoritas prudentium* au cœur d'une codification du *ius civile*

Dans les *Topiques*, Cicéron poussait à son plus haut degré sa critique contre les imperfections de la science juridique. Pour ce dernier, les insuffisances des prudents avaient conduit à la naissance d'un *ius controversum*. Ce *ius controversum* était lui-même à l'origine d'une mise en cause à peine voilée de l'autorité des prudents. Cicéron déclarait qu'il n'était pas question pour lui de se détacher des solutions préconisées par la jurisprudence, mais, il ajoutait d'emblée qu'il ne voulait plus suivre en tous points l'opinion des jurisconsultes, même parmi les plus éminents, lorsque ces derniers faisaient preuve d'un manque de rigueur dans leur argumentation.

Cicéron citait pour illustrer son propos le cas de son collègue et ami, Caius Aquilius Gallus[148]. Jurisconsulte des plus éminents, ce dernier fut l'élève de Quintus Mucius Scaevola et eut lui-même pour disciple, Servius Sulpicius Rufus. Pour l'opinion commune, son autorité était indiscutable. Il n'en était pas de même pour Cicéron. Malgré l'amitié qui le liait à Aquilius Gallus, Cicéron faisait l'amer constat de l'imprécision de l'illustre jurisconsulte dans le travail de qualification des concepts juridiques. L'auteur des *Topiques* faisait ici référence au caractère approximatif d'une définition donnée par Aquilius Gallus; la définition des concepts, nous le verrons, revêtait une importance capitale pour Cicéron.

Cicéron rapportait ainsi l'anecdote suivante au sujet d'une consultation dispensée par Aquilius : « *Mais moi je ne veux pas m'écarter, sinon contraint et forcé, des exemples que vous pouvez me fournir (vous les jurisconsultes). Je dirai donc qu'Aquilius, mon collègue et intime ami, à propos des rivages, où vous voyez une propriété publique, interrogé par ceux que cette question intéressait, sur ce qu'il entendait par rivages, donna la définition suivante :*

[148] Caius Aquilius Gallus (116 av. J.-C.-44 av. J.-C.), jurisconsulte préteur en 66 av.J.C. l'année même où Cicéron occupa cette charge.

"l'endroit où les flots se jouent". C'est comme si l'on voulait définir l'adolescence par "la fleur de l'âge" et la vieillesse par le "déclin de la vie". En se servant de cette métaphore, il s'écartait des termes propres à la chose et de ceux qui convenaient à sa profession »[149].

Dès lors, si Cicéron jugeait que la place de la science juridique était primordiale au sein du *ius civile*, il ne souhaitait pas moins limiter l'ampleur qu'avait prise celle-ci compte tenu des insuffisances et des contradictions que présentaient nombre de *responsa* des prudents. Cicéron décida d'accorder la qualification d'*auctoritas prudentium* exclusivement à ceux des jurisconsultes qui faisaient preuve dans leurs consultations de la rigueur scientifique requise pour revendiquer ce titre ô combien honorifique dans la pensée de Cicéron.

L'exigence de Cicéron était des plus rigoureuses. Il ne trouvait à son époque qu'un homme, qui selon lui, pouvait prétendre à cette qualité. Cet homme n'était autre que Servius Sulpicius Rufus lui-même. Dans le *De legibus*, Cicéron faisait à nouveau l'éloge de ce dernier dans les termes suivants : « *Admettons que ce soit, - et c'est en effet – une tâche importante qui a été assurée naguère par beaucoup de personnalités illustres et qui l'est aujourd'hui par un maître unique, jouissant d'une autorité aussi haute que la science* »[150].

Les termes de « *summa auctoritate* » appliqués ici à Servius Sulpicius Rufus identifiaient l'activité du jurisconsulte non pas seulement à la maîtrise du droit civil, à l'*usus*, mais également à une connaissance théorique au sens fondamental de *scientia iuris civilis*. Le sens original d'*auctoritas*, issue du verbe *augere* « augmenter », prenait ici tout son sens. Le jurisconsulte digne de ce nom était sous le stylet de Cicéron celui qui était le garant du *ius civile*. Le prudent était donc le juriste qui était en mesure de donner la solution correcte en droit, mais aussi celui qui par son autorité pouvait faire avancer le *ius*

---

[149] Cicéron, *Topiques*, traduction par Henri Bornecque, Les Belles Lettres, Paris, 1925, VII, 32, « *Sed ego a vestris exemplis, nisi necessario, non recedam. Solebat igitur Aquillius, collega et familiaris meus, quum de litoribus ageretur, quae omnia publica esse vultis, quaerentibus iis, ad quos id pertinebat, quid esset litus, ita definire, "qua fluctus eluderet :" hoc est, quasi qui "adolescentiam, florem aetatis ; senectutem, occasum vitae," velit definire : translatione utens discedebat a verbis propriis rerum ac suis* ».

[150] Cicéron, *De leg.*, I, V, 17, « *Sit ista res magna sicut est, quae quondam a multis claris viris, nunc ab uno summa auctoritate et scientia sustinetur …* »

vers sa parfaite rationalité ce qui était le cas de Servius Sulpicius Rufus pour Cicéron.

Or, Cicéron établissait entre le concept de *princeps* et celui d'*auctoritas* un lien direct conforme à la conception de l'*optimus civis* que nous avons précédemment étudiée. Ainsi dans le *Brutus*, toujours à propos de Servius Sulpicius Rufus, Cicéron écrivait : « *Pour Sulpicius, ce que tu en dis est juste et je vais, à mon tour, te dire sur lui mon sentiment. Je ne connais personne qui se soit appliqué avec plus d'ardeur et à l'art oratoire et à l'étude de toutes les sciences libérales. (...) mais il eut sans doute une autre ambition, qu'il a d'ailleurs réalisée, celle de dépasser de beaucoup, dans la science du droit civil, non seulement ses contemporains, mais encore tous ses devanciers, d'être ainsi le prince des jurisconsultes* »[151].

Pour Cicéron, Servius Sulpicius Rufus était le modèle de « *l'optimus civis* » dans le domaine de la science juridique. Aussi l'auteur du *De officiis* mettait-il en exergue la contradiction entre la confusion qui régnait dans la science des prudents et la perfection en ce domaine qu'incarnait Servius. Perfection qui était jadis répandue parmi d'éminents citoyens et qui aujourd'hui ne se retrouvait plus que chez un seul homme : « *Aussi, parmi beaucoup de traits remarquables de nos aïeux, il y eut d'excellent que la connaissance et l'interprétation des dispositions du droit civil y furent toujours hautement en honneur ; compétence en vérité qu'avant la confusion de l'époque actuelle, les premiers citoyens conservèrent dans leurs attributs, mais maintenant, comme pour les magistratures, comme pour les dignités à tous les degrés, l'éclat de cette science a été supprimé et c'est d'autant plus injustifié que la chose est arrivée en un temps où vivait l'homme qui sur tous ses prédécesseurs – dont il était l'égal par le rang – l'eût emporté aisément par son savoir* »[152].

---

[151] Cicéron, *Brut.*, XLI, 151, « *Et ego : De me, inquam, dicere nihil est necesse ; de Servio autem et tu probe dicis et ego dicam quod sentio. Non enim facile quem dixerim plus studi quam illum et ad dicendum et ad omnes bonarum rerum disciplinas adhibuisse.* (…) *sed fortasse maluit, id quod est adeptus, longe omnium non eiusdem modo aetatis, sed eorum etiam qui fuissent in iure civili esse princeps* ».

[152] Cicéron, *De offic.*, II, 65, « *Itaque cum multa praeclara maiorum, tum quod optime constituti iuris civilis summo semper in honore fuit cognitio atque interpretatio ; quam quidem ante hanc confusionem temporum in possessione sua principes retinuerunt ; nunc, ut honores, ut omnes dignitatis gradus, sic huius*

Cicéron donnait non seulement la primauté à Servius sur ses contemporains, mais également sur les jurisconsultes qui l'avaient devancé. En effet, comme nous le verrons, Cicéron affirmait avec force la préséance de Servius sur Mucius parce que si le second avait démontré sa parfaite maîtrise dans l'*usus* du *ius civile*, Servius l'avait dépassé par sa science du droit. Aussi Cicéron réservait-il à Servius le titre de « *prince des jurisconsultes* ». La rigueur scientifique de Servius donnait à ses *responsa* une valeur juridique supérieure qui correspondait à la définition de l'*auctoritas prudentium* que donnait Cicéron. Une autorité qui s'imposait aux juges dans leurs *sententiae*.

Aussi, Cicéron rangeait-il l'*auctoritas prudentium* au nombre des sources du droit[153]. L'auteur des *Topiques* avait constaté, en effet, que parmi les *responsa*, une partie d'entre elles et non des moindres avaient fini par former une jurisprudence. Ce terme doit être pris ici dans le sens que nous lui donnons aujourd'hui. En effet, les juges se référaient pour rendre leur sentence à des précédents, des *responsa* données dans des cas similaires et qui avaient été retenues par le juge romain[154].

Cicéron décrivait ainsi les apports essentiels de *l'auctoritas prudentium* au *ius civile* : « *En effet, les sentences des juges privés, dont dépendent les intérêts les plus considérables, me paraissent reposer sur la sagacité des jurisconsultes. Car on les voit fréquemment en justice, on leur demande conseil et ils dirigent les procédures pour le compte des patrons diligents qui ont recours à leur expérience. C'est ainsi que, pour toutes les actions dans la formule desquelles figure la clause : "d'après la bonne foi", ou celle-ci encore : "ainsi qu'on doit agir entre honnêtes gens", et surtout dans l'action arbitraire de restitution de la dot, où l'on trouve ces mots : "ce qui est le plus équitable et le meilleur", les jurisconsultes doivent être bien préparés. Ce sont eux qui nous ont défini le dol, la bonne foi, ce qui est équitable et bon, les obligations de l'associé envers son associé, du gérant d'affaires envers celui dont les affaires ont été*

---

scientiae splendor deletus est idque eo indignius quod eo tempore hoc contigit cum is esset qui omnes superiores quibus honore par esset, scientia facile vicisset ».

153 Cicéron, *Top.*, V, 28, « le droit civil est celui qui résulte (...) de l'autorité des jurisconsultes » (« *si quis ius civile dicat id esse (...) iurisperitorum auctoritate* »).

154 Cicéron, *Pro Caec.*, XXIV, 68.

gérées, les obligations réciproques du mandant et du mandataire, celles d'un mari envers sa femme, d'une femme envers son mari »[155].

L'auteur des *Topiques* faisait de *l'auctoritas prudentium* le moteur de l'évolution du droit romain. Dans ces conditions, une codification du droit ne pourrait d'une part, ignorer le rôle créateur de la jurisprudence et d'autre part, ne pas inclure les avancées fondamentales que la science juridique avait apportées au droit romain. Les sentences des juges étaient pour l'auteur des *Topiques* directement déterminées par les *responsa* des prudents.

C'est pourquoi, Cicéron ne manquait pas d'invoquer cette *auctoritas prudentium* parfois implicitement lorsqu'il se référait au destinataire des *Topiques* qui avait rendu lui-même des *responsa* dans le domaine du dommage éventuel[156] et en l'occurrence pour les cas de destruction de murs mitoyens[157]. Mais cette référence était parfois explicite quand il se rapportait à Publius Mucius Scaevola toujours en matière de mitoyenneté : « *P. Scévola a dit que l'on doit réserver le titre du pourtour d'une maison juste à l'espace couvert par la projection, sur le toit du mur mitoyen, de l'eau qui tombe du toit de l'édifice protégeant ce mur mitoyen. Tu dois considérer cet avis comme disant le droit* »[158].

---

[155] Cicéron, *Top.*, XVII, 65, 66, « *Privata enim iudicia maximarum quidem rerum in iurisconsultorum mihi videntur esse prudentia. Nam et adsunt multum, et adhibentur in consilio ; et patronis diligentibus, ad eorum prudentiam confugientibus, hastas ministrant. In omnibus igitur iis iudiciis, in quibus, ex fide bona, est additum ; ubi vero etiam, ut inter bonos bene agier ; in primisque in arbitrio rei uxoriae, in quo est, quid aequius, melius, parati debent. Illi enim dolum malum, illi fidem bonam, illi aequum, bonum, illi, quid socium socio ; quid eum, qui negotia aliena curasset, ei, cuius ea negotia fuissent ; quid eum, qui mandasset, eumve, cui mandatum esset, alterum alteri praestere oporteret, quid virum uxori, quid uxorem viro, tradiderunt* ».

[156] H. Bornercque,note 3 sous *Top.*, IV, 22, « Nous savons que, dans ses ouvrages, Trébatius avait traité du *damnum infectum* ».

[157] Cicéron, *Top.*, IV, 22, « Exemple : "Tout le monde a le droit d'appuyer un mur perpendiculairement à un mur mitoyen, soit plein, soit voûté. Mais si, en cas de démolition du mur mitoyen, l'on a fourni caution pour le dommage éventuel, on ne devra pas réparation du dommage provenant du fait de la voûte". Ce n'est pas, en effet, par le fait de celui qui démolit que le dommage s'est produit, mais par le fait de la construction, élevée de telle sorte qu'elle ne peut rester sans être étayée ».

[158] Cicéron, *Top.*, IV, 24, « *Quoniam P. Scaevola id solum esse ambitus aedium dixerit, quod, parietis communis tegendi causa, tectum proiiceretur, ex quo in tectum eius, aedes qui protexisset, aqua deflueret, id tibi ius videri* ».

Cicéron prévoyait la difficulté qui pouvait surgir lorsqu'il existait une controverse entre des jurisconsultes dont l'autorité était unanimement reconnue, Cicéron précisait la manière de déterminer dans une telle hypothèse l'*auctoritas prudentium* en s'appuyant sur la solution donnée par la majorité des prudents. Dans son plaidoyer du *Pro Caecina*, il citait l'exemple de Crassus opposé à Quintus Mucius Scaevola, le consul de 95 av. J.-C., maître de Cicéron et cousin de Quintus Mucius Scaevola l'Augur : « *En effet, Crassus lui-même, plaidant devant les cemtuvirs, n'a pas pris le parti d'attaquer les jurisconsultes, mais il a montré que la position défendue par Scévola n'était pas conforme au droit et pour le prouver, non seulement il apportait des raisons, mais il s'appuyait sur l'autorité de son beau-père Q. Mucius et de plusieurs hommes très éclairés* »[159].

Dès lors, si, comme nous l'avons vu, la part du *ius controversum* prenait pour Cicéron une place inquiétante dans le système juridique romain, ce dernier témoignait non seulement dans les *Topiques*, mais également à travers son plaidoyer remarqué du *Pro Caecina*, une confiance absolue dans le rétablissement du *ius civile* à la condition expresse que l'on s'en tînt, bien entendu, à cette part rationnelle et objective des *responsa*.

Cicéron identifiait désormais l'inflexibilité même du *ius civile* à ces précédents qui faisaient autorité, c'est-à-dire à cette partie stable et constante de l'*interpretatio*. S'écarter de leurs solutions, comme le faisaient si souvent ses contemporains, c'était briser toute la certitude du système juridique[160]. La caractéristique du droit civil était l'unité. Une unité qui était fondée sur la logique et la cohérence de ses dispositions. Il fallait à tout prix rétablir celle-ci car elle se trouvait elle-même au fondement de l'égalité dans l'application de la règle ; un bénéfice qu'étaient en droit d'attendre les citoyens : « *Il faut donc vous bien persuader que rien dans l'Etat ne doit être sauvegardé avec plus de soin que le droit civil. Si on le supprime, il devient impossible*

---

[159] Cicéron, *Pro A. Caec.*, XXIV, 69, « *Etenim ipse Crassus non ita causam apud cviros egit ut contra iuris consultos diceret, sed ut hoc doceret, illud quod Scaevola defendebat non esse iuris, et in eam rem non solum rationes adferret, sed etiam Q. Mucio, socero suo, multisque peritissimis hominibus auctoribus uteretur* ».

[160] Cicéron, *Pro A. Caec.*, XXVI, 73, « *Quod enim est ius civile ? Quod neque inflecti gratia neque perfringi potentia neque adulterari pecunia possit* ».

de reconnaître son propre bien du bien d'autrui ; d'établir entre les citoyens une règle égale et uniforme pour tous »[161].

Le *ius civile* retrouverait ainsi son rôle originel de mesure commune à tous. Les juges seraient à nouveau soumis à la force obligatoire de ses prescriptions et verraient leurs sentences préservées de toute influence arbitraire : « *Avec le droit civil, rien de tel, récupérateurs : ni pièces fabriquées, ni témoins corrompus ; enfin cette puissance du crédit, qui n'a que trop d'influence dans l'Etat, est sans effet dans ce seul domaine : elle n'a pas le moyen d'agir, de tenter de corrompre un juge, enfin de remuer le bout du doigt* »[162]. Les juges se trouveraient dès lors contraints de respecter le *ius civile* ou plus précisément l'*auctoritas prudentium*, car ajoutait Cicéron il n'était pas possible « *qu'on puisse compter parmi les véritables jurisconsultes celui qui donne du droit une interprétation que l'on ne doive pas sanctionner par un jugement* » [163].

Malgré les siècles qui les séparaient, la position de Portalis était identique à celle qu'avait adoptée Cicéron. Devant le Corps législatif, Portalis avait rappelé avec force que « *C'est la jurisprudence, c'est-à-dire la science du droit, qui fournit tous les matériaux à la législation* »[164]. Le père du Code civil qui fut, sous l'Ancien Régime, l'un des tout premiers jurisconsultes de Provence, avait trouvé dans sa propre expérience et les consultations de ses pairs la source de nombre des prescriptions appelées à composer le futur Code civil. Pendant, tout le XIXe siècle, la doctrine civiliste française continuera à se

---

[161] Cicéron, *Pro A. Caec.*, XXV, 70, « *Quod vobis venire in mentem profecto necesse est, nihil esse in civitate tam diligenter quam ius civile retinendum. Etenim hoc sublato nihil est qua re exploratum cuiquam possit esse quid suum aut quid alienum sit, nihil est quod aequabile inter omnis atque unum omnibus esse possit* ».

[162] Cicéron, *Pro A. Caec.*, XXV, 71, « *In iure nihil est eius modi reciperatores, non tabulae falsae, non testis improbus, denique nimia ista quae dominatur in civitate potentia in hoc solo genere quiescit ; quid agat, quo modo adgrediatur iudicem, qua denique digitum proferat, non habet* ».

[163] Cicéron, *Pro A. Caec.*, XXIV, 68 « *Neque enim fieri potest ut aliud iudicari de iure, aliud responderi oporteat, nec ut quisquam iuris numeretur peritus qui id statuat esse ius quod non oporteat iudicari* ».

[164] J.-E. M. Portalis, séance du Corps législatif, 23 frimaire An X, Archives Parisiennes, deuxième série, T.III, p.130.

référer elle-même à la science juridique romaine dans l'interprétation des dispositions fondamentales du Code civil[165].

Si pour Cicéron, les *responsa* fondées sur *l'auctoritas prudentium* constituaient la substantifique moelle de la codification du droit, il ne limitait cependant pas l'objet de son entreprise à cette seule source du droit civil. Cicéron comptait donner à la codification du *ius civile* un caractère éclectique. Conformément à la conception qui prévaudra au XIXe siècle, la codification cicéronienne avait vocation à réunir la totalité des sources du droit civil. À cet effet, Cicéron ne négligeait pas les autres parties du droit romain et notamment pas le *ius* issu des formules d'actions fondées sur le pouvoir des préteurs. En effet, le *ius civile* et le *ius honorarium* ne constituaient pas des droits opposés, mais bien complémentaires.

Certes, le *ius honorarium* concernait à l'origine les transactions entre citoyens romains et commerçants étrangers, mais ce dernier avait très vite intégré à son champ d'application les conventions entre citoyens romains conclues en dehors des formes traditionnelles du droit civil. Or, le dualisme de ces deux parties du *ius* offrait bien des points communs.

Tout d'abord, les consultations données par les juristes et les prescriptions des édits avaient les mêmes auteurs. Juristes et préteurs étaient appelés à exercer, en effet, les fonctions de jurisconsulte et de magistrats à des instants différents ou parfois au même moment de leur *cursus* juridique et public[166]. Autre facteur de cohésion, les édits des préteurs se conformaient par le biais d'un raisonnement analogique aux solutions du *ius civile* et lorsque les magistrats décidaient de se détacher de celui-ci, ils s'efforçaient de reprendre dans leurs édits les lignes directrices des prescriptions de leurs prédécesseurs.

Cicéron se tenait aux principes fondamentaux de l'édit du préteur. Mais, il pouvait, au regard des limites posées par celui-ci, se fonder sur les solutions préconisées par l'*auctoritas prudentium* afin de trouver une voie complémentaire et parallèle pour remédier à une lacune du *ius civile lato sensu*. Dans les *Topiques*, Cicéron offrait

---

[165] Nader Hakim, *L'autorité de la doctrine civiliste française au XIXe siècle*, Tome 381, Bibliothèque de droit privé, LGDJ, Paris, 2002.
[166] A. Schiavone, *op. cit.*, p.204.

l'illustration de cette démarche qui permettait de combiner à la fois les prescriptions du droit formulaire et les solutions de l'*auctoritas prudentium*.

À titre d'exemple, l'auteur des *Topiques* énonçait en matière d'envoi en possession la règle issue de l'édit : « *Si une femme a fait un testament, sans avoir jamais vu son état juridique diminué, il n'y a pas lieu, d'après l'édit du préteur, d'accorder un envoi en possession en vertu de cette pièce. Autrement, en effet, l'analogie conduirait à décider que, pour des testaments d'esclaves, d'exilés, d'enfants, l'envoi en possession devrait être possible aux termes de l'édit* »[167].

Si la femme libre continuait, à l'époque où Cicéron écrivait ces lignes, à ne pouvoir rédiger un testament, il existait dans la société romaine l'amorce d'une évolution qui s'était dessinée à travers la jurisprudence pour permettre à la femme ingénue de tester. Cicéron utilisait l'argument par analogie consacrée par la science juridique afin de compléter cette disposition et adapter le *ius* sans contredire les prescriptions du droit formulaire. C'est la raison pour laquelle Cicéron invoquait le changement d'état de la femme libre. La science juridique avait imaginé de simuler une vente fictive de la femme ingénue puis d'affranchir celle-ci. En effet, les affranchies étaient autorisées à tester. La *capitis diminutio*, c'est-à-dire le changement d'état devenait ainsi une condition préalable du testament pour la femme libre.

Cicéron articulait ainsi chaque source du droit dans le cadre d'un système ordonné du *ius*. C'est pourquoi dans les *Topiques*, Cicéron précisait ce qu'il fallait entendre par le terme *ius civile* pris dans son acception large : « *le droit civil est celui qui résulte des lois, des sénatus-consultes, des choses jugées, de l'autorité des jurisconsultes, des édits des magistrats, de la coutume, de l'équité* »[168]. C'était bien l'ensemble de ces sources du droit qui était visé par Cicéron lorsqu'il

---

[167] Cicéron, *Top.*, IV, 18, « *Si ea mulier testamentum fecit, quae se capite nunquam deminuit, non videtur ex edicto praetoris secundum eas tabulas possessio dari ; adiungitur enim, ut secundum servorum, secundum exsulum, secundum puerulorum tabulas possessio videatur ex edicto dari* ».

[168] Cicéron, *Top.*, V, 28, « *si quis ius civile dicat id esse, quod in legibus, senatusconsultis, rebus iudicatis, iurisperitorum auctoritate, edictis magistratuum, more, aeque consistat* ».

dénonçait le chaos de leurs prescriptions et faisait de l'ignorance des orateurs le reflet de ce désordre[169].

Si la codification ne permettait pas de prévoir qu'il existerait dans le système ordonné des normes, une disposition pour chaque litige présent ou futur, celle-ci n'en devait pas moins offrir une solution par un renvoi aux sources du droit qu'elle intégrait. En effet, si dans la pensée de Cicéron la codification devait concerner l'ensemble des sources du *ius civile,* entendu *lato sensu*, celle-ci n'avait pas vocation à les remplacer.

De plus, la *lex* appelée à réunir toute la matière du *ius civile* n'avait pas la prétention à donner un règlement pour tous les cas d'espèce. Elle serait limitée à des normes et des principes généraux fondés sur le critère rationnel et universel de la loi naturelle qui laisserait aux prudents et aux juges le soin de l'*interpretatio* et du *iudicare* afin qu'ils puissent définir dans leurs consultations et dans leurs jugements les solutions concrètes qui devaient être apportées à chaque espèce. L'énoncé de règles claires et concises et le rôle laissé par la codification aux sources traditionnelles du *ius civile* pour les interpréter et les appliquer étaient une constante de l'esprit dans lequel Cicéron envisageait cette entreprise.

Dans son Discours préliminaire au premier projet de Code civil Portalis donnait la raison profonde qui expliquait ce choix pour les auteurs d'une codification : « *Tout simplifier est une opération sur laquelle on a besoin de s'entendre. Tout prévoir est un but qu'il est impossible d'atteindre* »[170]. Portalis comme Zeiller pour le Code civil autrichien souhaitaient s'en tenir à des règles édictées sous la forme de principes prescriptifs. Ils retrouvaient ici la position soutenue par Cicéron. Il fallait éviter l'écueil d'une trop grande exhaustivité des dispositions qui aurait rendu celles-ci inapplicables. Portalis précisait à ce titre que « *L'office de la loi est de fixer, par de grandes vues, les maximes générales du droit ; d'établir des principes féconds en conséquences, et non de descendre dans le détail des questions qui peuvent naître sur chaque matière. C'est au magistrat et au*

---

[169] Cicéron, *De orat.*, I, X, 40.

[170] Jean-Etienne-Marie Portalis, *Discours préliminaire au premier projet de Code civil, op. cit.*, p.6.

jurisconsulte, pénétrés de l'esprit général des lois, à en diriger l'application »[171].

La législation qui devait intégrer le droit civil était dès lors appelée à conférer aux prérogatives des individus la garantie de sa force obligatoire, rationnelle et objective. Cicéron illustrait son propos dans le *Pro Caecina* à l'égard du droit de propriété par usucapion : « *quant à conserver ce qui est devenu, ma propriété, je ne le puis que grâce au droit civil. Une terre peut m'être laissée par mon père, mais l'usucapion de cette terre qui mettra fin à toute inquiétude et aux risques de procès, ce n'est pas à mon père que j'en suis redevable, mais aux lois. Le droit d'amener l'eau, d'en puiser, le droit de passer et de faire passer des bêtes de somme, je le tiens de mon père ; mais la garantie de tous ces avantages me vient du droit civil* »[172].

Nous avons en quelques phrases les principes directeurs sur lesquels s'appuyait la méthode de codification de Cicéron. L'*usucapio* est un mode d'acquisition de propriété par l'usage qui est encore aujourd'hui en vigueur dans notre droit. Cette règle était elle-même issue de la plus vénérable des sources, la Loi des XII Tables. Les *responsa* des jurisconsultes avaient étendu l'effet de ses dispositions jusqu'aux servitudes rurales. Elle était devenue un principe d'application générale du droit civil.

Au regard de la loi naturelle, cette norme logique, utile, objective était une partie indiscutable du droit civil. Elle obéissait à cette garantie que pouvait offrir une codification rationalisée du droit civil. Il s'agissait bien ici de répondre au but que poursuivait la codification cicéronienne du *ius civile*, la mise en oeuvre d'une conception particulière du *suum cuique tribuendo* que l'on retrouve également chez Kant, entendue non pas comme une répartition des droits, mais comme une confirmation de droits existants, mais jusqu'alors incertains sous les effets délétères du *ius controversum* des prudents.

C'est ainsi que Cicéron expliquait l'absolue nécessité de préserver ce « *patrimoine public* » propre à garantir les droits des citoyens :

---

[171] Portalis, *Discours préliminaire*, *op. cit.*, p.8.

[172] Cicéron, *Pro A. Caecina*, XXVI, 74, « *ut retineam quod meum factum sit sine iure civili fieri non potest. Fundus a patre relinqui potest, at usucapio fundi, hoc est finis sollicitudinis ac periculi litium, non a patre relinquitur, sed a legibus. Aquae ductus, haustus, iter, actus a patre, sed rata auctoritas harum rerum omnium ab iure civili sumitur* ».

« *Ainsi vous ne devez pas mettre moins d'attention à conserver le patrimoine du droit que nous ont transmis les ancêtres qu'à conserver vos patrimoines particuliers, non seulement parce que ces biens sont garantis par le droit civil, mais parce que la perte d'un patrimoine ne causera de préjudice qu'à un seul individu, tandis que le droit ne saurait disparaître sans causer un énorme préjudice à l'Etat tout entier* »[173].

Ainsi, la codification du droit civil achèvera-t-elle de soustraire aux contradictions délétères du *us controversum* la garantie indispensable du *ius civile*. C'est dans le prolongement des travaux de Servius Sulpicius Rufus, mais dans la perspective d'un dépassement de la ligne d'horizon des séries casuistiques des prudents, que Cicéron trouvait dans le *ius civile*, entendu au sens strict de jurisprudence, la matière pour constituer le centre de sa codification sur la base d'une application de la méthode diairétique de la division du droit en genre et en espèces.

[173] Cicéron, *Pro A. Caecina*, XXVI, 75, « *Qua propter non minus diligenter ea quae a maioribus accepistis, publica patrimonia iuris quam privatae rei vestrae retinere debetis, non solum quod haec iure civili saepta sunt, verum etiam quod patrimonium unius incommodo dimittetur, ius amitti non potest sine magno incommodo civitatis* ».

Deuxième partie

UNE CODIFICATION THEORETIQUE DU *IUS CIVILE* : LE ***DE ORATORE***, LE ***BRUTUS*** ET LES ***TOPIQUES***

Cicéron devait bénéficier dans l'accomplissement de sa tâche des progrès réalisés par le mouvement de rationalisation qui, au premier siècle avant Jésus-Christ, touchaient les différents domaines de la connaissance. Les travaux de Cicéron incarnaient au plus haut point cette évolution décisive de la pensée scientifique à Rome[174]. Il mit à profit l'un des concepts issus de cette longue évolution qui répondait parfaitement au but que se proposait d'atteindre l'auteur du *Brutus* et du *De oratore*, la notion d' « *ars* ».

Erigée au rang d'une science, au sens grec du terme d'épistémé[175], l'*ars* du droit sous la plume de Cicéron devait se métamorphoser en véritable science juridique. L'axe majeur de cette épistémé se fondait sur la définition des concepts juridiques. La définition cicéronienne s'inscrivait dans un cadre précis, celui de la procédure diairétique en genre et en espèces. Cicéron recherchait pour chaque concept la différence spécifique, c'est-à-dire le caractère singulier qui permettrait de distinguer une espèce des autres espèces d'un même genre.

Si l'épistémé cicéronienne avait une visée ontologique indéniable, elle restait marquée par son approche méthodologique dont l'objet principal était le droit positif. S'appuyant sur la partie des *responsa* qui faisait autorité auprès des juges pour former le cœur de sa codification, Cicéron proposait un *corpus* exhaustif intégrant l'ensemble des sources du droit civil. La *technè* des jurisconsultes était mise au service d'une épistémé fondée sur des notions identifiées dans leur essence et destinées à structurer le *ius civile* sous la forme d'un système cohérent et rationnel de normes (Chapitre I).

---

174 Claude Moatti, *op. cit.*, pp.385-430.

175 Anatole Bailly, *Dictionnaire Grec Français*, Hachette, Paris, 2000, p.775, « *εποστημη, ηζ (η)* science, d'*où* : 1 art, habileté, SOPH. *Ph. 1057* (…) PLAT. *Ph. 55 d*, habileté pour qqe ch. 2 connaissance, *en gen.* (…) 3 *particul.* Science (…) ; *cf.*ARSTT. *Metaph. 1.1.4* », c'est sous cette troisième acception que Cicéron entend l'*ars* du droit.

C'est ici que la conception cicéronienne de l'épistémé se séparait de sa représentation traditionnelle qui faisait de la science au sens antique du terme un savoir complet et parfait[176]. Pour Cicéron, l'épistémé du *ius civile* était destinée à constituer le soubassement d'une codification du droit qui ne serait pas un système achevé. En effet, loin d'une rédaction qui aurait incorporé dans leurs plus petits détails les différents cas résolus par le *ius civile*, Cicéron préférait s'en tenir à l'énoncé de principes généraux laissant aux prudents et aux juges le soin de les développer à travers l'interprétation des nouvelles dispositions. Portalis pour le Code civil français et Zeiller pour le Code civil autrichien emploieront une méthode de codification similaire faite de prescriptions à la fois claires et concises, mais non exhaustives.

Mais, l'épistémé cicéronienne présentait un autre trait, tout aussi saillant. L'auteur des *Topiques* liait indissolublement sa conception de l'épistémé aux procédures dialectiques de l'art oratoire. En effet, pour Cicéron, l'épistémé du droit civil était avant tout un *logos* qui présentait le *ius civile* sous le jour d'une *ratio* objective et discursive. Une double relation se dessinait dès lors entre d'une part, la méthode normative et les dispositions du *ius civile* auxquelles elle était appelée à s'appliquer et d'autre part, les prescriptions du *ius* érigées en système qui avaient vocation à s'étendre à l'ensemble des citoyens.

L'épistémé cicéronienne forgeait progressivement des énoncés concis reliés par des raisonnements déductifs à l'aune de syllogismes ou de modes d'expression, empruntés aux mathématiques. De cette double relation objective et discursive émergait un *corpus* systématique de normes enté sur le tronc commun des *responsa* de l'*auctoritas prudentium*. Insensiblement, l'épistémé du droit prenait la forme d'une codification théorétique[177] du *ius civile* (Chapitre II).

---

[176] Geoffrey-Ernest-Richard Lloyd, *Magie, raison et expérience : Origines et développement de la science grecque*, Flammarion, Paris, 1990, pp.128-129.

[177] Aristote, *La Métaphysique d'Aristote*, Tome I, traduction Alexis Pierron et Charles Zévort, Ebrart Libraire éditeur, Joubert Libraire éditeur, Paris, 1840, « Sommaire du livre sixième. I C'est la science théorétique qui traite de l'être. Il y a trois sciences théorétiques : la Physique, la Science mathématique, et la Théologie ». (…) ; cf. 1025b « la Physique sera une science théorétique, mais la science théorétique des êtres qui sont susceptibles de mouvement, et la science d'une seule essence, celle dont la notion est inséparable d'un sujet matériel . (…) 1026a Il est évident, par ce qui précède, que la Physique est une science théorétique. La Science

Les divisions du *ius civile*, mises en lumière par les travaux de Cicéron, avaient inspiré Gaius qui transcrira dans ses *Institutes* les partitions de la *diairesis* cicéronienne. Les rédacteurs des codes civils français et autrichien adopteront eux-mêmes une approche similaire à celle que l'auteur du *De oratore* avait initiée et trouveront directement chez Gaius le champ de leur inspiration.

Le style fut également l'objet de l'attention toute particulière de Cicéron. Les préconisations dans l'art de rédiger les normes, faites par l'auteur du *De officiis* et de l'*Orator*, tranchaient avec l'amphigouri des textes de lois de la Rome tardo-républicaine. La volonté de transcrire les solutions du *ius civile* dans un style court, concis, élégant et accessible à tous était une exigence pour le citoyen d'Arpinum. La codification du droit civil était, au sens étymologique du terme, une œuvre à destination des citoyens et devait être comprise de tous.

En ce domaine et à plusieurs siècles de distance, Montesquieu retrouvera la voie qu'avait ouverte Cicéron. Nous savons quelle fut l'emprise de l'auteur de l'*Esprit des Lois* sur nombre des prescriptions du *Nakaz* de Catherine II et tout particulièrement sur la manière de rédiger les lois. Ce souci constant de l'intelligibilité des normes par le plus grand nombre qui avait guidé Cicéron fut transcrit à l'aune de *l'Esprit des Lois* dans les *Instructions* de Catherine II. Une préoccupation que partageront les rédacteurs des codes civils français et autrichien (Chapitre III).

---

mathématique est théorétique aussi ; mais les objets dont elle s'occupe sont-ils réellement immobiles et indépendants ? c'est ce que nous ne savons point encore ; ce que nous savons toutefois c'est qu'il est des êtres mathématiques qu'elle considère en tant qu'immobiles, et en tant qu'indépendants. Or, s'il y a quelque chose de réellement immobile, d'éternel, d'indépendant, c'est évidemment à la science théorétique qu'en appartient la connaissance ». C'est en ce sens que Cicéron concevait l'étude du *ius civile* en vue de son intégration dans un corps ordonné de normes. Il s'agissait pour lui de parvenir à la connaissance des concepts pour identifier ce qui en faisait leur singularité et leur permanence afin de donner à la classification une parfaite rigueur.

Chapitre premier

Une méthode diairétique de codification : le *De Oratore* et le *Brutus*

Cicéron ne concevait pas l'art du droit à la manière des anciens comme une épistémé constitutive de son propre savoir et formant un système complet et fermé. Pour l'auteur du *De oratore*, l'art du droit était bien une épistémé, un corps juridique de normes, mais ouvert sur le droit positif. La conception cicéronienne de l'épistémé se rapprochait de la définition que nous donnerions aujourd'hui de la science, c'est-à-dire un ensemble de connaissances issues de l'observation permettant d'établir des rapports objectifs entre des phénomènes apparemment isolés par le biais d'une méthode d'expérimentation préétablie. Cet ensemble de connaissances, qui n'était autre que le *ius civile* lui-même, offrait la possibilité de révéler le lien réel qui unissait des concepts juridiques apparemment étrangers par l'entremise de schémas diairétiques préétablis.

Aussi la technique juridique exposée par Cicéron dans le *Brutus* sous l'acception d'*ars* n'était aucunement contradictoire avec la définition systémique donnée dans le *De oratore*. Bien au contraire, la polysémie de l'*ars* dans le *Brutus* et le *De oratore* n'était que l'avers et le revers d'une méthode normative permettant d'ordonner les prescriptions du *ius civile* en un *corpus* cohérent de règles ouvert à l'interprétation des prudents (Section I).

Cette approche nécessitait une délimitation très précise des concepts du droit. La définition était, en effet, la clé de voûte de l'épistémé cicéronienne. L'auteur du *De oratore* cherchait à découvrir dans chaque concept la particule élémentaire qui en constituerait la singularité. Cicéron débarrassait chacune des notions du *ius civile* de ses caractères communs pour retenir l'élément unique qui permettrait de la distinguer et surtout de l'insérer dans l'ordonnancement juridique. Cette tâche était d'autant plus délicate que les concepts ainsi définis pouvaient, pour les plus importants d'entre eux, constituer les grandes subdivisions du *ius civile*.

Le concept juridique se situait, dès lors, dans une position médiate. Il se trouvait, en effet, à la jonction entre une méthodologie appliquée au droit positif notamment à l'étude des solutions données par les prudents s'apparentant à une approche phénoménologique et la construction d'une épistémé fondée sur des concepts juridiquement purs appelés à structurer le *ius civile* en un système cohérent et rationnel de normes (Section II).

Dans ces conditions, la définition était pour Cicéron non seulement la condition préalable et *sine qua non* à toute codification du droit civil, mais également un invariant conformément à l'acception que pouvait revêtir ce terme en mathématique. C'est pour avoir omis de se conformer à cet impératif catégorique que Portalis se trouva contraint d'abandonner son projet de *livre préliminaire*. Face aux critiques concordantes des juridictions civiles et du Conseil d'Etat qui fustigeaient l'imprécision de ses définitions, le jurisconsulte aixois éprouva dans toute sa rigueur l'oubli de cet invariant cicéronien (Section III).

Section I - L'*ars* du droit : une épistémé du *ius civile*

Jean-Pascal Chazal écrit que Cicéron fut « *le premier, sous l'influence de la philosophie grecque, à concevoir le dessein d'organiser le droit en art* »[178]. Il faut préciser que ce but était partagé à l'époque de Cicéron par bien d'autres, comme le rappelle Jean Gaudemet[179] et d'une certaine manière, plusieurs de ses contemporains l'avaient devancé dans cette voie. Comme nous l'avons vu, l'apport de Servius Sulpicius Rufus fut essentiel en ce domaine. Dans le *Brutus*, Cicéron se plaisait à le reconnaître.

Mais, l'analyse de Jean-Pascal Chazal n'en reste pas moins des plus justes, car si l'on s'attache à considérer l'ampleur du dessein, Cicéron est à plus d'un titre le premier à organiser le droit en *ars* à

[178] Jean-Pascal Chazal, *Philosophie du droit et théorie du droit, ou l'illusion scientifique*, in Archives de philosophie du droit, Sirey, 45, Paris, 2001, p.306.
[179] Jean Gaudemet, *Tentatives de systématisation du droit à Rome*, in Archives de Philosophie du droit, XXXI, Sirey, Paris, 1986.

partir de fondements purement logiques et à trouver dans la procédure diaiérétique les moyens d'une codification du *ius*.

Sulpicius Rufus comme Cicéron étaient les héritiers d'une notion qui n'avait cessé d'évoluer depuis le IIIe siècle av. J.-C. Elisabeth Gavoille rappelle le développement polysémique du concept d'« *ars* », qui, avec le sens premier d'« habileté », prit une signification objective croissante passant de l'idée de capacité individuelle à la notion de connaissance théorique ou pratique, sans exclure parfois une combinaison de ces deux formes, avant de recouvrir une acception didactique chez Lucrèce, Varron et tout particulièrement chez Cicéron.

Au Ier siècle av. J.-C., le concept d'« *ars* » était devenu l'hyperonyme de *scientia*, de *doctrina* et de *disciplina.* Pour Elisabeth Gavoille, Cicéron avait joué à ce titre un rôle essentiel par la fréquence et l'usage du concept d'« *ars* » à travers son œuvre. Elisabeth Gavoille ne recense pas moins de 660 occurrences chez l'Arpinate[180].

Partant de la notion d'« *ars* », sous l'acception d'une « science » du droit, Cicéron avait mis en place, comme le remarquait Claude Moatti, « *une véritable épistémologie, pour laquelle la science se construit hors de toute succession temporelle, dans un ordre logique (ratio) et donc objectif, selon une méthode définie préalablement* »[181]. L'analyse de Claude Moatti caractérise parfaitement l'approche cicéronienne du droit. C'est à ce titre, ajoutait Claude Moatti, que Cicéron déclarait être redevable envers Sulpicius Rufus.

L'auteur du *Brutus* rendait, en effet, un hommage appuyé au jurisconsulte afin de marquer la rupture de la méthode logique de Servius avec la casuistique traditionnelle qu'incarnait Quintus Mucius Scaevola : « *Quoi ! dit Brutus, même au-dessus de Quintus Scaevola tu mets notre ami Servius ? Parfaitement, repris-je, Brutus. Pour moi, c'est une grande pratique du droit civil (iuris civilis magnum usum) que je trouve chez Scaevola, comme chez beaucoup d'autres, au lieu*

---

[180] Elisabeth Gavoille, *Ars, étude sémantique et historique du mot latin jusqu'à l'époque cicéronienne*, thèse, Lille, 1994.
[181] Cl. Moatti, *op. cit.*, p.416.

que c'est une théorie (artem) qu'il y a eu chez Sulpicius, et chez Sulpicius seul »[182].

Nous avons vu comment Servius Sulpicius Rufus avait pu structurer les différents domaines du *ius civile* à travers ses *responsa* et que cette exposition originale du *ius* pouvait servir de soubassement à une future codification dans la mesure où la méthode diairétique serait appelée à dépasser les limites d'un simple exposé de séries casuistiques. Cicéron reconnaissait à ce titre l'apport essentiel de Servius.

Mais, Cicéron savait qu'il était nécessaire de passer à une nouvelle étape. Comme nous l'avons vu, le constat qu'Aldo Schiavone faisait pour Mucius pouvait *mutatis mutandis* s'appliquer à l'œuvre de Servius et cela malgré l'admiration affichée par l'auteur du *Brutus* pour ce dernier. Aldo Schiavone rappelait que les lignes essentielles du *Iuris civilis* de Mucius ne permettaient pas « *d'inférer la présence d'un classement systématique par genre ou par espèce. Si un appareil diairétique avait présidé au plan général des livres, Iuris civilis aurait dû se révéler par la possibilité de connecter un thème à l'autre dans le cadre d'une classification unitaire et totalisante. Mais il n'en est rien* »[183].

Nous ajouterons, comme nous l'avons précédemment indiqué, que les 180 livres de Servius présentaient certes, un caractère plus proche de la conception de Cicéron, mais cette « *classification unitaire et totalisante* », que l'auteur du *Brutus* appelait de ses vœux, n'apparaissait à aucun moment dans les ouvrages de Servius. Le jurisconsulte faisait appel à une *partitio* du droit et non à une *divisio*. Dieter Nörr rappelait à ce titre que les juristes romains recouraient plus facilement à la *partitio* qu'à la *divisio*[184].

Avec la *partitio*, le droit était certes, défini comme un tout, mais avec une énumération de la matière qui n'était pas exhaustive, seuls

[182] Cicéron, *Brutus*, XLI, 152, « *Hic Brutus : Ain tu ? inquit, etiamne Q. Scaevolae Servium nostrum anteponis ? Sic enim, inquam, Brute, existimo iuris civilis magnum usum et apud Scaevolam et apud multos fuisse, artem in hoc uno ...* »

[183] A. Schiavone, *op. cit.*, p.258.

[184] Dieter Nörr, *Divisio und Partitio, Bemerkungen zur römischen Rechtsquellenlehre und zur antiken Wissenschaftstheorie*, in Münchener Universitätsschriften Bd. 4, hrsgg. von Sten Gagnér, Arthur Kaufmann und Dieter Nörr, Berlin, 1972.

les éléments (*partes*) essentiels ou caractéristiques, qui le composaient, étaient repris, tandis qu'avec la *divisio*, le droit était défini en tant que système juridique considéré comme genre assorti d'une énumération exhaustive des espèces (*species, formae*) et permettait à son tour de déterminer l'espèce par *genus et differentiam*. Claude Moatti avait constaté cette opposition entre « *la pratique du droit civil* », l'*usus* et la « *théorie* » désignée par le mot « *ars* » dans le texte de Cicéron[185].

Le terme « *ars* », que Jules Martha traduit par « théorie » dans le texte du *Brutus*, revêt en conséquence une signification particulière. *L'ars* désigne une nouvelle conception de la « *science* » du droit. Celle-ci s'oppose à l'ancienne science juridique qui prenait sous le stylet de Cicéron le sens de « pratique ». Il suffit de lire le passage suivant du *Brutus* pour le constater : « *Cette théorie ; il n'y serait pas arrivé par la connaissance seule du droit (quod nunquam effecisset ipsius iuris scientia) : il la doit à une autre science (nisi eam praeterea didicisset artem)* »[186]. L'expression « *iuris scientia* » signifie « science pratique », c'est l'« *usus* » des anciens. Cicéron érigeait, à l'inverse, le mot « *ars* » en science du droit au sens grec d'épistémé, c'est-à-dire d'une science exacte, la seule et véritable science du droit.

Jean-Pascal Chazal remarque que « *Cicéron distingue encore prudentia (quae est rerum expetendarum fugiendarumque scientia) et sapientia (quae rerum divinarum et humanarum scientia) dans son De officiis (I, 43, 153). Mais, malgré les apparences, cette distinction n'a pas de fondement aristotélicien, Cicéron définissant la prudence et la sagesse par le mot science et confondant souvent le prudens et le sapiens (De off. I, 15-16, 19)* »[187].

Or Jean-Pascal Chazal applique cette analyse à la science du droit pour expliquer que cette acception ne pouvait la concerner parce qu'elle n'était pas adaptée à l'essence même de cette discipline : « *Dans un sens strict, la science (Epistémé), chez Aristote, est la connaissance des choses qui ne peuvent être autrement qu'elles ne sont, de ce qui existe nécessairement. Le droit ne peut à l'évidence*

---

[185] Cl. Moatti, *op. cit.*, p.417.
[186] Cicéron, *Brut.*, XLI, 152, « *quod numquam effecisset ipsius iruis scientia, nisi eam praeterea didicisset artem ...* ».
[187] J.-P. Chazal, *op. cit.*, pp.325-326.

être compris dans cette catégorie. (...) La prudence c'est la délibération, en vue de l'action, sur les choses contingentes, c'est-à-dire sur celles qui sont changeantes et possibles. C'est précisément le domaine de la législation et de la politique judiciaire »[188]. Aussi, Jean-Pascal Chazal conclut-il : « *Cette science pratique du droit est-elle véritablement une science au sens moderne du terme, ou bien un excès de langage ? Ne vaudrait-il pas mieux dire qu'il s'agit d'un art ?* »[189]

Nous aimerions apporter une nuance au sujet des passages du *De officiis* cités par Jean-Pascal Chazal à l'appui de sa démonstration. En effet, ceux-ci ne concernent pas à proprement parler la science juridique. Le premier extrait, relatif à la « *prudentia* » et à la « *sapientia* », établit une relation entre la société des hommes et la connaissance de la vérité[190], tandis que l'emploi des termes « *sapientibus* »[191], « *sapiente* »[192], « *scientia* (...) *sapientia* »[193] dans le second extrait s'applique à des questions qui intéressent le genre humain et ses devoirs, mais non à la science juridique elle-même que Cicéron traduisait par le mot « *ars* ».

---

188 J.-P. Chazal, p.325.

189 J.-P. Chazal, p.326.

190 Cicéron, *De off.*, I, XLIII, 153, « Il me semble donc que les devoirs que l'on déduit de la communauté sociale (...) s'il était échu au sage une vie telle qu'au milieu de l'abondance en toutes choses (...) il examinerait et contemplerait seul à seul tout ce qu'on peut imaginer qui soit digne de connaissance, cependant, si sa solitude était telle qu'il ne puisse voir un homme, il quitterait la vie. La première de toutes les vertus est cette sagesse que les Grecs appellent *δοφια* – sous le nom en effet de prudence que les Grecs appellent *φρσυηδιζ*, nous entendons une autre vertu qui est la science des choses à rechercher et des choses à éviter. Or cette sagesse, que j'ai dite la première des vertus, est la science des choses divines et humaines, où résident la communauté et la société des dieux et des hommes entre eux ».

191 Cicéron, *De off.*, I, XV, 46, « Or, parce que nous vivons, non point avec des hommes parfaits ni tout à fait sages, mais avec des gens en qui c'est déjà beau, s'il s'y trouve des imitations de vertu ».

192 Cicéron, *De off.*, I, XV, 46, « En effet, la force et la grandeur d'âme chez un homme qui n'est pas parfait, ni sage, sont généralement trop brouillantes, tandis que ces autres vertus semblent concerner plutôt l'homme de bien ».

193 Cicéron, *De off.*, I, XIX, 63, « Elle est donc remarquable cette pensée de Platon : "Non seulement, dit-il, la science qui est étrangère à la justice doit être appelée astuce plutôt que sagesse ; mais aussi l'âme prête à affronter le danger, si elle est mue par sa propre convoitise et non par l'intérêt commun, que son élan porte le nom d'audace plutôt que de courage" ».

Or, Cicéron donnait à la science du droit un sens équivalent au concept aristotélicien d'« épistémé », c'est à tout le moins, comme nous l'avons vu, l'acception qu'il lui prêtait dans le *Brutus*. Aussi Cicéron excluait-il de réduire *l'ars* à une simple *phronesis*, une prudence, une sagesse pratique. Sa conception de l'*ars* était celle d'un système ordonné de normes, construit à partir de procédés diairétiques, étendu à l'ensemble du *us civile*. Cicéron accordait à cette méthode de travail une place de premier ordre.

Cependant, Aldo Schiavone tempère ce positionnement de l'auteur du *De oratore* et du *Brutus*. Aldo Schiavone précise, en effet, que dans le *Brutus*, Cicéron aurait modifié sa conception de l'*ars* en tant qu'épistémé. « *Ars ne désigne plus le système, comme dans le De oratore* écrit Aldo Schiavone : *de cela il n'est plus question. Sa polysémie bien installée dans le latin tardorépublicain, lui permettait maintenant de signifier la connaissance technique spécialisée d'une discipline déterminée, sans mettre particulièrement l'accent sur la question du système (...) le De oratore en soulignait les implications systémiques ; Brutus, le côté plus gnoséologique* »[194].

Si nous pensons en effet, qu'il s'agit d'une variante du sens polysémique du concept d'« *ars* » chez l'auteur du *Brutus* destinée à mettre l'accent sur un aspect plus technique de la codification, nous différons, cependant, d'Aldo Schiavone lorsque ce dernier écrit que la vision systémique de Cicéron exposée dans le *De oratore* aurait fait l'objet d'une « *mise entre parenthèses* » dans le *Brutus*[195]. Nous pensons tout au contraire que Cicéron ne perd pas de vue dans le *Brutus* la représentation de l'*ars* en tant que système et que l'auteur du *Brutus* décide de mettre l'*ars*, entendue comme une technique de définition des concepts, au service de l'*ars* en tant que système de codification tel qu'exposé dans le *De oratore*; la nature technique, gnoséologique de l'*ars* devenant ici le moyen de définir les concepts fondamentaux qui serviront à préciser les différentes parties de la codification du droit.

En effet, conscient des progrès que sa méthode de codification était susceptible d'apporter au monde du droit, opposant l'*ars*, entendue comme la raison d'une science véritable qu'incarnait Sulpicius Rufus, par opposition au principe d'autorité du "*magnum usum*" de Scaevola,

---

[194] A. Schiavone, *op. cit.*, p.265.
[195] A. Schiavone, *op. cit.*, p.266.

Cicéron décrivait, sous cette signification plus technique de l'*ars*, ce qui faisait la certitude de la méthode suivie par Sulpicius Rufus : « *Cette théorie, il n'y serait pas arrivé par la connaissance seule du droit : il la doit à une autre science, qui lui avait appris à diviser un tout en ses diverses parties, à dégager par une définition une idée cachée, à éclaircir par une interprétation un sens obscur, à voir les équivoques puis à les résoudre, enfin à posséder une règle permettant de déterminer ce qui est vrai et ce qui est faux et de savoir de quelles prémisses on peut ou ne peut pas tirer quelles conséquences* »[196].

Cicéron se proposait par cette méthode de révéler au grand jour le sens et la valeur des concepts qui formeraient les grandes divisions de sa codification. « *Cette science, qui est la plus importante de toutes, il l'a appliquée, comme une lumière aux questions de droit, qui jusqu'à lui, soit dans les consultations, soit dans les procès, étaient traitées sans méthode logique* »[197]. Pour Cicéron, la mise en lumière était l'objet et l'effet même de la définition des concepts : « *Eh bien ! cette opération, qui en tirant, pour ainsi dire, de l'ombre ce qui s'y cache, met en lumière l'essence de chaque chose, est précisément ce qui constitue la "définition "* »[198].

Or, cette mise en lumière réalisée par l'*ars* du droit sous l'acception que lui donnait Cicéron dans le *Brutus* avait pour objet de définir les concepts juridiques qui étaient appelés à former et délimiter les grandes subdivisions de sa codification en tant qu'épistémé. Cicéron livrait dans les *Topiques* un exposé complet de cette technique juridique évoquée dans le *Brutus*.

Aldo Schiavone propose une analyse du rôle des concepts chez Mucius, Sulpicius et Savigny qui peut, selon nous, s'appliquer tout aussi bien à Cicéron : « *Les concepts abstraits construits par le regard formalisant des juristes (...) de façon toujours plus définie, des figures*

---

[196] Cicéron, *Brut.* XLI, 152, « *quod numquam effecisset ipsius iuris scientia, nisi eam praeterea didicisset artem quae doceret rem universam tribuere in partes, latentem explicare definiendo, obscuram explanare interpretando, ambigua primum videre, deinde distinguere, postremo habere regulam, qua vera et falsa iudicarentur et quae quibus propositis essent quaeque non essent consequentia* ».

[197] Cicéron, *Brut.*, XLI, 153, « *Hic enim attulit hanc artem omnium artium maximam quasi lucem ad ea quae confuse ab aliis aut respondebantur aut agebantur* ».

[198] Cicéron, *Des termes extrêmes des biens et des maux*, traduction par Jules Martha, Tome I, Livres I-II, Les Belles Lettres, Paris, 1967, II, II, 5, « *Atqui haec patefactio quasi rerum opertarum, cum quid quidque sit aperitur, definitio est* ».

de l'être, des étants réels dotés d'une vie propre et d'une objectivité incontestable, que la connaissance juridique ne faisait que refléter, dans une sorte d'adéquation de l'intellect à la chose. Savigny en bon kantien, l'avait parfaitement compris »[199]. Cicéron l'avait lui aussi parfaitement compris. Mieux encore, il n'avait pas hésité à franchir une étape décisive en érigeant ces mêmes concepts au rang de subdivisions du droit. L'*ars*, entendue à la fois comme une technique et une épistémé, prenait sous le stylet de l'Arpinate un tour systématique.

La démarche de Cicéron s'apparentait, en effet, à celle qu'adoptera Kant et que Zeiller mettra en œuvre dans la codification du droit civil autrichien. L'auteur des *Topiques* décrivait la façon dont la règle juridique devait être envisagée. Elle ne pouvait plus être considérée seulement comme un acte de volonté mais avant tout, comme un acte de connaissance, le fruit d'une technique et d'une science. Partant des faits, s'aidant des dernières découvertes de la science du droit, Cicéron devait s'employer à mettre en pleine lumière le genre de chaque concept pour faire apparaître à travers ses espèces les catégories juridiques qui seraient appelées à former les grandes subdivisions de sa codification. Seule une procédure diairétique étendue à l'ensemble du *ius civile* pouvait lui permettre d'atteindre ce but et d'organiser de manière définitive la structure de sa codification.

C'est en ce sens qu'il faut comprendre l'épistémé que ce dernier exposait dans le fameux passage du livre I du *De oratore*[200]. Selon Cicéron, deux étapes précises devaient être strictement suivies pour fonder l'*ars* du droit. Il fallait définir et diviser de manière systématique la matière du *ius civile*. Par la définition, Cicéron rapprochait le droit de la mathématique. Cette étape du travail de codification ne laissait place ni à l'impréparation ni à l'approximation. La définition concernait d'abord le droit civil *lato sensu*, dont les principes, répartis selon la méthode diairétique, laisseront aux sources traditionnelles le soin de donner des solutions concrètes à chaque espèce : « *Nous commencerons donc par poser l'objet du droit civil : il est de maintenir, fondés sur les lois et les coutumes, les principes de*

[199] A. Schiavone, *op. cit.*, p.279.

[200] Cicéron, *De orat.*, I, XLII, « Presque toutes les notions, dont les parties, réunies maintenant en corps de doctrine, constituent tel ou tel art, étaient autrefois à l'état dispersé ».

justice qui règlent les intérêts des citoyens dans leurs relations réciproques »[201].

Puis, dans les *Topiques*, Cicéron élargissait la division en genre et espèce pour franchir la ligne d'horizon normative à laquelle s'étaient arrêtés Mucius et Servius : « *Le genre et l'espèce se définissent de la façon suivante. Le genre est une notion commune à plusieurs objets distincts. L'espèce est une notion dont la marque distinctive peut être ramenée au genre commun comme à son principe et en quelque sorte à sa source. J'appelle notion ce que les Grecs nomment tantôt εννοια tantôt πρδληψιζ*[202]. *C'est la connaissance de chaque caractère spécifique innée et connue d'avance par l'esprit, mais ayant besoin d'être développée. Les espèces sont donc les divisions entre lesquelles le genre se répartit, sans qu'on en omette aucune comme si l'on divisait le droit en loi, coutume, équité* »[203]. La loi, la coutume et l'équité ; l'équité, dont nous constaterons plus loin qu'elle présentait une acception nouvelle sous le stylet de Cicéron, était appelée à jouer un rôle fondamental dans le cadre de son projet de codification du *ius*[204].

Cicéron était alors en mesure de parachever cette « *méthode qui cimentât en quelque sorte ces matériaux détachés, épars, et les forçât d'entrer dans un système logique* »[205] pour former une science unique. Progressivement, se dessinait le système juridique complet qui

[201] Cicéron, *De orat.*, I, XLII, 188, « *Sit ergo in iure civili finis hic : legitimae atque usitatae in rebus causisque civium aequabilitatis conservatio* ».

[202] H. Bornecque, note 3 sous *Top.* VI, 31, donne sur le terme « *εννοια* » les indications suivantes « Chez les Epicuriens, notion acquise par les sens ; par extension, idée innée, notion antérieure à toute perception par les sens ou à toute acquisition de l'esprit. "notion, conception" ».

[203] Cicéron, *Top.*, VI, 30, la *diairesis* grecque est érigée ici au rang d'un paradigme : « *Genus et formam definiunt hoc modo : Genus est notio ad plures differentias pertinens. Forma est notio, cuius differentia ad caput generis et quasi fontem referri potest. Notionem appello, quam Graeci tum εννοια tum πρδληψιζ dicunt. Ea est insita et ante percepta cuiusque formae cognitio enodationis indigens. Formae igitur sunt hae, in quas genus, sine ullius praetermissione, dividitur : ut si qui ius in legem, morem, aequitatem, dividat* » .

[204] *Infra*, pp. 169 et s.

[205] Cicéron, *De orat.*, I, XLII, 188, « *quae rem dissolutam divolsamque conglutinaret et ratione quadam constringeret* ».

permettrait, comme l'écrivait lui-même l'auteur du *De oratore*, de faire naître : « *une théorie parfaite et complète du droit civil* »[206].

Section II - Une définition ontologique des concepts du *ius civile*

Chez Cicéron, l'ontologie des concepts juridiques se fondait sur un axe unique, la définition. Non seulement la définition était appelée à dessiner les limites fondamentales de chaque partie du *ius civile*, mais elle était au cœur même du travail de conceptualisation dans le cadre de la procédure diairétique : « *tous les termes qui servent à désigner genres et espèces, nous aurons soin de les définir avec leur valeur exacte. La définition en effet est une explication courte et précise des caractères qui sont propres à l'objet que nous voulons définir* »[207].

L'exigence de concision revenait sous le stylet de Cicéron à la manière d'un leitmotiv. L'énoncé de chaque prescription du *ius civile* s'y trouvait soumis. Dans l'*Orator*, Cicéron rappelait en quelques mots cette condition *sine qua non* à une recomposition scientifique du *ius civile* : « *la définition est le propos qui montre ce que représente la chose dont il s'agit, le plus brièvement possible* »[208]. C'est exactement le choix que feront à plusieurs siècles de distance les pères des codes civils français et autrichien. La rigueur dans la qualification juridique des concepts devait elle-même déboucher sur une formulation brève et claire des prescriptions codifiées.

Cicéron pouvait ainsi identifier chaque notion. Il était en mesure de définir une figure juridique à la fois dans son essence et dans ses différences par rapport aux concepts juridiques voisins. Cette méthode l'avait conduit à mettre au jour un petit nombre de genres et d'espèces formant un tout cohérent : « *Ensuite nous distinguerons les genres, les réduisant à un nombre déterminé, aussi petit que possible. Le genre est ce qui renferme deux espèces, ou davantage, semblables entre elles*

[206] Cicéron, *De orat.*, I, XLII, 190, « *perfectam artem iuris civilis habebitis* ».
[207] Cicéron, *De orat.*, I, XLII, 189, « *Est enim definitio rerum earum, quae sunt eius rei propriae quam definire volumus, brevis et circumscripta quaedam explicatio* ».
[208] Cicéron, *Orator*, traduction par Albert Yon, Les Belles Lettres, Paris, 1964, XXXIII, 116, « *si quidem est definitio oratio, quae quid sit id de quo agitur ostendit quam brevissime* ».

par un caractère commun, mais séparées par une différence propre. Les espèces sont les subdivisions qui se rangent sous le genre dont elles sont formées »[209].

La méthode diairétique mise en œuvre par Cicéron s'appliquait non seulement à identifier la spécificité d'un concept par rapport aux notions apparentées, mais également à discerner à l'intérieur d'une même entité juridique les différentes catégories que formaient ses espèces. Nous avons une nouvelle illustration de cette démonstration avec l'argent et le legs par testament, mais cette fois pour caractériser un statut précis, celui de l'épouse et par extension la solution pratique qui se déduisait de l'énoncé général et impersonnel de son statut.

Suivons Cicéron dans sa démarche : « *Exemple : "Si une somme est léguée à Fabia par son mari sous condition que, par rapport à son mari, elle ait le titre de materfamilias, et que la femme n'ait pas été constituée en la puissance légale (manus) de son mari, rien ne lui est dû. Le genre, en effet, est épouse légitime. On en distingue deux sortes : l'une, celle des mères de famille ; l'autre celle des simples épouses légitimes. Fabia rentrant dans le second groupe, c'est comme si aucun legs ne lui avait été fait* »[210].

L'auteur des *Topiques* forgeait, à partir de la figure ontologique de l'épouse et sur le fondement de la procédure diairétique par genre et par espèces, les catégories de l'épouse légitime avec les deux statuts spécifiques de mère de famille et de simple épouse légitime. Cette méthode permettait de clarifier la prescription applicable à chaque espèce. Par leurs effets combinés, épistémé et *téchnè* réaménageaient sous un modèle unifiant les différentes formes juridiques du statut de la femme mariée.

La prééminence constante de cette exigence donnait à la *diairesis* cicéronienne une tonalité inédite. Mais, si le caractère systématique de

---

[209] Cicéron, *De orat.*, I, XLII, 189, « *Tum sunt notanda genera et ad certum numerum paucitatemque revocanda. Genus autem id est, quod sui similis communione quadam, specie autem differentis, duas aut pluris complectitur partis. Partes autem sunt, quae generibus eis ex quibus manant subiciuntur* ».

[210] Cicéron, *Top.*, III, 14 « *hoc modo : "Si ita Fabiae pecunia legata est a viro, si ea uxor materfamilias esset ; si ea in manum non convenerat, nihil debetur". Genus enim est, uxor : eius duae formae ; una, matrumfamilias earum, quae in manum convenerunt ; alterea, earum, quae tantummodo uxores habentur : qua in parte quum fuerit Fabia, legatum ei non videtur* ».

la méthode faisait toute l'originalité de la démarche, Cicéron n'inscrivait pas moins celle-ci dans le cadre vénérable de la tradition. Il rappelait dans les *Topiques* la référence à laquelle se rattachait la procédure de définition, celle des « *anciens maîtres* »[211]. Cicéron mettait ses pas dans ceux des *iusperiti* pour décrire les différentes étapes à suivre afin de parvenir à la définition des notions.

Partant des caractères communs que chaque concept étudié pouvait présenter avec des entités juridiques apparentées, Cicéron précisait qu'il était en mesure d'exhumer le principe qui constituait l'identité juridique de chacun d'entre eux : « *énoncer d'abord les caractères que la chose à définir présente en commun avec d'autres ; ensuite poursuivre l'analyse jusqu'à ce qu'on arrive à un caractère particulier qu'on ne peut retrouver nulle part ailleurs* »[212].

Cicéron illustrait immédiatement son propos par le concept « d'hérédité ». En premier lieu, il s'appliquait à déterminer les caractères communs que présentait cette notion avec d'autres figures juridiques : « *Par exemple "L'hérédité est un ensemble de biens". Voilà un caractère commun ; car il y a de nombreux genres de biens". Ajoutons ce qui suit : "qui à la mort d'une personne est transmis à une autre personne". La définition n'est pas complète, car il y a beaucoup de façons, dont peuvent nous parvenir les biens d'un mort, sans que nous soyons héritiers. Ajoutons encore un mot : "conformément au droit". Désormais l'idée semble sortir de ce qu'elle présente de commun avec d'autres* »[213].

À l'issue de cette première analyse, Cicéron était en mesure de proposer une première ébauche de la définition de l'hérédité ; une ébauche réduite aux caractères communs que présentait ce concept

---

[211] Cicéron, *Top.*, V, 29, « Voici à ce propos ce que recommandent les anciens maîtres » ; dans une note Henri Bornecque rappelle le sens qui doit être donné à cette expression, « Terme consacré pour désigner les anciens *iusperiti* qui tenaient école ».

[212] Cicéron, *Top.*, VI, 29, « *quum sumseris ea, quae sint ei rei, quam definire velis, cum aliis communia, usque eo persequi, dum proprium efficiatur, quod nullam in aliam rem transferri possit* ».

[213] Cicéron, *Top.*, VI, 29 « *Ut hoc, "Hereditas est pecunia". Commune adhuc : multa enim genera sunt pecuniae. Adde quod sequitur : "quae morte alicuius ad quempiam pervenit". Nondum definitio est : multis enim modis sine hereditate teneri mortuorum pecuniae possunt. Unum adde verbum, "jure". Iam a communitate res disiuncta videbitur* » .

avec des notions voisines : « *la définition peut revêtir la forme suivante : "L'hérédité est un ensemble de biens, qui, à la mort d'une personne, est transmis à une autre personne conformément au droit"* »[214]. Une telle définition pourrait-elle figurer dans le cadre d'une disposition légale ? Non ! répond Cicéron, car « *Ce n'est pas encore assez* »[215]. Il faut passer à la seconde étape qui consistera à déterminer la spécificité du concept d'hérédité et par voie de conséquence sa place particulière dans le *ius civile*.

En l'occurrence, Cicéron définissait la singularité de l'hérédité par rapport à d'autres formes de transmission des biens : « *Ajoutez : "et qui n'a pas été l'objet d'un legs par testament, ni conservé par suite de la possession qu'on en avait" et la définition est complète* »[216]. L'auteur des *Topiques* parvenait à une définition de l'hérédité qui permettait de lui attribuer une place précise dans le cadre d'un système normatif. Le droit de succession s'inscrivait désormais comme un droit réel à part entière. Il découlait naturellement du droit de l'héritier sur l'hérédité dévolue. Il se distinguait de tous les autres droits à cause de mort ou réel par son mode de transmission ou de saisine, testament ou possession. Il se différenciait également parce qu'il était un droit réel qui avait pour objet non pas des choses individuelles, mais tous les biens délaissés par le *de cuius*, appréhendés comme un tout légal, c'est-à-dire comme une universalité de droit. À travers cette définition, Cicéron s'attachait à mettre en exergue la primauté ontologique du concept juridique d'hérédité.

Cicéron offrait dans ses *Topiques* un « *Autre exemple : "On appelle gentiles ceux qui portent le même nom." C'est insuffisant. "Qui sont issus de parents ayant toujours été libres". C'est encore insuffisant. "Dont aucun des ancêtres n'a jamais vécu dans l'esclavage". Il manque encore quelque chose. "Qui n'ont jamais vu leur état juridique diminué"* »[217].

---

[214] Cicéron, *Top.*, VI, 29, « *ut si explicata definitio sic : "Hereditas est pecunia, quae morte alicuius ad quempiam pervenerit iure"* ».

[215] Cicéron, *Top.*, VI, 29, « *Nondum est satis* ».

[216] Cicéron, *Top.*, VI, 29, « *adde, "nec ea aut legata testamento, aut possessione retenta :" confectum est* ».

[217] Cicéron, *Top.*, VI, 29, « *Itemque, ut illud, "Gentiles sunt, qui inter se eodem nomine sunt". Non est satis. "Qui ab ingenuis oriundi sunt". Ne id quidem satis est. "Quorum maiorum nemo servitutem servivit". Abest etiam nunc : "Qui capite non sunt deminuti"* ».

Les différents éléments énoncés étaient formulés à la manière d'un exposé axiomatique. Le *gentilis* était celui qui appartenait à la même *gens*, donc qui portait le même nom que la *gens* à laquelle il se rattachait. Mais ici, Cicéron reprenait une distinction fondamentale du *ius civile*. L'affranchi prenait le nom de celui qui avait été son maître. Il était, ainsi que ses enfants de sexe masculin, *gentilis* du maître et de sa descendance masculine. Cicéron rappelait dans le *De oratore* qu'on héritait du fils d'un affranchi par droit de parenté, « *hereditatem gente* »[218]. Mais, dans la construction de sa définition, Cicéron n'oubliait pas que le *ius civile* n'avait jamais eu égard qu'aux premiers dans la mise en œuvre du droit des *gentiles*. Il faisait la différence entre ceux qui étaient nés ou avaient été adoptés dans la *gens*, c'est-à-dire ceux qui constituaient la souche de la *gens*, les patriciens d'origine des hommes qui n'étaient entrés que par la voie de l'affranchissement.

Ainsi, la contestation que Cicéron rapportait dans le *De oratore* entre les *Claudii* patriciens et les *Marcelli* plébéiens au sujet de la succession d'un affranchi des *Claudii* entré dans la famille des *Marcelli* se développait autour de cet aspect de la gentilité. Les *Marcelli* faisaient valoir leurs droits de souche, c'est-à-dire prétendaient que le fils décédé de l'affranchi appartenait à leur ligne tandis qu'au contraire, les *Claudii* se fondaient sur l'affinité avec leur *gens* parce que les patriciens étaient les seuls qui pouvaient entrer dans la catégorie des individus qui exerçaient un droit sur autrui en leurs qualités de *gentiles*. En écrivant qu'ils étaient « *ab ingenuis oriundi* », l'auteur des *Topiques* donnait une définition des *gentiles* qui avait pour effet d'exclure de la gentilité des hommes qui auraient vécu dans les liens de l'esclavage et formulait à ce titre la condition, « *majorum nemo servitutem serviverat*.

Cicéron complétait cette première condition énoncée sous une forme négative par une catégorie juridique constituant un genre apparenté à la précédente. Les *gentiles* ne devaient jamais avoir subi de *capitis deminutio*. Il existait trois espèces de *capitis deminutio*. La première, qualifiée de *maxima capitis deminutio*, retirait à l'individu

---

[218] Cicéron, *De orat.*, I, XXXIX, 176, « Que dire encore de cette cause, que les centumvirs eurent à juger entre les Marcellus et les Claudius patriciens ? Le fils d'un de leurs affranchis étant mort, les uns et les autres réclamaient la succession du défunt, les Marcellus par droit de descendance, les Claudius patriciens par droit de gentilité ».

qui la subissait à la fois le droit de cité et la liberté. Les soldats faits prisonniers par l'ennemi, les déserteurs ou les coupables condamnés à mort se trouvaient soumis à cet « *état juridique diminué* ».

À cette première catégorie venait s'ajouter une *media capitis deminutio* qui privait celui qui en faisait l'objet du droit de cité, mais non de la liberté. Cette espèce de la *capitis deminutio* visait principalement les individus exilés ou condamnés à une peine de relégation.

La troisième catégorie constituée de la *minima capitis deminutio* n'ôtait ni le statut de citoyen ni la liberté, mais faisait perdre le droit de famille et de parenté. Cette espèce concernait les personnes qui avaient été adoptées par une famille autre que leur *gens* d'origine. Par la *minima capitis deminutio*, l'individu ne disposait plus des droits attachés au *ius familiae*, c'est-à-dire au *ius cognationis*. Il devenait un étranger pour sa famille d'origine et ne pouvait plus revendiquer à l'égard des membres de celle-ci la qualité d'héritier *ab intestat*.

La méthode suivie par Cicéron dessinait une structure analytique nouvelle caractérisée par l'articulation d'une définition systématique des concepts selon la division par genre et espèce. Mais, cette innovation ne se départissait pas de ces références continuelles à l'*auctoritas prudentium*. Cicéron concluait sa définition en se plaçant sous l'égide de *Scaevola Pontifex* « *Cela me paraît suffire, car je ne vois pas que Scévola le pontife ait rien ajouté à cette définition* »[219].

Dès lors, la voie menant à la définition se fondait sur une procédure analytique génératrice d'une logique déductive à réductions successives. Partant des caractères communs à plusieurs concepts, Cicéron parvenait par étapes dégressives au principe déterminant de l'identité de la notion et par extension à la règle de droit qui serait appelée à la régir. L'hérédité, la gentilité ne pouvaient s'abstraire du caractère unique qui les constituait. Elles étaient irréductibles à toute autre figure juridique. L'essence de ces entités, issue du *ius civile*, se transformait en prérequis incontournable de la normativité elle-même.

À l'issue de sa démonstration, Cicéron s'empressait d'ajouter que « *Cette méthode s'applique à toutes les définitions, qu'elles portent sur des choses qui existent réellement ou sur des choses qui n'ont*

---

[219] Cicéron, *Top.*, VI, 29, « *Hoc fortasse satis est. Nihil enim video Scaevolam, pontificem, ad hanc definitionem addidisse* ».

d'existence que dans notre pensée »[220]. Cétait, en effet, à l'aune de cette conception ontologique de la définition que Cicéron exposait le *ius civile*. Il l'inscrivait dans un réseau de concepts répartis dans des schémas diairétiques précis. L'arborescence des notions dévoilait progressivement l'architectonique d'un droit civil strictement ordonné autour de règles juridiques d'une extrême concision. Cette démarche cognitive rationnellement contrôlée revendiquait un caractère totalisant dont l'objet était d'intégrer l'ensemble de la vie juridique et sociale dans une représentation ontologique du *ius*.

Section III - La définition : un invariant cicéronien à l'épreuve de l'histoire

Ce rôle imparti à la définition rigoureuse des concepts s'imposa également à l'esprit des rédacteurs lors des travaux préparatoires du Code civil. Nous disposons d'un exemple précis de cet attachement à l'exigence de concision lors de la présentation du livre préliminaire de Portalis aux Tribunaux d'appel. Portalis avait proposé, en effet, un livre préliminaire qui regroupait plusieurs principes du droit naturel inspirés du Traité des lois de Domat. Divisé en six titres, ce livre comportait un titre premier qui avait pour objet les « *Définitions générales* » ; définitions qui se trouvaient libellées dans cinq articles[221].

Dans l'article premier, Portalis écrivait « *Il existe un droit universel et immuable, source de toutes les lois positives, il n'est que la raison naturelle en tant qu'elle gouverne tous les hommes* »[222]. La définition de la loi naturelle que donnait Portalis pouvait sembler correspondre à

---

[220] Cicéron, *Top.*, VI, 29, « *Atque haec ratio valet in utroque genere definitionum, sive id, quod est, sive id, quod intelligitur, definiendum est* ».

[221] Jean-Etienne-Marie Portalis, *Discours, op. cit.*, *Projet de la commission du gouvernement rédigé par Portalis, Livre préliminaire du Code civil Du droit et des lois,* présenté le 24 messidor an VIII, Titre premier *Définitions générales*, p.306.

[222] Portalis, *ibid.*, Ce passage s'inspire ici plus particulièrement d'un extrait tiré de l'oeuvre de Montesquieu qu'il retranscrit mot pour mot cf. Montesquieu, *Œuvres de Monsieur de Montesquieu, De l'esprit des loix,* Nourse, Londres, 1772, Tome I, Liv. 1, Chap. 3, pp.7-8, « *la loi, en général, est la raison humaine, en tant qu'elle gouverne tous les peuples de la terre ; & les loix politiques & civiles de chaque nation ne doivent être que des cas particuliers où s'applique cette raison humaine* ».

la conception que prônait Cicéron dans le *De legibus*. En réalité, elle en différait profondément. En effet, Portalis faisait de la loi naturelle la source du droit positif. À l'inverse comme nous l'avons vu, Cicéron considérait que la loi naturelle était au fondement même du droit positif. La loi naturelle n'était en aucune façon la source du droit positif, mais seulement un critère destiné à déterminer parmi les règles en vigueur celles qui présenteraient un caractère universel, c'est-à-dire qui seraient à la fois des normes dont le sens et la valeur seraient partagés par tous les individus dans une société donnée et qui offriraient également et en raison de cette qualité précitée une précision accessible à la définition.

Après avoir entendu les critiques des Tribunaux d'appel, Portalis dans *l'Examen des diverses observations* reviendra sur cette définition pour fournir une conception qui mettra en exergue une formulation beaucoup plus proche de celle qu'avait retenu Cicéron, c'est-à-dire d'un droit rationnel et naturel fondement et non pas source du droit naturel : « *le droit est la raison universelle, la suprême raison fondée sur la nature même des choses* »[223]. Dans son *Discours préliminaire*, Portalis ajoutait que « *Les lois sont ou ne doivent être que le droit réduit en règles positives, en préceptes particuliers* »[224]. Comme l'avait fait avant lui Cicéron, Portalis dans son *Discours préliminaire* prenait pied sur le droit en vigueur et non sur une conception abstraite d'où serait déduit le droit.

En effet, ériger la loi naturelle au rang de source du droit positif, comme l'avait fait Portalis, était un exercice périlleux. Une telle référence laissait la place à l'imprécision ou à l'équivoque. Les trois articles du Livre préliminaire qui suivaient en offraient l'illustration. L'article 2 disposait que « *Tout peuple reconnaît un droit extérieur ou des gens, et il a un droit intérieur qui lui est propre* »[225]. L'article 3 ajoutait que « *Le droit extérieur ou des gens est la réunion des règles, qui sont observées par les diverses nations, les unes envers les autres. Dans le nombre de ses règles, les unes sont uniquement fondées sur les principes de l'équité générale, les autres sont fixées par des usages reçus ou par des traités. Les premières forment le droit des gens*

---

[223] Portalis, *op. cit.*, *Examen des diverses observations contre le projet de Code civil*, p.84.

[224] Portalis, *op. cit.*, *Discours préliminaire*, p.15.

[225] Portalis, *Projet de la commission du gouvernement rédigé par Portalis, Livre préliminaire du Code civil*, *op. cit.*, p.306.

naturel, les secondes le droit des gens positifs »[226]. L'article 4 fermait la marche de cette définition selon le libellé suivant : « *Le droit intérieur ou particulier de chaque peuple se compose en partie du droit universel, en partie des lois qui lui sont propres, et en partie de ses coutumes ou usages qui sont le supplément des lois* »[227].

La critique du livre préliminaire formulée par le Tribunal de Paris porta d'emblée sur les quatre articles du titre premier : « *Le premier (Définitions générales) ne présente cependant pas une définition précise et générale des lois. L'article premier parle du droit universel et immuable, source de toutes les lois ; les quatre articles qui suivent, distinguent un droit extérieur, un droit intérieur, un droit écrit, et des coutumes. Ce n'est pas encore là une définition ; et ces articles paraîtraient mieux placés sous second titre, Division des lois* »[228].

En effet, Portalis confondait ici deux opérations qui avaient été parfaitement distinguées par Cicéron. Non seulement, les définitions données étaient imprécises, mais celles-ci débordaient et entretenaient une confusion avec la seconde étape de la procédure diairétique, la division. L'observation du Tribunal de Paris était également pertinente lorsqu'il dénonçait l'imprécision du concept de « *droit des gens* » qui se répercutait sur tout le corps du texte. Jean-François Fournel démontrait dans son *Analyse critique du projet de Code civil* l'insuffisance de la définition de la notion juridique du « *droit des gens* » et quel aurait dû être le travail à accomplir non seulement pour formuler une qualification complète, mais également pour la relier au corps du projet et tout particulièrement à l'article 5 du livre I[229].

---

[226] Portalis, *ibid.*

[227] Portalis, *ibid.*

[228] *Observations des Tribunaux d'Appel sur le projet de Code civil*, Tome Troisième, Paris, De l'Imprimerie de la République, An X, *Observations des Commissaires du Tribunal d'appel séant à Paris, sur le projet de Code civil*, p.2.

[229] Jean-François Fournel, *Analyse critique du projet de code civil*, Première partie contenant *Le Discours préliminaire, le premier livre préliminaire, et les deux premiers titres du premier livre*, Garnert, Baudoin, Paris, Messidor an IX (1801), pp.2-3, « Il n'est pas exact de réduire le *Droit des gens* aux lois qui sont observées par les nations les unes envers les autres. Le Droit des *gens* comporte une plus grande extension, et comprend encore toutes les lois qui sont d'*usage universel* chez tous les peuples civilisés. *Quod apud omnes populos peraeque custoditur ; vocaturque* JUS GENTIUM, *quasi quo jure* OMNES GENTES *utuntur*. (Inst. Lib. 1, tit. 2.) Le droit *des gens*, entendu dans cette acception, fournit beaucoup plus de développements, puisqu'au lieu de se concentrer dans les lois observées de *nation à*

De plus, la critique du Tribunal d'Appel de Paris mettait l'accent sur le danger que Cicéron s'était proposé d'éviter : « *On ne peut se dispenser d'observer ici, que dans le cours du Code, on emploie l'expression, droit des gens, dans une acception toute différente de celle de la définition qu'on en a donnée, et qu'on y trouve une distinction du droit civil en général, et du droit civil proprement dit, quoiqu'elle ne soit en aucune manière annoncée dans les définitions et dans les divisions du livre préliminaire ; ce qui jette nécessairement une obscurité qu'il est essentiel de faire disparaître* »[230].

La définition approximative de tout concept et *a fortiori* quand il s'agissait d'une notion de cette importance ne pouvait qu'être à l'origine de contradictions, d'ambiguïtés et d'équivoques que la codification avait pour objet de pallier. Cette défaillance dans la définition était d'autant plus grave qu'un livre préliminaire était censé donner un point fixe, une ancre, c'est-à-dire une précision sur le sens, la valeur et la portée des notions juridiques fondamentales qui irriguaient l'ensemble de la codification ou des principes généraux appelés à gouverner l'esprit des normes. Or, la différence entre la définition donnée par le livre préliminaire et celle qui avait cours dans le corps du texte ouvrait nécessairement la voie aux divergences d'interprétation.

De plus, le livre préliminaire, tel qu'il avait été conçu par Portalis, apparut inutile. Jean-François Fournel rappelait que le titre premier du livre préliminaire ne pouvait remplir son office en raison d'une lacune majeure ; il était incomplet : « *Il est assez difficile de déterminer quel est l'objet de ce titre, définitions générales. Doit-on l'entendre de la réunion générale de toutes les définitions dont la matière du droit écrit est susceptible ? ou bien veut-on nous annoncer que les définitions contenues dans ce titre se réduisent à celles qui concernent*

---

nation, il conserve encore son empire dans le *régime intérieur* de chaque nation, et se reproduit dans les *rapports* des citoyens les *uns envers les autres*. La preuve de ce que j'avance ici se trouve consigné dans plusieurs endroits du *projet*, par exemple : L'article 5 du *livre I*, porte "que les *étrangers* jouissent" "en France de tous les avantages du droit naturel, du droit des gens et du *droit civil*". Assurément, sous cette dénomination du *droit des gens*, l'article n'entend autre chose que le *droit commun*, qui avoisine le *droit naturel*, et qui comprend l'exercice de tous les contrats qui sont *usuels* dans l'*ordre social*, tels que *vente, bail, échange, donation, société, dépôt*, etc. ».

[230] *Analyse des observations des Tribunaux d'Appel et du Tribunal de cassation sur le projet de Code civil*, *op. cit.*, p.20.

les principes généraux du droit civil, sans y comprendre les objets particuliers ? Dans l'une et l'autre acception, ce titre ne remplit pas son but. Car, d'un côté, il s'en faut de beaucoup que toutes les définitions du droit civil se rencontrent dans ce titre ; et, de l'autre, il s'en faut encore beaucoup qu'il comprenne toutes les définitions applicables aux principes généraux »[231].

Le Tribunal de Lyon formulait à son tour une critique sans concession sur cette dénaturation du sens et de la portée du rôle de la définition dans le cadre d'une codification : « *Toutes les maximes contenues dans ce livre préliminaire, même les moins contestées, sont certainement des abstractions métaphysico-légales essentiellement sujettes, comme tout ce qui est métaphysique, à controverse, à discussion, à interprétation. Il peut être utile aux publicistes de les développer ; aux législateurs de les méditer ; mais il est très dangereux de les ériger en principes, et de les consacrer dans un Code* »[232].

Le Conseil d'Etat éleva au cours de l'une de ses cent sept séances consacrées au projet de Code civil une violente critique contre le livre préliminaire et ses définitions générales. Aussi, devant le Conseil d'Etat, essuyant les salves de la Haute Instance, Portalis fut conduit à reconnaître les imperfections du livre préliminaire dans des termes qui enlevaient toute ambiguïté à ces définitions bien trop générales pour une codification civile : « *on a judicieusement remarqué que les définitions générales ne contiennent pour la plupart, que des expressions vagues et abstraites dont la notion est souvent plus difficile à fixer que celle de la chose même que l'on définit. De plus, il nous a paru plus sage de faire la part de la science et la part de la législation* »[233].

Le Conseil d'Etat écarta les trente-neuf articles relatifs à la théorie du droit que comportait le projet. Le livre préliminaire fut, en effet, réduit à un titre préliminaire de six articles seulement. L'intervention du Conseil d'Etat était marquée par la volonté de maintenir la codification à venir sur la voie d'une codification accessible au plus grand nombre. La position de Cicéron en faveur d'une définition

---

[231] J.-F. Fournel, *Analyse critique du projet de code civil*, *op. cit.*, pp.1-2.
[232] Pierre Antoine Fenet, *Recueil complet des travaux préparatoires du Code civil*, Paris, 1827, Tome IV, p.36.
[233] Portalis, *op. cit. Discours de présentation du Code civil*, p.100.

concise et intelligible était également une constante du parti pris des codifications qui virent le jour au début du XIXe siècle.

Ce débat sur les définitions a été en partie occulté par la discussion qui portait sur l'étendue du pouvoir judiciaire[234]. Cette opposition concernait plus particulièrement la deuxième partie du livre préliminaire intitulée « *De la division des lois* ». Débat qui intéressait l'équité et sur lequel nous serons appelés à revenir dans le cadre de la comparaison que nous ferons de la conception de Portalis avec celle de Cicéron et sur la place de cette notion dans le cadre d'une codification. Il n'en reste pas moins que la querelle sur les définitions nous apparaît essentielle dans la mesure où bien des siècles auparavant, Cicéron en avait fait l'arc-boutant d'une codification. Il s'agit d'une question centrale. Les étapes qui suivent la définition et notamment la division en genres et en espèces en dépendent entièrement.

Rappelons au passage que le livre préliminaire fut un épisode qui ne pourrait faire oublier l'immense travail fourni par les rédacteurs du Code civil et en particulier par Portalis pour parvenir à donner une définition complète et précise des concepts contenus dans chaque règle de droit. Citons à titre principal les notions de mineur à l'article 488, la tutelle à l'article 427, les biens meubles à l'article 535, la propriété à l'article 544, l'usufruit à l'article 578. C'est en tout plus d'une centaine de définitions concises des concepts propres à chaque disposition que le lecteur du Code civil pouvait découvrir, le tout exprimé dans une langue élégante et accessible à tous[235].

Mais, cette question de la définition fut également au cœur de l'élaboration du Code civil autrichien. Nous pourrions dire qu'elle fut

---

234 Witold Wolodkiewicz, « *Livre préliminaire* », « *Titre préliminaire* » *dans le projet et dans le texte définitif du Code Napoléon*, Revue historique de droit français et étranger, volume 83, n°3, Paris, 2005, pp.441-455.

235 Citons pour mémoire et sans en épuiser la liste les définitions des fruits aux articles 583 et 584, les servitudes aux articles 637, 688, 689, la représentation à l'article 739, la donation à l'article 894, le testament à l'article 895, le legs à titre universel et le legs à titre particulier à l'article 1010, le contrat à l'article 1101, les différentes espèces de contrat aux articles 1102 à 1106, la condition aux articles 1168 à 1171 et aux articles 1181, 1183, le terme à l'article 1185, la cession de biens aux articles 1265 à 1268, le louage aux articles 1708 à 1711 la société à l'article 1832, le prêt aux articles 1874 à 1875 et à l'article 1892, le dépôt, le séquestre aux articles 1916, 1949 et 1955 et suivants, le mandat à l'article 1984.

déterminante pour l'orientation de l'ABGB. Lorsqu'il devint rapporteur général de la commission, Zeiller se trouva confronté à une difficulté majeure. Ses prédécesseurs avaient imprimé aux travaux les caractères d'une codification jusnaturaliste. Le premier rapporteur de la commission, chargé de la réforme du *Codex Theresianus*[236], avait entrepris dès 1772 une œuvre profondément marquée par les prescriptions de l'école du droit naturel moderne. Le 1er novembre 1786, la première partie des travaux, relative aux sources du droit, aux droits des personnes et de la famille, faisait l'objet d'une publication et donnait naissance au code civil « *joséphin* » d'inspiration jusnaturaliste[237]. Karl Anton von Martini qui lui succéda accentua cette démarche avec le code de Galicie occidentale[238]. Les principes de l'école philosophique déterminaient le sens et la portée des paragraphes du code. Martini subordonnait, en effet, le droit à la morale sous l'égide d'un principe : l'eudémonisme.

À peine nommé, Zeiller se livrait à une véritable critique des travaux menés par Martini[239]. Disciple de Kant, Zeiller considérait que le droit était irréductible à la morale. Pour le père de l'ABGB, la définition des concepts juridiques devait échapper à la conception trop lâche des principes de l'école philosophique. Selon Zeiller, le droit était appelé à trouver son fondement dans l'existence des règles en

---

[236] Emmanuel Tilsch, *Le Code Civil général autrichien, son origine et son développement (à l'occasion de son centenaire en 1911)*, Revue de droit international et de législation comparée, XIII, 1911, p.114.

[237] E. Tisch, *op. cit.*, p.116, « La législation civile de Joseph II a beaucoup de ressemblance avec la législation civile de la Révolution française qu'elle devançait de quelques années ; c'est le droit intermédiaire autrichien. (En Prusse, il y avait une période analogue sous Frédéric II) ».

[238] E. Tisch, *op. cit.*, pp.116-118 « Martini, professeur de droit naturel et des institutions du droit romain à l'Univerité de Vienne (né à Revo, au Tyrol, en 1726) en fut nommé président (…) … la commission se mit à réviser tout le code de Joseph II et les autres parties du projet (…) Sous François II, fils de Léopold II, les travaux furent continués (…) L'âme des travaux restait Martini, qui remaniait le projet de Horten, en utilisant notamment le "*Landrecht prussien*" (…) Le projet fut terminé en 1796 (…) On voulut en vérifier le caractère pratique et, à cet effet, il fut, par la patente du 13 février 1797, promulgué comme loi dans le territoire de la Galicie occidentale, nouvellement acquis. C'est pour cette cause qu'on le nomme ordinairement : "Code de Galicie occidentale" ».

[239] Bruno Schmidlin, *Der Begriff der bürgerlichen Freiheit bei Franz von Zeiller* in Forschungsband Franz von Zeiller (1751-1828). *Beiträge zur Gesetzgebungs und Wissenschaftsgeschichte*, hrrsgg. von Walter Selb und Herbert Hofmeister, Wien, Graz und Köln, 1980, s.194.

vigueur ; le droit naturel ne jouant que le rôle d'un critère destiné à sélectionner les règles adaptées à l'état civil et social de l'empire[240] Pour Zeiller, les critères retenus par Martini étaient beaucoup trop lâches. Ils ne pouvaient fonder un système de droit efficient[241]. La rigueur dans la définition des concepts interdisait, comme l'avait préconisé Cicéron, la moindre incertitude ou la plus petite confusion. C'est pourquoi Zeiller s'attachait à donner la plus grande concision possible aux règles de droit de l'ABGB. À plusieurs siècles de distance, les rédacteurs du Code civil et de l'ABGB retrouvaient cette exigence que l'auteur du *De oratore* et du *Brutus* avait prônée pour la codification du *ius*.

À l'inverse, par son style totalement hermétique et impénétrable pour le profane, le Code civil allemand, le *Bürgerliches Gesetzbuch* ou B.G.B se situera aux antipodes de la conception cicéronienne. Il s'en rapprochera néanmoins si l'on s'en tient au souci de concision et à la méthode scientifique d'élaboration des définitions. Certes, Cicéron n'avait jamais imaginé un regroupement des définitions des concepts dans une partie générale comme ce fut le cas pour le B.G.B[242]. Cicéron avait seulement envisagé une méthode pour parvenir à une qualification juridiquement parfaite, mais il n'était pas allé jusqu'à définir systématiquement toutes les notions juridiques du *ius civile*. Il n'en restait pas moins que Cicéron avait émis l'idée, comme nous l'avons vu, une fois la définition établie, d'appliquer celle-ci à toutes les parties du droit civil où elle serait utilisée. Cicéron dans le rôle qu'il attribuait à la définition aurait certainement préféré la partie générale de l'*Allgemeiner Teil* du BGB au livre préliminaire de Portalis qui n'était destiné qu'à rassembler les principes philosophiques qui sous-tendaient, selon leur auteur, le Code civil. La partie générale du B.G.B. correspondait à la conception cicéronienne d'une épistémé du droit caractérisée ici par la définition de notions et d'institutions juridiques, qui, en raison de leur portée, étaient appelées à s'appliquer aux différentes parties du droit privé.

---

[240] Ursula Flossmann, *Österreichische Privatrechtsgeschichte Dritte verbesserte Auflage Springers Kurzlehrbücher der Rechtswissenschaft*, Springer Wien New York, 1996.

[241] Eric Gilardeau, *Der Einfluss des Gedankengutes op. cit.*, p.130.

[242] Les notions définies dans l'*Allgemeiner Teil* concernent la capacité juridique, les personnes physiques et morales, la déclaration de volonté, la formation et la validité d'un contrat, la condition et la préclusion.

Chapitre II

Une procédure logique et dialectique d'exposition : Les *Topiques*

Au fil de son œuvre et tout particulièrement dans les *Topiques*, Cicéron égrenait les règles touchant aux différentes parties du *ius* ordonnées principalement entre le statut des personnes, les droits de la famille avec une insistance toute particulière sur la dot, les dispositions relatives au legs de l'usufruit, avant de soumettre les biens eux-mêmes à un éclairage qui révolutionnait leur représentation traditionnelle et de procéder à une exposition tout aussi inédite du *ius civile* en matière de pactes et de conventions.

L'énoncé des normes afférentes à chacune de ces parties du *ius civile* empruntait une méthode d'exposition pour le moins originale combinant les figures de la rhétorique et celles de la science ou de la logique. L'auteur des *Topiques* modulait chaque norme en fonction de l'effet qu'il souhaitait donner à la règle concernée. L'énoncé par énumération relevait des sciences de la nature. Il se limitait à un aspect purement descriptif du *ius civile*. Cicéron réservait cette méthode d'exposition aux statuts des personnes. Il s'agissait pour le citoyen d'Arpinum de restituer le plus fidèlement possible l'état du droit positif (Section I).

Les figures dialectiques de l'effet, de l'antécédent, de la cause efficiente, combinées au raisonnement logique de l'implication sous la forme du *modus ponens*, permettaient à l'auteur des *Topiques* d'articuler les solutions éparses du *ius civile* sous la forme de règles de principe et d'exception. Cicéron définissait ainsi les limites du pouvoir du mari et du père sur la dot pour l'entretien des enfants (Section II).

Ces procédés étaient également étendus au legs de l'usufruit afin de mieux équilibrer les droits et devoirs respectifs de l'héritier et de l'usufruitier. La construction de droits proportionnés constituait la charpente formelle d'une codification théorétique du *ius civile*. Cicéron pouvait de cette manière établir un lien entre les différentes *responsa* de *l'auctoritas prudentium* afin de leur conférer un sens et surtout une portée universelle. L'auteur des *Topiques* garantissait les droits de la veuve sur le legs en usufruit contre les termes mêmes de la *lex Voconia* (Section III).

Prolongeant la subdivision du *ius civile*, Cicéron faisait apparaître à travers sa trame diairétique une distinction riche d'avenir entre les choses corporelles et les choses incorporelles. Certes, l'auteur des *Topiques* n'employait pas les termes *res corporales* ou *res incorporales*, mais il fut le premier à formuler ces concepts que Gaius traduira dans la langue juridique. La notion de *res incorporalis* impliquait une nouvelle modification du mode de transmission des biens qui ne se trouvait plus soumis à la *traditio* mais à l'échange des consentements. De loin en loin, Cicéron faisait apparaître non pas de manière formelle, mais en filigrane, une représentation du *ius abutendi* que Gaius consacrera avec la notion de *dominium*. La *diairesis* cicéronienne ouvrait une voie qu'emprunteront plusieurs siècles plus tard, les codifications française, autrichienne et allemande (Section IV).

Par opposition au moyen dialectique de l'énumération, Cicéron achevait son exposition du *ius civile* par une présentation générique du *pactum*. En effet, la multiplication des pactes ne permettait pas, comme c'était le cas pour la tutelle, de se livrer à un énoncé exhaustif des actes juridiques. Le nombre incommensurable des espèces s'y opposait. Aussi l'auteur des *Topiques* consacrait-il sous un exposé générique une nouvelle forme de conclusion des actes par le simple échange des consentements. Le caractère général du *pactum*, qui dépassait les frontières du droit prétorien, laissait transparaître les premiers linéaments de ce principe que les contemporains de Cicéron et les jurisconsultes, qui lui succéderont, ne reprendront pas, mais que retrouveront Domat et Pothier et à leur suite les rédacteurs du Code civil (Section V).

Section I - Une anatomie du *ius civile* : l'exposition par énumération

À travers son œuvre et tout particulièrement dans *les Topiques*, Cicéron suivait deux paradigmes qui faisaient appel à des techniques distinctes : la connaissance du droit d'une part et l'art oratoire d'autre part. Le génie de l'auteur des *Topiques* était d'avoir su fondre dans le même creuset, logique juridique et procédés rhétoriques afin d'employer le matériau issu de leur combinaison au service de son projet.

À l'aune de cette médiation complexe, Cicéron perfectionnait l'art de l'exposition des normes. L'auteur des *Topiques* expliquait avec un grand luxe de détails, les différentes techniques qui donneraient à la règle de droit une formulation de plus en plus concise. L'art de l'exposition devait s'aider des procédés dialectiques. En cette fin du Ier siècle, la fonction de l'orateur tendait, comme nous l'avons vu, à se confondre avec celle du jurisconsulte. Les procédures oratoires étaient appelées à constituer le nouveau mode d'expression des règles du *ius civile*.

Partant « *d'une similitude, d'une différence, des contraires, d'analogies, des antécédents, des conséquences, de notions contradictoires, des causes, des effets, de la comparaison avec des objets plus grands, égaux ou plus petits* »[243], l'auteur des *Topiques* se proposait de rendre au *ius civile* sa véritable portée. Sous la litanie des moyens dialectiques se déployait un appareil analytique reliant par de subtiles correspondances les différentes règles du *ius civile*.

Cicéron inscrivait cette méthode dans le cadre de schémas diairétiques prédéfinis. C'était, en effet, sur le tronc de la division en genres et en espèces que Cicéron greffait avec beaucoup d'à propos le nouvel alliage issu de la fusion des figures juridiques et des procédures dialectiques. Pour atteindre la clarté souhaitée dans l'énoncé des prescriptions du *ius*, Cicéron expliquait en premier lieu qu'il était nécesssaire de relier chaque concept au mode de présentation qui lui était naturellement le mieux adapté.

L'auteur des *Topiques* précisait que certaines notions juridiques se prêtaient à un énoncé exhaustif en raison même du nombre limité des espèces qui se rattachait au genre de leur catégorie juridique. À l'inverse, d'autres notions ne pouvaient atteindre la précision voulue qu'à partir d'un énoncé générique parce que les espèces étaient

[243] Cicéron, *Top.*, III, 11 « *alia ex similitudine, alia ex differentia, alia ex contrario, alia ex adiunctis, alia ex antecedentibus, alia ex consequentibus, alia ex repugnantibus, alia ex causis, alia ex effectis, alia ex comparatione maiorum, aut parium, aut minorum* ».

innombrables et qu'il était impossible de recourir à leur énumération sans omettre plusieurs d'entre elles[244].

Cicéron illustrait son propos à travers l'opposition manifeste qui existait à ce titre entre le concept de tutelle et les notions aux contours plus imprécis de la stipulation et de l'action pour lesquelles, comme nous le verrons plus loin, Cicéron avait élaboré une présentation générique. « *Dans la définition par énumération des parties,* écrivait-il, *il faut s'attacher à n'en omettre aucune. Par exemple, si l'on voulait définir ainsi la tutelle, ce serait une preuve d'ignorance d'en omettre une seule sorte. Au contraire, si l'on définit de cette façon les formules de stipulation ou d'action, ce n'est pas une faute, la matière étant illimitée, que de faire une omission* »[245].

Ce choix délibéré de l'auteur des *Topiques* en faveur de l'énumération obéissait à un objectif précis. Il s'agissait de transcrire le plus fidèlement possible les solutions de cette partie du *ius civile* dans un système ordonné de normes. La méthode de l'énumération permettait d'éviter ainsi toute difficulté de composition et d'organisation de la matière traitée. L'énumération avait un contenu purement descriptif du droit. Cicéron présentait l'énumération comme le ferait un anatomiste pour le corps humain : « *Dans l'énumération, il y a pour ainsi dire des membres ; comme dans le corps on distingue la tête, les épaules, les mains, les flancs, les jambes, les pieds, etc.* »[246].

Cicéron souhaitait simplement récapituler par le recours à l'énumération les solutions données par les *responsa* des prudents sous une forme limpide et incontestable, réaliser une synthèse de la tradition juridique dans le cadre d'un corps unique de règles. Cette approche fut également celle des pères des codes civils français et autrichien lorsqu'ils s'attachèrent à codifier le droit en matière de tutelles.

---

[244] Cicéron, *Top.*, VIII, 33, « D'une part, le nombre des espèces qui se rattachent à un genre est limité ; d'autre part, souvent, les parties à distinguer sont presque illimitées, comme les ruisseaux qui peuvent dériver d'une même source ».

[245] Cicéron, *Top.*, VIII, 33, « *Partitione autem sic utendum est, nullam partem relinquas ; ut, si partiri velis tutelas, inscienter facias, si ullam praetermittas. At si stipulationum aut iudiciorum formulas partiare, non est vitiosum, in re infinita praetermittere aliquid* ».

[246] Cicéron, *Top.*, VI, 30, « *In partitione quasi membra sunt : ut corporis, caput, humeri, manus, latera, crura, pedes, et cetera* ».

Le Code civil de 1804 présentait, en effet, une méthode d'exposition similaire. Sous le Titre X « *De la minorité, de la tutelle et de l'émancipation* »[247], les pères du Code civil avaient choisi au Chapitre II d'énumérer les différents cas de tutelle : « *De la tutelle des père et mère* » dans une section I[248], « *De la tutelle déférée par le père ou la mère* » dans le cadre d'une section II[249], « *De la tutelle des ascendans* » au titre d'une section III[250], « *De la tutelle déférée par le conseil de famille* » sous une section IV[251]. Le nombre étant ici limité, la définition par énumération des parties, comme l'avait préconisé Cicéron, était non seulement possible, mais nécessaire afin de n'en omettre aucune tout en conservant la clarté requise.

Cette concision adaptée à la nature du concept permettait de mettre en évidence l'énoncé de la règle de droit et par voie de conséquence d'assurer une meilleure compréhension des prescriptions par les citoyens tout en donnant fondement et stabilité aux solutions traditionnelles ainsi retranscrites. Zeiller, le père du Code civil autrichien, retint également cette conception au Chapitre IV de la Première partie de l'ABGB pour traiter de la tutelle. Les subdivisions des paragraphes 187 à 268 suivent de manière moins marquée que dans le Code civil français, mais selon un cheminement similaire, à l'exception de la tutelle des père et mère, qui n'est pas envisagée par l'ABGB, la tutelle déférée par le père, la tutelle des ascendants et enfin la tutelle dative ordonnée par le tribunal pupillaire[252].

La technique de l'énumération permettait, en effet, d'enfermer l'exposé des prescriptions dans un horizon purement méthodologique. Il s'agissait de se tenir strictement aux solutions du *ius civile* pour les replacer dans le cadre d'une trame diairétique. Cicéron donnait un nouvel exemple de cette technique de l'énumération lorsqu'il abordait les différents modes d'affranchissement de l'esclave : « *S'il n'a été affranchi ni par l'inscription (au nombre des citoyens) sur les*

---

[247] *Code civil des Français*, Edition originale et seule officielle, De l'imprimerie de la République, Paris, An XII, 1804, p.96.
[248] *Code civil des Français*, *op. cit.*, p.96.
[249] *Code civil des Français*, *op. cit.* p.98.
[250] *Code civil des Français*, *op. cit.*, p.99.
[251] *Code civil des Français*, *op. cit.*, p.100.
[252] Victor Foucher, *Collection des lois civiles et criminelles des Etats modernes, Code civil général de l'Empire d'Autriche traduit sur la dernière édition officielle par A. de Clerq*, Paris, 1836, §§ 187 à 199, pp.52-54.

registres du cens, ni par la vindicte[253] *ni par le testament, il n'est pas libre* »[254]. Sous la forme dialectique de l'énumération, l'auteur des *Topiques* mettait en exergue les limites des modes d'affranchissement.

En effet, Cicéron voulait rappeler que, hors des strictes modalités prévues pour son accomplissement, l'affranchissement ne pouvait s'extraire du formalisme traditionnel reconnu par le *ius civile*. L'énumération était l'expression d'une permanence, le strict encadrement des formes d'accession à la liberté, un don précieux et donc rare. Pour l'auteur des *Topiques*, l'énumération n'était pas indicative, mais bien limitative. Elle était la manifestation de la conception cicéronienne de la codification envisagée comme une refondation rationnelle des règles traditionnelles du *ius*.

Section II - Une herméneutique du *ius civile* : l'exposé par *modus ponens*

Cicéron se plaisait également à relier plusieurs moyens dialectiques pour parvenir à cette construction systémique du *ius*. Nous avons une illustration précise de cette démarche avec les techniques de l'effet, de l'antécédent et de la cause efficiente appliquées aux relations du mari et de la femme dans le cadre du régime dotal. Cicéron édictait, sous la forme dialectique de l'effet, la prescription suivante : « *Argument tiré des effets. Exemple. "Quand une femme tombe sous la puissance légale de son mari, tout ce qui appartenait à la femme devient la propriété du mari à titre de dot"* »[255].

La solution énoncée par l'auteur des *Topiques* s'inscrivait une fois encore dans le cadre le plus strict du *ius civile*. Mais cette formulation

---

[253] H. Bornecque, note 2 sous, *Top.* II, 10, « Le maître et l'esclave comparaissent devant le magistrat, assistés d'un tiers citoyen et simulent un procès concernant l'état civil de l'esclave. Le tiers prétend qu'il est homme libre et revendique sa liberté en le touchant avec une baguette, vindicta. À cette revendication, le maître n'oppose aucune contradiction. Le maître et l'esclave étant d'accord, le magistrat sanctionne cet accord en déclarant l'esclave libre ».

[254] Cicéron, *Top.*, II, 10, « *Si neque censu, neque vindicta, nec testamento liber factus est, non est liber ; neque est ullam earum rerum ; non est igitur liber* ».

[255] Cicéron, *Top.*, IV, 23, « *Ab effectis rebus, hoc modo : "Quum mulier viro in manum convenit, omnia, quae mulieris fuerunt, viri fiunt dotis nomine"* ».

sur le mode de l'effet conduisait Cicéron à mettre aussitôt en contrepoint une autre solution du *ius civile*. Il s'agissait d'articuler une exception à la prescription qu'il venait d'édicter sous forme de principe.

À cette fin, l'auteur des *Topiques* utilisait le moyen dialectique de l'antécédent : « *Arguments tirés des antécédents : "Si c'est par la faute du mari que le divorce a eu lieu, encore que ce soit la femme qui ait envoyé le message (de répudiation), il ne doit rien être retenu de la dot pour l'entretien des enfants"* »[256]. Pour mesurer la portée de cette prescription, il est nécessaire de se reporter à la définition de l'antécédent que donnait Cicéron dans les *Topiques* : « *En effet j'appelle conséquences les suites nécessaires d'une action. De même pour les antécédents (...) en effet, tout ce qui suit une chose a nécessairement un lien avec cette chose* »[257]. Nous sommes ici dans le procédé de raisonnement logique par *modus ponens* fondé sur la figure de l'implication dont Cicéron avait pu trouver le modèle dans les travaux d'Aristote et des Stoïciens[258].

Le *modus ponens*[259] permettait d'établir une connexion logique entre deux énoncés. Si A est, alors B est. A étant l'antécédent dont se déduit le conséquent, B. Le raisonnement suivi par Cicéron était celui que pouvait tenir un législateur. En constatant que les conditions de A se trouvaient réunies, les conséquences légales de B en découlaient nécessairement. Mais, Cicéron franchissait une étape dans la conception de l'antécédent. L'antécédent s'entendait, en l'occurrence, comme la cause efficiente de la perte du droit par le mari de retenir tout ou partie de la dot pour l'entretien des enfants.

Dans les *Partitiones oratoriae*, Cicéron avait donné de la cause efficiente la définition suivante : « *Or il y a plusieurs genres de causes : les unes produisent des effets par elles-mêmes, les autres ne font que contribuer à l'effet. Aussi les premières peuvent-elles être*

[256] Cicéron, *Top.*, IV, 19, « *Ab antecedentibus : "Si viri culpa factum est divortium, etsi mulier nuntium remisit, tamen pro liberis manere nihil oportet"* ».
[257] Cicéron, *Top.*, XII, 53, « *Ea enim dico consequentia, quae rem necessario consequuntur. Itemque et antecedentia (...) quidquid enim antecedit quamque rem, id cohaeret cum re necessario* ».
[258] Susanne Bobzien, *The development of Modus Ponens in Antiquity : from Aristotle to the 2nd Century AD*, Phronesis,Vol. 47, N°4, pp.359-394, 2002.
[259] En latin *ponere*, dans son usage sous forme de trope (figure de rhétorique) signifie poser, affirmer parce qu'il porte sur des propositions affirmatives.

appelées efficientes »[260] . L'antécédent prenait ici le sens premier de la cause efficiente.

Avec cette première acception de l'antécédent, l'auteur des *Topiques* pouvait tempérer la portée de la prescription précédemment énoncée. En effet, dans une stricte application du parallélisme des formes – naissance, fin d'un droit – le procédé dialectique de la cause efficiente pouvait faire perdre son caractère absolu à la puissance maritale dans le cadre d'un divorce ou d'une répudiation. La cause efficiente l'emportait en l'occurrence sur l'effet.

Par l'antécédent, l'auteur des *Topiques* déployait toute la force logique de son appareil analytique pour coordonner les solutions éparses du *ius*. Le *logos* interne à la construction systémique du *ius* prenait alors la forme d'un syllogisme. La majeure était constituée par l'antécédent, ici la faute, qui avait pour conséquent la perte des droits sur la dot. La mineure était fondée sur un autre rapport de nécessité entre l'antécédent, la faute du mari et le message de répudiation qui était la cause efficiente du divorce, mais prise sous sa seconde acception, d'une cause qui ne produisait pas à elle seule l'effet et qui prêtait son concours à la réalisation de celui-ci.

Dans les *Partitiones oratoriae*, Cicéron avait précisé, en effet, que « *Parmi les causes efficientes, les unes agissent à elles seules et par elles seules, les autres prêtent leur concours à l'effet, auquel elles s'associent, pour ainsi parler. Celles-ci ont une efficacité variable, souvent ou plus grande ou moins grande* »[261].

Puis, dans la conclusion de son syllogisme, Cicéron identifiait la faute du mari à la troisième acception de la cause efficiente définie dans ses *Partitiones oratoriae* de la manière suivante : « *il y a encore d'autres causes qu'on appelle efficientes, parce qu'elles contribuent*

---

260 Cicéron, *Partitiones oratoriae*, traduction par Henri Bornecque, Les Belles Lettres, Paris 1925, XXVI, 93, « *Causarum autem genera sunt plura. Nam sunt aliae, quae ipsae conficiunt ; aliae, quae vim aliquam ad conficiendum afferunt. Itaque illae superiores, conficientes vocentur* ».

261 Cicéron, *Part. orat.*, XXVI, 94, « *Conficiens autem causa alia est absoluta et perfecta per se ; alia aliquid adiuvans, et efficiendi socia quaedam : cuius generis vis varia est, saepe aut maior, aut mino, ut et illa, quae maximam vim habet, sola saepe causa dicatur* ».

au commencement de l'action ou à sa fin »[262]. Henri de Bornecque avait précisé la portée de ce passage des *Partitiones oratoriae* : « *Leur efficacité détermine le point de départ de l'action ou se révèle lorsque l'action s'achève* »[263]. En effet, la faute avait déterminé l'envoi du message de répudiation qui lui-même était à l'origine de la procédure. Ainsi, de manière transitive, la faute privait nécessairement le mari d'un droit de rétention sur la dot pour l'entretien des enfants.

Si Cicéron aimait combiner les moyens dialectiques pour construire un système ordonné de normes, il pouvait, dans la même perspective, inverser le processus logique et intervertir le rapport d'ordre entre la cause et l'effet afin de faire prédominer le second sur la première. Ainsi, dans un domaine formant une espèce voisine avec la précédente prescription, Cicéron faisait triompher l'effet, bien que la place de la cause dans le contenu de la règle apparût essentielle.

L'auteur des *Topiques* précisait la limite des droits du conjoint sur la dot hors d'une union légitime : « *Des conséquences : "Si une femme, unie à un homme avec lequel elle ne pouvait contracter un mariage légitime, a envoyé le message de répudiation, comme les enfants de cette union ne sont pas rattachés à leur père, rien ne doit être retenu de la dot (par ce dernier) pour l'entretien des enfants"* »[264].

Comme nous l'avons constaté pour cette partie du *ius*, Cicéron mêlait étroitement épistémé et *technè* pour construire à travers les entrelacs des différentes acceptions de l'effet, de l'antécédent et de la cause efficiente une véritable relation entre des solutions éparses du *ius* qui étaient appelées à former des règles unies sous la forme d'un principe et d'une exception. L'approche cicéronienne s'apparentait à une arithmétique appliquée en l'occurrence à la matière des relations familiales. La grande originalité de la pensée de Cicéron se révélait dans cette capacité qu'il avait eu d'associer dans un circuit purement logique la recherche d'un ordre juridique rigoureux et la découverte

---

[262] Cicéron, *Part. orat.*, XXVI, 94, « *Sunt autem aliae causae, quae aut propter principium, aut propter exitum, conficientes vocantur* ».
[263] H. de Bornecque, *op. cit.*, p.36 note 5 sous XXVI, 94.
[264] Cicéron, *Top.*, IV, 20, « *a consequentibus, "Si mulier, quum fuisset nupta cum eo, quicum connubium non esset, nuntium remisit ; quoniam qui nati sunt, patrem non sequuntur, pro liberis manere nihil oportet"* ».

d'une dialectique qui donnait aux prescriptions éparses du *ius* un fondement ontologique.

Le recours aux procédés dialectiques poursuivait un autre objectif. Cicéron souhaitait assurer par leur biais la proportionnalité des prescriptions du *ius*. Il s'agissait d'équilibrer les rapports de force entre les acteurs de la vie juridique. En effet, si l'énumération transcrivait fidèlement les solutions du *ius civile* dans une démarche purement descriptive, l'emploi de l'antécédent, de la cause efficiente et de l'effet avait pour objet de privilégier les prescriptions du droit civil qui permettaient de poser des limites au champ d'application des dispositions de principe. Nous l'avons vu pour le régime dotal, il en allait de même avec l'usage de la similitude, de la différence et de la contradiction.

Section III - Une nomologie asymétrique du *ius civile* : l'argument *a pari contra legem*

Cicéron appliquait ces procédures au legs de l'usufruit. À Rome, la constitution d'un usufruit était devenue fréquente qu'elle portât sur un bien fonds ou sur des esclaves. Mais, au Ier siècle av. J.-C., la question essentielle concernait le legs de l'usufruit du mari à sa femme. À travers une argumentation *a pari*, l'auteur des *Topiques* s'efforçait de définir le contour des droits et des obligations de chaque partie dans un domaine qui touchait à des aspects essentiels du droit des successions. Il souhaitait inscrire cette partie du droit civil dans un réseau de symétries et de calculs qui permettrait de contrebalancer les déséquilibres qui se faisaient jour dans le rapport des droits et des obligations respectives de l'héritier et de l'usufruitier.

Pour l'auteur des *Topiques*, il était, en effet, nécessaire de retrouver une véritable ordonnance du *ius* en ce domaine. Celui-ci prenait difficilement en compte les droits de la femme. L'ambiguïté des lois avait obscurci les véritables fondements des prescriptions du *ius civile*. Aussi Cicéron se proposait-il d'exhumer les racines de cette partie du droit civil non seulement pour l'exposer avec la plus grande clarté possible dans le cadre d'un système ordonné de normes, mais également et surtout pour corriger les excès des lois en la matière. Le legs de l'usufruit offrait à ce titre un champ d'investigation inégalé.

Cicéron avait remarqué, en effet, que les règles, qui sous-tendaient la réalité des rapports entre l'héritier et l'usufruitier, étaient occultées par des solutions contradictoires. Pour remédier aux abus et aux déséquilibres en ce domaine, l'auteur des *Topiques* avait pris le parti d'exposer le *ius civile* sous la forme d'une étude apparemment asymétrique du droit et des lois, mais dans le but bien compris de réduire les rigueurs des textes du droit romain à l'égard de la femme mariée légataire de l'usufruit.

Le procédé utilisé par Cicéron était la similitude qui se fondait sur le raisonnement par induction : « *Ce raisonnement qui, en plusieurs étapes, conduit à son but, s'appelle induction* »[265]. À partir de plusieurs cas particuliers présentant un dénominateur commun, Cicéron tirait le moyen d'étendre le bénéfice d'une prescription à une situation qui n'était pas soumise à celle-ci. L'interprétation *a pari* permettait de donner à une règle protectrice la force d'un principe. « *Il y a, en effet, des similitudes qui conduisent à leur but par plusieurs rapprochements. Par exemple, si le tuteur, si l'associé, si le mandataire, si l'acquéreur fiduciaire doivent observer les règles de la bonne foi, le représentant en justice doit les observer également* »[266].

En s'aidant du moyen dialectique de la similitude, Cicéron énonçait la disposition suivante en faveur de l'héritier dans le cadre du legs d'un usufruit : « *Argument tiré d'une similitude. Exemple : "Si un édifice, dont l'usufruit a été légué, s'écroule ou se détériore, l'héritier*[267] *n'est pas tenu de le reconstruire ou de le réparer, pas plus qu'il ne le serait de remplacer l'esclave dont l'usufruit a été légué et qui viendrait à périr"* »[268].

---

265 Cicéron, *Top.*, X, 42, « *Haec ex pluribus perveniens quo vult, appellatur inductio* ».

266 Cicéron, *Top.*, X, 42, « *Sunt enim similitudines, quae ex pluribus collationibus perveniunt quo volunt, hoc modo : "Si tutor fidem praestare debet, si socius ; si, cui mandaris ; si, qui fiduciam acceperit : debet etiam procurator"* ».

267 H. Bornecque, note 2 sous *Top.*III, 15, « L'*heres* est chargé de la délivrance des legs, ce qui pose la question de savoir où s'arrête son obligation à l'égard du légataire d'un usufruit ».

268 Cicéron, *Top.*III, 15, « *A similitudine, hoc modo : "Si aedes eae corruerunt, vitiumve fecerunt, quarum usufructus legatus est, heres restituere non debet, nec*

Par cette argumentation *a pari*, Cicéron faisait de l'usufruit une servitude. Partant, l'usufruitier ne disposait pas, selon l'auteur des *Topiques*, du droit de contraindre l'héritier à une obligation de faire. Il ne pouvait exiger de ce dernier qu'il souffrît seulement l'exercice de son droit d'usage et de jouissance. Cicéron posait, en conséquence, une limite intangible sous la forme d'une règle générale. L'usufruitier n'avait aucune action contre l'héritier pour lui imposer les grosses réparations du bien fonds. Il prenait l'immeuble dans l'état où il se trouvait et l'héritier était totalement libre de le laisser périr faute de réaliser les grosses réparations.

Cicéron étendait cette solution au legs de l'usufruit d'un esclave par un argument *a pari*. Comme pour le legs d'un bien fonds, l'usufruitier ne pouvait exiger de l'héritier d'un bien meuble, en l'occurrence un esclave, qu'une abstention. La similitude ici permettait à Cicéron de poser une limite à une possible revendication de l'usufruitier. En effet, si l'héritier venait à empêcher la perception par le légataire des fruits du travail de l'esclave en usant d'un expédient comme la vente de ce dernier ou bien par son affranchissement, il n'en resterait pas moins tenu par une action en paiement du legs dont la valeur pourrait être estimée au montant des *operae* de l'esclave.

Cicéron tenait seulement à préciser ici que si le legs du travail d'un esclave ne se perdait ni par un changement de statut ni par une perte d'usage en raison d'une violation par l'héritier de son obligation de ne pas faire, l'usufruitier ne pouvait en contrepartie exiger le remplacement ou la perte de la valeur des *operae* en cas de décès de l'esclave. L'argument *a pari* établissait une limite à un raisonnement du même type, mais formulé en sens contraire. Une prescription identique s'imposait qu'il s'agît de l'usufruit d'un immeuble ou bien de celui d'un meuble. Cicéron dessinait à travers cette prescription les lignes d'équilibre entre les droits et obligations respectives de l'héritier et du légataire.

Parallèlement et toujours sous la subdivision du genre en espèces, l'auteur des *Topiques* utilisait le procédé dialectique de la contradiction pour garantir cette fois le droit de la femme légataire d'un usufruit sur des esclaves : « *Des notions contradictoires : "Si le*

---

reficere, non magis, quam servum restituere, si is, cuius ususfructus legatus est, deperisset" ».

chef de famille a légué à sa femme l'usufruit des femmes esclaves, à la charge de son fils, mais non à celle de l'héritier institué en seconde ligne, si le fils meurt, la femme ne perdra pas l'usufruit. En effet on ne peut enlever malgré lui, à quelqu'un, ce qui lui a été une bonne fois donné par testament. Car il est contradictoire qu'on ait eu le droit de recevoir, et que l'on doive rendre malgré soi" »[269].

La limitation des droits de la femme en matière de succession résultait de l'effet combiné de la *Lex Voconia*[270] en date de 169 av. J.-C.[271] adoptée sous le consultat de M. Philippus et Cn. Servilius Coepion sur la proposition du tribun Q. Voconius Saxa qui avait bénéficié de l'appui majeur de Caton et de l'interprétation concordante de cette même loi par les *responsa* des prudents[272]. Ce texte avait pour objet de réagir contre une évolution qui avait permis aux femmes de recevoir une part importante des héritages. Aussi, la disposition capitale de la loi interdisait-elle à tout citoyen de la première classe censitaire[273] d'instituer pour héritière une femme mariée ou non, quel que pût être le lien ou le degré de parenté existant entre cette dernière et le testateur. Non seulement l'institution d'une femme pour héritière était frappée d'une nullité absolue, mais également le testament tout entier à moins qu'il n'y eût une substitution de seconds héritiers.

Dans la *République*, Cicéron avait critiqué la *Lex Voconia* qui avait pour but de rétablir au sein de la famille un privilège de masculinité[274]. La *Lex Voconia* s'inscrivait dans une opposition entre les partisans de la loi, qui favorisaient la parenté agnatique et les

---

[269] Cicéron, *Top.*, IV, 21 « *a repugnantibus, "Si paterfamilias uxori ancillarum usumfructum legavit a filio, neque a secundo herede legavit, mortuo filio mulier usufructum non amittet : quod enim semel testamento alicui datum est, id ab eo invito, cui datum est, auferri non potest : repugnat enim recte accipere, et invitum reddere"* ».

[270] F. Schulz, *Classical Roman Law*, Oxford Clarendon Press, Oxford, 1951, p.223.

[271] Cicéron, *Cato Maior, De senectute*, texte établi par Pierre Wuilleumier, Les Belles Lettres, Paris, 1940, V, 14, « *ille autem Caepione et Philippo iterum consulibus mortuus est, cum ego quinque et sexaginta annos natus legem Voconiam magna voce et bonis lateribus suasissem* ».

[272] Pascale Voci, *Diritto ereditario romano*, A. Giuffrè, Milano, 1967, p.409.

[273] Citoyens qui étaient inscrits sur les registres du cens pour plus de cent mille as.

[274] Cicéron, *De republica*, III, X, « *Manilius iura dicat esse de mulierum legatis et hereditatibus, alia solitus sit adulescens dicere nondum Voconia lege dat ; quae quidem ipsa lex utilitatis virorum gratia rogata in mulieres plena est iniuriae* ».

opposants à la loi, dont faisait partie Cicéron et qui se prononçaient pour la liberté de tester. Ce dernier avait soutenu que tous les détours employés pour éluder la loi étaient conformes à la nature.

Mais, ce fut surtout dans les Verrines que Cicéron eut l'occasion de critiquer ce texte. En effet, pendant sa préture urbaine, Verrès avait tenté d'utiliser les dispositions de la loi en sa faveur. Un riche citoyen du nom d'Annius Asellus, n'étant pas inscrit sur les registres du cens, avait institué héritière sa fille unique. Cicéron affirmait avec force que cette pratique était absolument conforme à la jurisprudence. Annius mourut quand Verrès entra en fonction. Saisi du litige qui opposait le second héritier que le testament substituait à la fille d'Annius, Verrès, s'étant préalablement entendu avec l'héritier, avait fait tomber la première institution en proclamant dans son édit qu'il voulait faire observer la *Lex Voconia* et que désormais il refuserait la *petitio hereditatis et bonorum possessio* à toute femme qui se déclarerait héritière en vertu d'un testament.

Verrès ne faisait aucun cas dans son édit de la disposition qui limitait la prohibition aux citoyens inscrits sur les registres du cens. Cicéron avait dénoncé cette nouvelle prévarication de Verrès qui étendait la prohibition contre le texte même de la loi. Cicéron avait également rappelé que la pratique était largement répandue de voir un grand nombre de citoyens qui n'étaient pas inscrits sur les registres du cens instituer des femmes pour héritières[275]. Or, Cicéron avait rappelé dans son argumentation qu'il n'existait dans la *Lex Voconia* aucune limitation spécifique à l'égard des legs faits aux femmes[276].

Il est vrai que le legs de l'usufruit de tous les biens à la veuve était un moyen d'éluder les dispositions de la loi. Or un tel expédient mettait en cause bien souvent des enjeux financiers importants. En effet, la valeur de l'usufruit des biens d'un patrimoine était souvent supérieure à la moitié de son montant total. Cicéron n'avait jamais

---

[275] Cicéron, *Œuvres* complètes, traductions par Gueroult, J.N.M. de Guerle et Ch. Du Rozoir, Tome II, Bibiliothèque Latine-Française, C.L.F. Panckoucke, 1837, Seconde action contre Verrès, l. I, XLI à XLIII.

[276] Cicéron, *Seconde Action*, I, XLIII, « *Ac si hoc iuris non unius causa hominis edixisses, cautius composuisses. Scribis : Si quis heredem fecit, fecerit ; Quid si plus legarit quam ad heredem, heredesve perveniat, quod per legem Voconiam ei, qui census non sit, licet ? Cur hoc, quum in eodem genere sit, non caves ? Quia non generis, sed hominis causam verbis amplecteris : ut facile appareat, te pretio esse commotum* ».

soulevé la moindre question sur la régularité d'un tel legs au regard des dispositions de la loi *Voconia*. Le legs de l'usufruit permettait, en effet, d'assurer à la veuve une forme d'indépendance économique et le maintien du train de vie qu'elle menait du vivant de son mari.

Par cet argument *a pari contra legem*, Cicéron prenait une position de nature politique. Il se conformait à une évolution de la société romaine en faveur du legs de l'usufruit au profit de la femme. L'auteur des *Topiques* tranchait, certes, contre les dispositions de la *lex Voconia*, mais fixait une limite à l'interprétation extensive des prescriptions de cette loi qui ne correspondait plus à l'état des mœurs. Les moyens logiques et dialectiques permettaient de consacrer une conception du *ius* plus en rapport avec la pratique du droit. Il devait en être de même pour le droit des biens.

Section IV - Une subdivision ontologique des biens : *res corporales* et *res incorporales*

Cicéron s'attachait dans plusieurs passages des *Topiques* au régime des biens. En ce domaine, Cicéron exposait une conception qui est aujourd'hui la nôtre. Ainsi, pour cette partie essentielle du système codifié du *ius*, la procédure diairétique appliquée par Cicéron le conduisait à mettre en exergue une catégorie purement ontologique, celle des choses incorporelles. Sa représentation du droit sur les choses nous apparaît à ce titre des plus familières.

L'auteur des *Topiques* apportait, en effet, la définition suivante des biens : « *Commençons par la définition même. La définition est un discours qui explique en quoi consiste l'objet à définir. On y distingue deux groupes principaux, l'un comprend les choses qui existent réellement, l'autre celles qui n'existent que dans la pensée* »[277]. Cicéron établissait ici une distinction fondamentale du droit civil sous laquelle vivent encore aujourd'hui nos codes. Cicéron opposait, en effet, l'idée à la chose, l'essence à l'existence.

---

[277] Cicéron, *Top.*, V, 26, « *et primum de ipsa definitione dicatur. Definitio est oratio, quae id, quod definitur, explicat quid sit. Definitionum autem duo sunt genera prima : unum earum rerurm quae sunt, alterum earum quae intelleguntur* ».

À la simple énumération des Anciens, Cicéron substituait une véritable distinction fondée sur l'essence du concept de biens. La technique de l'énumération n'était plus ici le principe de la formulation de la règle, mais seulement l'expression de deux espèces du genre plus vaste des biens. Ainsi, sous le stylet de Cicéron se découvraient les catégories des choses corporelles et des choses incorporelles : « *J'appelle existant réellement celles que l'on peut voir ou toucher, fonds de terre, maison, mur, gouttière, esclave et gros bétail, menu bétail, meubles meublants, provisions, etc. ; de ce groupe vous avez parfois des objets à définir. Par contre j'appelle n'existant pas réellement celles qui ne peuvent être touchées et désignées, mais peuvent être vues et comprises par l'esprit, comme si j'avais à définir l'usucapion, la tutelle, la gens, l'agnation, toutes choses qui n'ont aucun substratum corporel, mais qui comportent une certaine image innée, une certaine idée empreinte dans l'esprit, à quoi je donne le nom de notion ; souvent, dans l'argumentation, les notions doivent être expliquées par une définition* »[278].

Certes, Cicéron n'utilisait pas le terme de *res corporalis* ou l'expression de *res incorporalis*. Les dénominations de ces concepts furent forgées un siècle plus tard par Gaius[279]. Mais la distinction et la conceptualisation des *res corporales et des res incorporales* n'étaient pas l'apanage de Gaius, mais bien l'œuvre de Cicéron comme en témoigne manifestement ce passage des *Topiques*. L'approche ontologique de Cicéron se déduit de l'extrait déjà cité « *quarum rerum nullum subest corpus, est tamen quaedam conformatio insignita et impressa intellegentia, quam notionem voco* ».

---

[278] Cicéron, *Top.*, V, 27, « *Esse ea dico quae cerni tangive possunt, ut fundum aedes, parietem stillicidium, mancipium, pecudem, supellectilem, penus, cetera ; quo ex genere quaedam interdum nobis definienda sunt. Non esse rursus ea dico quae tangi demonstrarive non possunt, cerni tamen animo, atque intelligi possunt, ut, si usucapionem, si tutelam, si gentem, si agnationem definias ; quarum rerum nullum subest quasi corpus, est tamen quaedam conformatio insignita et impressa intellegentia, quam notionem voco. Ea saepe in argumentado definitione explicanda sunt* ».

[279] Gaius, *Instit* 2, 13, invoquait les choses que l'on peut toucher « *Corporales sunt, hae quae tangi possunt, veluti fundus, homo, vestis, aurum, argentum, et denique aliae res innumerabiles*» ; Gaius, 2, 14, invoquait ensuite les « *Incorporales sunt quae tangi non possunt : qualia sunt ea quae in iure consistunt, sicut hereditas, ususfructus, obligationes quoquo modo contractae* ».

En ce domaine, l'influence de Cicéron sur les travaux de Gaius nous apparaît incontestable. La définition que l'auteur des *Institutes* donnait des *res corporales* et des *res incorporales*, distinguant les choses qui pouvaient être touchées de celles qui ne pouvaient l'être, reprenait purement et simplement la formule cicéronienne. Si Pierpaolo Zamorani affirmait que cette distinction préexistait dans la tradition rhétorique et philosophique et tout particulièrement dans la pensée stoïcienne[280], Okko Behrends contestait et selon nous à juste raison, que l'école du Portique ait pu être directement à l'origine de cette division en *res corporales* et en *res incorporales*[281]. En effet, quelle qu'ait pu être la source philosophique de cette distinction, l'auteur des *Topiques* fut le premier à donner une traduction juridique de celle-ci.

Cette division devait être consacrée à plusieurs siècles de distance par Zeiller au paragraphe 292 de l'ABGB « *Les choses corporelles sont celles qui tombent sous les sens ; sans cela elles s'appellent incorporelles : par exemple, le droit de chasser, de pêcher et autres droits* »[282]. À l'inverse, le Code civil de 1804 ignorait cette division en choses corporelles et incorporelles. Il envisageait avant tout les biens sur le fondement d'une division en meubles et immeubles à l'article 516 : « *Tous les biens sont meubles ou immeubles* »[283]. Certes, l'article 529 du Code civil établissait implicitement la distinction cicéronienne en choses corporelles et incorporelles puisqu'il se référait aux « *obligations et actions qui ont pour objet des sommes exigibles ou des effets mobiliers, les actions ou intérêts dans les compagnies de finance, de commerce ou d'industrie* »[284]. Les meubles par

[280] Pierpaolo Zamorani, *Gaio e la distinzione « res corporales » « res incorporales »*, in Labeo 20, 1974, p.364.

[281] Okko Behrends, *Die Person oder die Sache ?*, in Labeo 44, 1998, D. 26-60., S. 43.

[282] V. Foucher, *op. cit.*, pp.78-79.

[283] *Code civil, op. cit.*, p.127.

[284] *Code civil, op. cit.*, pp.130-131, article 529 « Sont meubles par la détermination de la loi, les obligations et actions qui ont pour objet des sommes exigibles ou des effets mobiliers, les actions ou intérêts dans les compagnies de finance, de commerce ou d'industrie, encore que des immeubles dépendans de ces entreprises appartiennent aux compagnies. Ces actions ou intérêts sont réputés meubles à l'égard de chaque associé seulement, tant que dure la société. Sont aussi meubles par la détermination de la loi, les rentes perpétuelles ou viagères, soit sur la République, soit sur des particuliers ».

détermination de la loi n'étaient ni plus ni moins que des droits qui se distinguaient des biens corporels. En l'occurrence, la distinction se fondait sur les biens et non sur les choses.

Mais, pour le droit de propriété, la conception qui prévalait dans le Code civil de 1804 se traduisait à l'article 544 du Code civil. Ici la référence à la notion de biens était abandonnée. La propriété, qui était le « *droit de jouir et disposer des choses de la manière la plus absolue, pourvu qu'on n'en fasse pas un usage prohibé par les lois ou par les règlemens* »[285], ne concernait que les choses corporelles. En l'espèce, le recours à la notion de droit n'avait ni le sens ni la portée énoncée à l'article 529. Le droit de propriété s'identifiait à la chose même.

À l'inverse, l'ABGB dans sa formulation du droit de propriété se fondait au paragraphe 353 sur la notion de bien. En effet, le paragraphe 353 disposait que « *La propriété d'une personne se compose de tout ce qui lui appartient, de tous ses biens corporels et incorporels* »[286]. Le droit de propriété dans le Code civil autrichien ne s'identifiait donc pas à la chose même sur laquelle il s'exerçait, mais distinguait les droits sur les choses corporelles et ceux qui étaient appelés à s'appliquer aux choses incorporelles. Le paragraphe 354 le précisait tout aussitôt « *Considérée comme un droit, la propriété est la faculté de disposer suivant sa volonté de la substance et des produits d'une chose, et d'en exclure toute autre personne* »[287]. Les définitions française et autrichienne de la propriété faisaient du *ius abutendi* l'attribut essentiel de la propriété ce qui était un autre point commun avec la conception cicéronienne.

La *summa divisio* des biens, exposée par Cicéron, emportait des conséquences juridiques immédiates pour l'émergence d'un droit de propriété. Les deux espèces des *corpora* et des *iura* présentaient des aspects radicalement opposés au niveau du transfert des biens. Les *res incorporales*, n'étant pas susceptibles de possession, ne pouvaient faire l'objet d'une remise matérielle, c'est-à-dire qu'elles ne pouvaient donner lieu à la *traditio* nécessaire au transfert du bien. « *L'aliénation de la propriété d'une res mancipi se fait soit par sa remise à autrui accompagnée d'un lien de droit civil, soit par cession devant le*

---

[285] *Code civil, op. cit.*, p.134.
[286] V. Foucher, *op. cit.*, p.94.
[287] V. Foucher, *ibid.*

magistrat, à la condition que les deux parties, de par le droit civil, soient habilitées à se servir de ces moyens »[288].

Or, le transfert des *res incorporales* échappant à la formalité de la *traditio* obéissait aux règles du consensualisme, de la bonne foi, toutes deux issues du droit prétorien et rattachées au *ius civile* par l'interprétation subtile des prudents. Elles constituaient désormais les principes qui régiraient les nouvelles catégories d'actes juridiques translatifs du droit de propriété sur les choses incorporelles.

Gaius tirera les conséquences des prémisses posées par Cicéron qui avait su établir cette nouvelle classification des biens à l'aide de la procédure diairétique. Dans ses *Institutes*, Gaius reprendra, en effet, la distinction pressentie par Cicéron entre les biens pouvant faire l'objet d'un transfert selon le mode usuel de la *traditio* et ceux qui n'étaient pas soumis à cette formalité[289].

Les deux subdivisions des *res corporales* et des *res incorporales*, dénomination que leur donnera Gaius[290], devaient donner naissance à leur tour à une catégorie de rattachement supérieur qui constituera l'une des grandes parties de la codification cicéronienne. En effet, si Cicéron n'utilisait pas dans son œuvre le terme de *dominium*, il n'en faisait pas moins apparaître le concept qui était la conséquence même de l'exercice d'une puissance sur les choses corporelles et incorporelles.

Certes, la catégorie juridique des *res incorporales*, mise au jour par Cicéron avant que Gaius ne lui attribua cette dénomination, ne pouvait être considérée à la façon de droits subjectifs ni même comme une préfiguration de cette notion comme le soutenait Pugliese[291]. L'idée selon laquelle l'expression *res incorporalis* correspondrait à la conception de *ius in re* au sens de droit subjectif sur une chose ou de

---

[288] Cicéron, *Top.*, V, 28, « *Ab alienato est eius rei, quae mancipi est, aut traditio alteri nexu, aut in iure cessio, inter quos ea iure civili fieri possunt* ».

[289] Gaius, *Instit.*, 2, 19, « *Nam res nec mancipi ipsa traditione pleno iure alterius fiunt, si modo corporales sunt et ob id recipiunt traditionem* » et 2, 28, « *Res incorporales traditionem non recipere manifestum est* ».

[290] Pierpaolo Zamorani, *op. cit.*, p.364 ; Giovanni Pugliese, « *Res corporales, res incorporales* e il problema del diritto soggetivo », in AA. VV., *Studi in onore di Vincenzo Arangio-Ruiz*, vol. III, Jovene, Napoli, 1954, p.223.

[291] Giovanni Pugliese, *Actio e diritto subiettivo, Pubblicazioni dell'Istituto di diritto romano dei diritti dell'Oriente mediterraneo e di storia del diritto*, A. Giuffrè, Milano, 1939, p.70.

ius ad rem au titre d'un droit de créance ne nous apparaît pas soutenable[292].

Il faut rappeler, en effet, que Cicéron fondait son projet de codification sur la science juridique de son temps qui ignorait jusqu'à l'idée même de droit subjectif[293]. Pour situer à sa place exacte la distinction introduite par Cicéron, il faut simplement s'en tenir, comme Windscheid l'avait fait, au texte de Gaius qui envisageait les *res incorporales* comme les *res corporales*, en tant qu'éléments d'un patrimoine[294]. À la différence de la *res corporalis*, la *res incorporalis* n'était pas matérialisée parce qu'elle était avant tout un droit purement objectif sur la chose d'autrui. Il n'en restait pas moins que cette figure ontologique incarnait une nouvelle représentation des droits sur les biens et par voie de conséquence sur leur mode de transfert.

Cependant, Rome ne considérera jamais la propriété comme un *ius*. Il ne s'agissait pas d'un droit sur un bien, mais de la propriété de la chose elle-même. Seul, l'usufruitier pouvait revendiquer des droits d'usage et de jouissance, ce que le propriétaire ne pouvait faire dans la mesure où ces droits n'étaient pas distincts de sa propriété. Le *dominium* ne pouvait relever des *res incorporales* parce qu'à Rome le *ius in re* était incorporé à la chose elle-même comme le rappelait Michel Villey[295]. La propriété n'était qu'un élément du patrimoine[296].

Il n'en restait pas moins que la conception cicéronienne identifiait le *ius abutendi* au *ius in re* incorporé à la chose. L'auteur des *Topiques* faisait de ce droit l'attribut même de la propriété. Cicéron procédait à cette démonstration par *a contrario* en rappelant sur le fondement de

[292] Gunter Wesener, *Dingliche und persönliche Sachenrechte – iura in re und iura ad rem, Zur Herkunft und Ausbildung dieser Unterscheidung* in *Festschrift für Hubert Niederländer zum siebzigsten Geburtstag am 10. Februar 1991*, Heidelberg 1991, S.195 ff.. ; M. Villey, *L'idée du droit subjectif et les systèmes juridiques romains*, Revue historique de droit français et étranger, 24/25, 1946/1947, p.209 et s.

[293] M. Villey, *L'idée du droit subjectif et les systèmes juridiques romains*, *op. cit.*, pp.201 et s.

[294] Bernhard Joseph Hubert Windscheid, *Lehrbuch des Pandektenrechts*, Band I, 9e édition par Th. Kipp, Frankfut am Main, 1906, réimpr. Aalen 1984, p.690, note 3.

[295] M. Villey, *L'idée de droit subjectif op. cit.*, pp.215 et s. qui faisait cette constatation en se référant plusieurs siècles après Cicéron à Ulpien, *D.*7, 6, 5pr.

[296] Roland Dubischar, *Über die Grundlagen der schulsystematischen Zweiteilung der Rechte in sogenannte absolute und relative. Ein dogmengeschitlicher Beitrag zur Lehre vom subjektiven Privatrecht*, Tübingen, 1961, S.11 ff.. ; cf. également M. Villey, *op. cit.*, p.215 et s.

l'art dialectique des contraires (*usus* et *abusus*) que l'usufruitier était dépourvu du pouvoir de disposer des biens donnés en usufruit quelle qu'ait pu être la qualité de son titre et quelle que fut la nature de la chose (biens consomptibles ou pas) : « *Argument tiré de contraires. Exemple : "la femme, à qui son mari a légué l'usufruit de ses biens et a légué des caves pleines de vin et d'huile, ne doit pas se comporter comme si cela lui appartenait. C'est en effet le droit d'user et non celui de disposer qui lui a été légué"* »[297].

En effet, si le *de cuius* pouvait léguer l'usufruit d'un bien, voire de tout ou partie d'une succession, celui-ci n'était d'aucune utilité pour l'usufruitier lorsque l'universalité sur laquelle s'exerçait son droit comportait des biens consomptibles. Seul, le titulaire du droit de propriété pouvait en disposer, c'est-à-dire exercer l'*abusus* et donc en tirer une véritable utilité économique. Ce ne fut que sous le Haut-Empire au Ier siècle av. J.-C. que l'usufruitier fut autorisé à disposer des biens consomptibles avec la charge pour lui de promettre sous la constitution d'une garantie au profit du nu-propriétaire de restituer ces biens par équivalent[298].

Or, à une époque où cette faculté n'était pas ouverte à l'usufruitier, l'auteur des *Topiques* était en mesure d'établir une stricte distinction entre les prérogatives pouvant s'exercer sur une chose, *ius utendi*, *ius fruendi* et *ius abutendi*. Si conformément à la conception romaine, Cicéron reconnaissait dans son argumentation *a contrario* que seul l'usufruitier pouvait revendiquer les droits d'usage et de jouissance, ce que ne pouvait faire le titulaire d'un droit de propriété qui n'avait pas de droits distincts d'usage et de jouissance, il n'en mettait pas moins en relief l'attribut fondamental de celui-ci, la prérogative du *ius abutendi*.

Prise dans son acception cicéronienne, la conception de la propriété occupait une place particulière au regard de la distinction des *res corporales* et des *res incorporales*. Elle présentait, en effet, des caractères communs avec les deux catégories juridiques. La propriété relevait de la première espèce parce qu'elle était conçue comme un

---

[297] Cicéron, *Top.*, III, 17, « *Ex contrario autem, sic : "Non debet ea mulier, cui vir bonorum suorum usumfructum legavit, cellis vinariis et oleariis plenis relictis, putare id ad se pertinere ; usus enim, non abusus legatus est : ea sunt inter se contraria"* ».
[298] *D.*, 7, 5, 1 sq.

droit incorporé à la chose et qui ne pouvait se distinguer de la matérialité du bien auquel elle s'appliquait. Mais, lorsque Cicéron était conduit à opposer ce droit à celui de l'usufruitier, l'auteur des *Topiques* était amené à isoler le *ius abutendi* ce qui rapprochait celui-ci des *res incorporales*, entendues comme des droits, qu'il s'agisse de droits réels limités comme l'usucapion ou de droits personnels tels que les créances. Dans cette mesure, le *ius abutendi* apparaissait comme un élément du patrimoine au même titre que les autres *iura* et prenait le sens d'un droit objectif.

Dès lors, si cette conception ontologique des *res incorporales* n'avait pas conduit Cicéron à consacrer l'idée de *ius in re*, ni la notion de *dominium*, il ouvrait une nouvelle voie vers une classification des biens et une conception de la propriété, consacrées par Gaius et les juristes romains, et qui s'affirmera à partir du XVIIe siècle dans les commentaires des auteurs jusnaturalistes avant d'être reprise par les codifications qui verront le jour au début du XIXe siècle comme une *summa divisio* majeure du droit des biens.

Les concepts juridiques prenaient dès lors un sens véritablement ontologique. L'auteur des *Topiques* donnait un exemple de cette démarche cognitive rationnellement contrôlée lorsqu'il l'appliquait aux choses corporelles et incorporelles. Il illustrait son propos par une figure des plus concrètes, l'« argent comptant ». Une espèce qui se rangeait sous la notion générique de l'argent. Cicéron étudiait cette catégorie juridique dans le cadre de la transmission des biens, mais cette fois au titre d'un testament : « *Argument tiré du genre* : *"Tout ce qui est argent a été légué à la femme ; donc l'argent comptant trouvé dans la maison n'a pas pu ne pas lui être légué ; en effet, l'espèce ne se sépare jamais du genre, tant qu'elle conserve le nom d'argent ; par suite il semble bien avoir été légué* »[299].

[299] Cicéron, *Top.*, III, 13, « *A genere sic dicitur : "Quoniam argentum omne mulieri legatum est, non potest ea pecunia, quae numerata domi relicta est, non esse legata ; forma enim a genere, quoad suum nomen retinet, nunquam seiungitur ; numerata autem pecunia nomen argenti retinet ; legata igitur videtur"* » ; cf. également Cicéron, *Top.*, XIII, 53, « Si l'on admet, par exemple, que les deniers comptants sont dus à la femme, qui est légataire de tout l'argent, qu'importe la forme d'argument adoptée ? "Si la monnaie frappée est comprise dans l'argent, elle a été léguée à la femme. Or la monnaie est comprise dans l'argent. Donc elle a été léguée". Ou bien : "Si l'argent monnayé n'a pas été légué, c'est que l'argent monnayé n'est pas compris dans l'argent. Or l'argent monnayé est compris dans

Pour Cicéron, la réalité aussi bien sensible qu'ontologique pouvait s'interpréter selon un rapport d'ordre. Il suffisait de mettre en œuvre la procédure diairétique pour le constater et établir ainsi la concision d'une solution qui elle-même était appelée à s'inscrire naturellement dans un cadre normatif. La conclusion à laquelle conduisait la méthode diairétique débouchait, en l'espèce, sur un dispositif formel : l'argent étant une figure totalisante du genre et de l'espèce, le legs d'un bien de cette nature était par essence insécable. Nous avons ici une véritable approche gnoséologique du point de vue des fondements théoriques du droit au sens d'*ars*, combinée à une maîtrise purement technique de la définition. Les deux axes dessinés dans le *De oratore* et le *Brutus* trouvaient dans le procédé diairétique de la définition leur point d'intersection.

Mais, toujours dans le souci de constituer une trame juridique proportionnée des droits, Cicéron recourait à une formulation fondée sur le procédé dialectique de la « différence » lorsqu'il énonçait l'une des limites posées au legs de l'usufruit de la femme. L'auteur des *Topiques* établissait, en effet, une distinction majeure entre l'argent en caisse et l'argent inscrit dans les livres de compte, c'est-à-dire les créances : « *Argument tiré d'une différence : "Si un mari a légué à sa femme tout l'argent qui lui appartenait, il ne s'ensuit pas qu'il lui ait légué ses créances. Il y a en effet une grande différence entre l'argent en caisse et celui qui figure sur les livres de compte"* »[300].

C'était sous la forme dialectique de la différence que Cicéron exposait cette exception à la prescription qu'il venait d'édicter. Il formulait cette nouvelle règle par le biais de la figure logique du *modus tollens*[301]. Ce mode de raisonnement par implication comportait deux propositions articulées : une prémisse selon laquelle si A est, A impliquera B et une proposition contraposée correspondant à la formule si B n'est pas, A n'est pas. Ainsi, dans la prescription exposée par Cicéron le *modus tollens* était le suivant : si l'argent (le

l'argent. Donc il a été légué ". Ou bien : "On ne peut admettre en même temps que tout ce qui est argent ait été légué et que l'argent monnayé n'ait pas été légué. Or, tout ce qui a été argent a été légué ; donc l'argent monnayé a été légué" ».

[300] Cicéron, *Top.*, III, 16, « *A differentia : "Non, si uxori vir legavit omne argentum, quod suum esset, idcirco, quae in nominibus fuerunt, legata sunt : multum enim differt, in arcane positum sit argentum, an in tabulis debeatur"* ».

[301] En latin *tollere*, dans son usage sous forme de trope (figure de rhétorique) il signifie lâcher, nier parce qu'il porte sur des propositions négatives.

genre) est, l'argent comptant (l'espèce) est et si l'argent comptant (l'espèce) n'est pas, l'argent (le genre) n'est pas. L'argent, en tant que genre, était indissociable de ses espèces. Sa nature de bien corporel excluait *ipso iure* les créances portant sur des sommes d'argent qui relevaient de la catégorie des biens incorporels. Le mode de formulation choisi par Cicéron avait pour objet de cristalliser non seulement une distinction, mais bien plus encore une véritable opposition de nature entre les choses corporelles incarnées ici par l'argent et les choses incorporelles identifiées aux créances.

Or, l'indication que donnait Cicéron avait une portée essentielle pour la représentation des *res incorporales*. En effet, l'auteur des *Topiques* exprimait une impossibilité, celle de pouvoir posséder un droit. La possession de l'argent était possible parce qu'elle offrait la maîtrise effective de la chose matérielle, du *corpus*. Mais, les choses incorporelles ne pouvant par définition être possédés, elles relevaient d'un autre genre, les *iura in re*.

À cet égard, l'ABGB qui, comme nous l'avons vu, distinguait les *res corporales* des *res incorporales* au paragraphe 292, s'écartait de la conception cicéronienne et édictait au paragraphe 311 que toutes les choses, qu'elles fussent corporelles ou incorporelles, pouvaient faire l'objet d'une possession[302]. Le paragraphe 312 venait également préciser que la possession d'un droit était acquise par l'usage de celui-ci en son propre nom[303]. La possession d'un droit était donc largement admise en droit autrichien.

Elle l'était tout autant en droit français. Le Code civil de 1804 n'établissait aucune distinction et admettait la possession d'un droit comme elle le faisait pour celle d'une chose. Ainsi l'article 2228 du Code civil disposait que « *La possession est la détention ou la jouissance d'une chose ou d'un droit que nous tenons ou que nous exerçons par nous-mêmes, ou par un autre qui la tient ou qui l'exerce en notre nom* »[304]. Cependant, nous notons que le droit français restreignait le champ de la possession aux droits réels.

[302] V. Foucher, *op. cit.*, p.83, « § 311. Toutes les choses corporelles et incorporelles qui sont l'objet d'un commerce légitime peuvent être possédées ».
[303] V. Foucher, *op. cit.*, pp..83, 84 « § 312. …On acquiert la possession des choses ou des droits incorporels par l'usage que l'on en fait en son propre nom ».
[304] *Code civil des français*, *op. cit.*, p.546.

En ce domaine, la conception allemande était beaucoup plus proche de la position exprimée par Cicéron. Savigny considérait que si la possession véritable s'identifiait à l'exercice du droit de propriété, la possession était une qualification impropre car il s'agissait ni plus ni moins que de l'exercice d'un *ius in re*[305]. Comme Cicéron, Savigny excluait la *possessio iuris* pour des obligations contractuelles[306]. L'école Pandectiste se refusait elle-même à qualifier les droits de choses incorporelles[307]. Partant, le BGB disposait au paragraphe 90 que « *Les choses au sens de la loi sont uniquement des objets corporels* »[308]. Comme l'avait fait Cicéron, la codification civile inspirée par Savigny et les Pandectistes réduisait la possession à une dimension purement matérielle.

Non seulement Cicéron avait défini les deux subdivisions des *res corporales* et des *res incorporales*, qui se retrouvent aujourd'hui à des degrés divers dans les codifications modernes du droit civil, mais il délimitait dans le même temps le champ de leur intervention dans le commerce juridique. L'appropriation privée des biens trouvait, en effet, sa limite avec le concept de *res communes omnium*, qui regroupait les biens qui n'appartenaient à personne et dont l'usage était pourtant ouvert à tous[309].

Ce principe constituera l'une des règles fondamentales du droit des biens dans les codifications modernes. Nous renvoyons ici à l'article 714 du Code civil qui en consacra le principe[310]. Mais, contrairement aux pères du Code civil français, Kant prendra position contre la catégorie juridique des "*biens communs à tous*" au nom de sa

---

[305] Friedrich Carl von Savigny, *Das Recht des Besitzes*, 7e édition, Gerold, Wien, 1865, S.192.
[306] F. C. von Savigny, *op. cit.*, S.507 ff .
[307] Ernst Immanuel Bekker, *System des heutigen Pandektenrechts*, Band I, Böhlau, Weimar 1886.
[308] Code civil allemand, traduction commentée, *Bürgerliches Gesetzbuch, BGB*, Raymond Legeais, Michel Pédamon, Claude Witz, Juriscope, Dalloz, Paris, 2010, § 90.
[309] Cicéron, *De offic.*, 1, XVI, 51, « l'on doit respecter la communauté de tous les biens que la nature a engendrés pour le commun usage des hommes, de telle sorte que ce qui a été réglé par les lois et le droit civil, soit traité de la façon qui a été fixée par ces lois mêmes, mais que tout le reste soit respecté conformément au proverbe grec : "Entre amis tous les biens sont communs"».
[310] Code civil, *op. cit.*, p.174, *article* 714 « Il est des choses qui n'appartiennent à personne et dont l'usage est commun à tous ».

conception originale du "*meum iuris*" qui consacrait la propriété comme une institution originaire et une vocation illimitée à l'appropriation privée des biens.

Dès lors, pour Kant, il ne pouvait exister de biens sans maître. Cette représentation du droit privé sera reprise au paragraphe 381 du Code civil autrichien de 1811 par son disciple Zeiller[311]. La différence de position entre les deux codifications sur cette catégorie cicéronienne des *res communes omnium* est fondamentale. À travers son article 714, le Code civil français édictait avec la reconnaissance du concept de "*biens communs à tous*" une limite à la propriété privée, qui était alors un droit fortement enraciné et étendu dans le système juridique français.

À l'inverse, le Code civil autrichien en rejetant cette notion juridique dans le paragraphe 381 de l'ABGB voulait produire l'effet inverse, ouvrir plus largement la vocation au droit de propriété qui était encore une exception dans l'empire d'Autriche. Il s'agissait pour Zeiller d'affirmer un droit inné à la propriété dans un empire où régnait l'emprise seigneuriale sur les terres, la précarité des censiers et l'infériorité du servage[312].

Cicéron avait ouvert une voie que retrouveront à plusieurs siècles de distances les pères des codes civils français et autrichien. Après les biens, le droit des contrats devait prendre à son tour une place importante dans l'œuvre de Cicéron. Conformément à la méthode qui consistait à faire apparaître l'essence de chaque relation juridique, comme l'avait fait Servius pour le contrat, Cicéron érigeait au rang d'un concept à part entière du *ius civile*, la notion de convention. La convention était pour lui, le type même d'un concept adapté à l'évolution du commerce juridique à Rome.

---

[311] Victor Foucher, *op. cit.*, p.100 « § 381. A l'égard des choses sans maître, le titre consiste dans la liberté naturelle d'en prendre possession. Le mode d'acquisition consiste dans l'appropriation au moyen de laquelle on s'empare d'une chose sans maître dans l'intention de la tenir comme sienne ».

[312] E. Gilardeau, *Une révolution kantienne des fondements du contrat social : le droit de possession dans l'ABGB*, actes du colloque international pour le bicentenaire de la promulgation du Code civil autrichien à Trieste (*La codificazione del diritto fra il Danubio e l'Adriatico. Per I duecento anni dall'entrata in vigore dell'ABGB*) *1812-2012*, G. Giappichelli Editore, Turin, 2015, pp.233-237.

Section V - Une représentation générique des pactes : la consécration du consensualisme

Comme nous l'avons déjà indiqué, Cicéron rappelait que les formules de stipulation ne pouvaient se prêter à une exposition sous la forme d'une énumération, mais seulement de manière générique[313]. Ici, Cicéron consacrait l'état du droit alors en vigueur au Ie siècle av. J.-C. La stipulation à laquelle se référait ce dernier ne s'inscrivait plus dans le petit nombre de figures juridiques issues du ritualisme archaïque. Les formules de stipulation à son époque ne se fondaient pas seulement dans un moule prédéterminé qu'il fût *verbis* ou *re*, mais s'évadaient des cadres traditionnels pour se conformer aux exigences du commerce juridique dans un ressort territorial qui épousait déjà, en ce Ier siècle av. J.-C., les contours d'un empire.

Certes, dans le cadre des stipulations, aucune obligation ne pouvait être établie sans un acte spécifiquement prévu par le *ius*. Mais, la science juridique avait multiplié les formes de la stipulation au point que Cicéron ne pouvait envisager leur énumération[314]. La stipulation se prêtait par sa nature juridique à cette mutation, car elle était moins un contrat qu'une forme générale d'obligation[315]. La stipulation

---

[313] *Supra*, p. 111.

[314] Toutes les obligations, *dare, facere, praestare*, pouvaient faire l'objet d'un engagement par stipulation. Les sanctions du droit prétorien avaient également consacré la stipulation *certa* pour une créance de somme d'argent (*condictio certae pecuniae* qui donnait lieu à la pénalité d'un tiers résultant de la *restitutio tertiae partis*). Pour un objet incertain, la stipulation de dol qui procédait de l'ancienne *iudicis postulatio,* sans omettre, le recours par le droit prétorien à la stipulation notamment lorsque le préteur contraignait les parties à garantir le bon déroulement du procès avec la *cautio iudicatum solvi, la cautio de rato* ou lorsqu'il s'agissait de sauvegarder des intérêts dignes de protection tels que les stipulations faites au profit du pupille, du nu-propriétaire à l'égard de l'usufruitier, les stipulations se multipliaient sous les formes de la *cautio damni infecti, collationis ou legatorum* et jusqu'aux édiles curules qui obligaient les marchands d'esclaves à stipuler une garantie au profit de l'acheteur contre les vices et l'éviction ; stipulations regroupées sous la qualification de stipulations édiliciennes.

[315] A l'époque de Cicéron, le recours à la stipulation se faisait essentiellement par écrit et la pratique de la *cautio* avait donné une plus grande certitude dans la conclusion des actes. Afin de prouver l'existence de la stipulation, les parties devaient réaliser les formalités orales du contrat en présence de témoins avant de rédiger un écrit qui constatait la stipulation ; les témoins apposaient leurs cachets sur le document pour en garantir la sincérité et celui-ci était remis au créancier. Cette

permettait, en conséquence, de consacrer des conventions, qui, jusqu'alors, étaient dépourvues de force obligatoire. En ce Ier siècle av. J.-C., la stipulation était devenue un cadre juridique adapté pour de nouvelles formes d'engagement[316]. Celles-ci trouvaient dans la souplesse des formules une protection juridique renforcée. Dès lors, leur nombre, leur diversité ne permettaient plus de les contenir dans les limites d'une énumération.

Une présentation générique s'imposait d'autant plus que les formules de stipulation n'étaient plus les seules concernées. Cicéron rapportait dans ses différents ouvrages une forme d'accord entre les parties à laquelle le développement des transactions commerciales avait donné une importance inédite, le *pactum*. Ce concept était ancien. Le terme *pacunto* était employé dans la loi des XII Tables : « *Endo via rem uti pacunto rato* » (« *Si les parties transigent en route, que la transaction soit ratifiée* »)[317]. Le fragment VII de la première Table utilisait la forme de l'impératif futur du verbe *paco* qui dans une première acception pouvait prendre le sens de « pacifier »[318] et dans une deuxième forme celle de conclure la paix[319]. Mais, le terme *paco* pouvait être utilisé à cette époque pour *paciscor*[320] qui prenait alors le sens de « *faire un traité, un pacte, une convention* »[321]. Il s'agissait alors d'un accord qui ne se rattachait pas à une forme rituelle déterminée, mais qui pouvait être sanctionné par le *ius*. Cependant, comme l'établit le fragment cité, cet accord ne pouvait

---

estampille juridique pouvait concerner les conventions les plus diverses afin de les valider.

[316] La stipulation permettait de garantir la restitution d'un prêt, le paiement d'intérêts, la constitution d'une garantie par le vendeur au profit de l'acheteur, la réalisation d'une donation, l'obligation du mari à restituer la dot en cas de dissolution du mariage, la constitution d'une solidarité active et passive, un cautionnement ou une novation.

[317] Thomas Pascal Boulage, *Conclusion sur les lois des Douze Tables*, Delestre Boulage, Librairie de l'Ecole de Droit, Paris, 1822, p.95.

[318] Gaffiot, *op. cit.*, p.1101, « 1 *paco, avi, atum, are (pax)*, tr. Pacifier (après avoir vaincu, dompté, soumis) ».

[319] Gaffiot, *ibid.*, « 2 *paco, ere,*v. *pango* » ; cf. Gaffiot, *op. cit.*, p.1109, « *Pango, panxi, panctum* et *(pegi) pepigi, pactum, ere*, tr. (…) II (fig.) établir solidement (…) établir, conclure : *pacem* Liv. *9, 11, 7* ; *indutias* Liv. *27, 30, 14*, conclure la paix, une trêve

[320] T.P. Boulage, *op. cit.*, p.95, note 1 sous *L. I*, § VII « Les anciens écrivaient souvent *paco* pour *paciscor* ».

[321] Gaffiot, *op. cit.*, p.1101, « *paciscor, pactus sum, pacisci (paco, pango)* ».

intervenir que dans un cadre judiciaire et certainement à l'initiative d'un défendeur attrait en justice, afin de faire cesser l'action entreprise à son encontre en vertu d'un contrat passé dans les formes rituelles.

Mais les travaux de Quintus Mucius Scaevola attestent que depuis le IIe siècle av. J.-C. la notion de pacte n'était plus cantonnée à cet aspect purement procédural. Nous avons constaté le rôle essentiel qu'avait joué la figure juridique du *quidque contractum* chez Quintus Mucius. Ce concept lui avait permis de réunir des nouvelles formes juridiques issues du droit prétorien afin de les faire coexister avec les figures traditionnelles du *ius civile*. Ainsi l'*actio empti* ou l'*actio venditi* que l'édit du préteur distinguait pour mieux garantir les droits du vendeur et de l'acheteur entraient dans la notion ontologique du *quidque contractum*.

Or, Quintus Mucius devait prolonger sa classification des actes juridiques sous la conception abstraite du *contrahere* en l'étendant aux déclarations des auteurs d'actes juridiques émises en dehors des formes ordinaires du droit civil *stricto sensu* ou du droit prétorien lui-même. Le *Digeste* rapporte le passage suivant extrait de l'œuvre de Quintus Mucius Scaevola : « *Nec paciscendo nec legem dicendo nec stipulando quisquam alteri caveri potest* »[322]. Ce passage que l'on peut traduire de la manière suivante « *On ne peut offrir un avantage à autrui ni par un accord, ni par une clause accessoire dans un acte, ni par une stipulation* » montre que les termes *paciscendo*, *legem dicendo*, *stipulendo* forment sous le stylet de Mucius des espèces distinctes. Ici l'emploi du terme *paciscendo* s'entend au sens d'acte consensuel. L'auteur du *Liber singularis* mettait ainsi au même niveau que les actes juridiques traditionnels le simple accord par échange des consentements en tant que catégorie à part entière.

Très tôt apparu dans l'œuvre de Cicéron, dès le *De inventione*, le *pactum* était devenu pour ce dernier une des composantes majeures du *ius*. Cicéron insistait sur la force obligatoire du *pactum* en tant que convention issue de l'échange des consentements : « *Une convention est ce qui est considéré comme juste par ceux qui l'ont conclu au*

---

[322] *Corpo del diritto civile*, Vol. II, *Corpus Iuris Civilis*, Francesco Foramiti, *Digestorum Lib. XLI, Tit.I.- Digestorum Lib. L. Tit. XVII. Con Indice Delle Istituzioni & Indice Del Digesto*, Antonelli, Venezia, 1843, p. 4287, *Lib.* 50., *Tit.*, 17. 73. Quintus Mucius Scaevola, *libro singul. Oper.*, § 4.

point de tenir sa force du droit »[323]. Le pacte engageait les parties contractantes par le seul échange de leurs consentements. Cicéron insistait sur le moment de l'accord. Il donnait au consensus un rôle essentiel qui justifiait l'effet obligatoire de l'acte. Nous sommes ici sur une définition nouvelle en droit romain et sur un versant de l'histoire de la codification qui nous conduit à Domat, à Pothier et par voie de conséquence au Code civil lui-même.

Il ne s'agit pas d'une filiation bien que Domat, Pothier et les pères du Code civil aient pu, au cours de leurs lectures de l'œuvre de Cicéron, prendre une connaissance précise du rôle particulier que ce dernier avait imparti au *pactum*. Nous pensons plutôt que nous nous trouvons dans un temps de l'histoire romaine qui se prêtait à l'émergence de ce concept adapté à l'évolution économique des échanges et que Cicéron avait simplement érigé au rang d'une espèce distincte, le consensualisme dans le strict prolongement de l'œuvre de son maître, Quintus Mucius.

Cette classification du *pactum* au nombre des actes juridiques était une innovation dans la mesure où ces conventions ne relevaient pas du *ius gentium* comme le montre ce passage du *De inventione*. Le concept était entendu comme tout acte consensuel qui ne se trouvait pas rattaché à une forme spécifiquement prévue par l'édit du préteur et qui n'était pas nécessairement intégré à l'une des actions reconnues par le préteur pour les relations entre parties qui n'avaient pas la citoyenneté romaine.

Un second texte de Cicéron confirme cette acception du *pactum* en tant que catégorie *sui generis* du *ius*. Dans le *Pro Caecina*, Cicéron écrivait : « *Est-il une loi, un sénatus-consulte, un édit de magistrat, un traité, une convention entre peuples, et, pour revenir aux affaires privées, un testament, une formule d'action judiciaire, de stipulation, de pacte et d'accord qui ne puissent être infirmés et déchirés, si nous voulons assujettir les choses aux mots, si nous négligeons l'intention des rédacteurs, leurs motifs, leur volonté ?* »[324].

---

[323] Cicéron, *De inventione*, traduction par Guy Achard, Les Belles Lettres, Paris, 1994, II, XXII, 68, « *Pactum est, quod inter quos convenit ita iustum putatur, ut iure praestare dicatur* ».

[324] Cicéron, *Pro A. Caecina*, XVII, 51, « *Quae lex, quod senatus-consultum, quod magistratus edictum, quod foedus aut pactio, quod – ut ad privatas res redeam – testamentum, quae iudici aut stipulationis aut pacti et conventi formula non*

Cicéron invoquait dans ce passage une formule *aut pacti et conventi* qui impliquait une garantie juridictionnelle sans qu'un *nomen* précis lui fût attribué. Il en aurait été autrement si nous avions été en présence d'un accord consensuel sanctionné par le *ius gentium*. À nouveau, comme dans le *De inventione*, Cicéron mettait l'accent sur la volonté des parties en y intégrant les motifs. Mais, cette volonté était envisagée également sous le jour de l'intention. Cette fameuse intention à laquelle Pothier donnera tout son relief lorsqu'il étudiera les différents modes d'interprétation du consentement qui seront repris dans les articles 1156 et suivants du Code civil.

Cicéron invoquait au livre III du *De officiis* sous la forme d'une question une formule de l'édit du préteur qui était promise au plus riche des avenirs : « *Pacta et promissa semperne servanda sint quae nec vi nec dolo malo, ut praetores solent, facta sint* » ? (« *Faudrait-il toujours tenir les conventions et les promesses, qui ont été faites, comme disent les préteurs, nec vi nec dolo malo, sans violence et sans fraude* »)[325].

Maurice Testard rapprochait cet extrait du *De officiis* d'un passage de l'édit du préteur cité au *Digeste*. Ce dernier précisait, en effet, que « *L'édit du préteur urbain a prévu que les conventions, bien que dépourvues de formes légales, seraient respectées et sanctionnées. Il est rappelé au Digeste, II, 14, 7, 7, sous la forme suivante : "Ait praetor : Pacta conventa, quae neque dolo malo, neque adversus leges plebis scita senatusconsulta decreta edicta principum, neque quo fraus cui eorum fiat, facta erunt, servabo". La citation de Cicéron, ici, reproduit vraisemblablement un texte plus ancien de cet édit* »[326].

Cicéron s'attachait à faire apparaître l'essence même du concept de *pactum*. Les conventions formées par l'échange réciproque des consentements étaient appelées à construire l'une des subdivisions majeures de cette partie du droit consacrée aux actes juridiques. Ainsi dans les *Partitiones oratoriae*, Cicéron procédait à une classification entre l'ordre public, entendu au sens de droit public et l'ordre privé identifié à la fois aux actes juridiques et aux différentes formes de

---

infirmari ac convelli potest, si ad verba rem deflectere velimus, consilium autem eorum qui scripserunt et rationem et auctoritatem relinquamus ? ».

325 Cicéron, *De offic.*, III, XXIV, 92.

326 M. Testard, *op. cit.*note 5 sous III, XXIV, 92.

contrat, qui montrait l'importance que pouvaient revêtir les accords consensuels : « *Les écrits sont, les uns d'ordre privé les autres d'ordre public. Sont d'ordre public, une loi, un sénatus-consulte, un traité ; d'ordre privé, un titre, une promesse, une convention, une stipulation* »[327].

À travers l'exposition du concept de *pactum* Cicéron appliquait la méthode diairétique qui lui permettait de faire apparaître les règles générales propres à recomposer de manière rationnelle le *ius* et à l'adapter à la réalité économique de son époque. De cette manière, Cicéron pouvait surmonter le caractère multiforme des prescriptions du *ius* en la matière. Face à la diversité des formes juridiques et des modes de formation des accords entre parties, il n'était plus possible, en effet, de formuler la présentation de celles-ci par une énumération, mais de manière générique. Une conception de la liberté contractuelle était ici esquissée.

Cicéron invoquait pour la première fois dans cette partie du *ius* une catégorie qui deviendra l'une des figures juridiques majeures des codifications du XIXe siècle et tout particulièrement du Code civil de 1804. L'accord des volontés était consacré comme le mode essentiel de création du droit. Domat avait érigé cette force obligatoire de la convention dans l'une des plus belles formules de la langue juridique française : « *Les conventions étant formées, tout ce qui a été convenu tient lieu de loy à ceux qui les ont faites : & elles ne peuvent être révoquées que de leur consentement commun* »[328]. Les auteurs du Code civil reprendront cette prescription presque mot pour mot dans l'article 1134 du Code civil en 1804.

Cependant, la voie ouverte par Cicéron n'eut pas de suite. Sa conception du *pactum* érigée au rang d'une catégorie majeure des contrats en tant qu'espèce d'une forme générique du *contrahere* ne fut pas suivie par ses contemporains. Concevoir une convention non plus comme un acte spécialement prévu par le droit, mais comme une espèce à part entière, qui ferait du simple échange des consentements

---

[327] Cicéron, *Partit. orat.*, XXXVII, 130, « *Scriptorum autem privatum aliud est, publicum aliud : publicum, lex, senatusconsultum, foedus ; privatum, tabulae, pactum conventum, stipulatio* ».

[328] Jean Domat, *Les lois civiles dans leur ordre naturel*, seconde édition, Tome I, Pierre Auboüin, Paris, 1697, Première partie, Livre premier, Titre I, Section II, VII, p.72.

un accord suffisant pour produire des effets juridiques apparaissait contraire à une tradition juridique enracinée dans le formalisme des actes.

Il n'en restait pas moins que la conception consacrée par Cicéron se rattachait à une réalité économique des échanges qui avait contribué à faire naître une liberté, certes toute relative, au sein des transactions juridiques. Ces relations ne pouvaient être laissées sans protection. Aussi, au Ier siècle ap. J.-C., les jurisconsultes et au premier rang d'entre eux Labéon, retinrent en lieu et place de l'échange des consentements, la réciprocité des obligations et des prestations donnant ainsi un cadre formel et objectif à ce type de transactions sous l'égide d'une nouvelle qualification juridique importée de la langue grecque, *sunallagma*[329]. Le contrat synallagmatique faisait alors son apparition en droit romain. Bruno Bernardi suggère que Labéon aurait pu tenir ce terme de Cicéron lui-même[330]. Nous nous interrogeons sur cette influence que Cicéron aurait pu avoir sur la pensée de Labéon, car nous savons que le citoyen d'Arpinum était pour le moins hostile à l'emploi de termes issus de la langue grecque en ce domaine : « *Alors servons-nous du bon vocabulaire de chez nous de préférence à l'éclat des mots grecs* »[331].

Si la voie proposée par Cicéron fut une parenthèse dans l'histoire du droit romain, sa conception du *pactum* érigée en catégorie du *ius*,

---

[329] *Digeste, op. cit.*, p. 4175, 50, 16, 19, « *Ulpianus, lib. 11 ad Edictum. Labeo libro primo Praetoris urbani definit, quod quaedam agantur, quaedam gerantur, quaedam contrahantur. Et actum quidem generale verbum esse, sive verbis, sive re quid agatur, ut in stipulatione vel numeratione.Contractum autem ultro citroque obligationem, quod Graeci sunallagma vocant, veluti emptionem venditionem, locationem, conductionem, societatem : gestum rem significare sine verbis factam* ».

[330] Bruno Bernardi, *Le principe d'obligation Sur une aporie de la modernité politique*, Collection Contextes, Editions de l'Ecole des hautes études en sciences sociales, Vrin, Paris, 2007, p.68, « Le but de Labéon est bien de définir le contrat, notion rendue nécessaire, selon Rampelberg, par de "nouvelles pratiques commerciales majoritairement synallagmatiques". Alors que le droit ancien ne connaissait que l'échange réel ou les conventions unilatérales de l'un envers l'autre, il fallait penser, en particulier pour les échanges "internationaux", des conventions impliquant obligation réciproque et conditionnelle. On parlera alors d'un "échange obligationnel". De la nouveauté de la notion en droit romain témoigne en tout cas le recours à un mot emprunté non directement au droit grec mais à Aristote, que Labéon aurait pu connaître par l'intermédiaire de Cicéron ».

[331] Cicéron, *Orator*, XLIX, 164 « *Quare bonitate potius nostrorum verborum utamur quam splendore Graecorum ...* ».

était riche d'avenir. Il appartiendra à des auteurs comme Domat de retrouver la voie du consensualisme dans le cadre d'une remise en ordre du droit des contrats. Une remise en ordre que Cicéron souhaitait mettre en œuvre dans la perspective d'une codification du *ius*.

À l'issue de l'application de sa méthode diairétique, Cicéron pouvait s'attacher à compléter les règles d'exposition du *ius civile* par une présentation didactique des normes tant en ce qui concerne les grandes subdivisions du droit civil que la rédaction des prescriptions.

Chapitre III

Une présentation didactique du *ius civile* : l'*Orator*

Le théâtre juridique présenté par Gaius dans ses *Institutes*, sous forme de triptyque avec une première partie consacrée aux droits des personnes ou acteurs de la vie du droit, un second volet relatif aux biens sur lesquels les personnes juridiques étaient appelées à exercer leur droit et un troisième volet ayant pour objet les actions par lesquelles les individus étaient mis en mesure de les exercer, nous apparaît d'une éclatante simplicité et c'était le but que poursuivait Gaius. Mais, cette présentation s'était faite au prix de nombreux efforts afin de conférer aux dispositions du *ius* cette clarté indispensable à leur parfaite compréhension. Or, l'auteur des *Institutes* n'avait pu parvenir à ce résultat qu'à la suite des travaux de ses prédécesseurs et en tout premier lieu de Cicéron lui-même. La *diairesis* cicéronienne avait, en effet, ouvert la voie à cette partition du droit qui rendait concret pour tout citoyen le nouvel ordonnancement des normes. Ce plan, qui est encore aujourd'hui celui de notre Code civil, est sous son apparente simplicité le reflet de la vie juridique elle-même (Section I).

Ce même souci de clarté guidait Cicéron lorsqu'il édictait ses préconisations pour la rédaction des prescriptions du droit civil. Si la codification que proposait l'auteur des *Topiques* était de nature théorétique dans son élaboration, elle n'en nourrissait pas moins l'ambition d'être intelligible pour l'ensemble des citoyens auquel elle était destinée. La concision le disputait à la simplicité du style. Des conseils qui se retrouveront à plusieurs siècles de distance dans l'*Esprit des lois* qui inspireront le *Nakaz* de Catherine II. Le style était pour Cicéron l'*Ut carmen necessarium* que devait respecter toute codification civile pour être comprise des citoyens. Le Code civil de 1804 fut à bien des égards l'héritier de cette tradition (Section II).

Section I - Un plan de législation, miroir de la vie juridique

Giorgio La Pira montre combien Cicéron était attaché à l'usage des méthodes déductives et inductives afin d'établir l'architectonique de sa codification[332]. Avec la division du droit, Cicéron appliquait une démarche directement empruntée aux sciences naturelles. La division ne cessera sous le stylet de l'auteur des *Topiques* de s'enrichir au cours de son avancée des nouvelles catégories juridiques qu'elle fera apparaître et qui finiront elles-mêmes par se subdiviser à la manière d'une arborescence contrôlée jusque dans ses développements les plus ultimes.

Ordonner, structurer toujours plus loin la matière du *ius* à l'aune d'une conception unitaire et totalisante, tel était l'idéal de la construction rationnelle qui ne cessait d'être au cœur des réflexions de Cicéron. Claude Moatti constatait à ce titre que pour Cicéron « *celui qui ne porte pas sa pensée à l'extrême précision, à l'état d'abstraction ne connaît pas la perfection* »[333]. Le passage du Livre III du *De oratore* auquel se référait Claude Moatti ne laissait en effet planer aucune ambiguïté sur le niveau d'exigence requis dans la maîtrise des connaissances dès lors qu'une discipline était érigée au rang d'un art : « *Car toujours, dès qu'on traite d'un art ou d'un talent, quel qu'il soit, on a coutume de le considérer dans son absolue perfection* »[334].

Simone Goyard-Fabre précise dans l'introduction au chapitre III de son ouvrage « *La philosophie du droit de Kant* », consacrée à la division de la doctrine du droit et à la méthode mise en œuvre par Emmanuel Kant, que Cicéron aurait exercé à ce titre plus d'influence sur le philosophe de Königsberg que les auteurs jusnaturalistes eux-mêmes : « *Il n'est guère possible de dire si, en dehors de Platon, Kant connaissait ces auteurs des XVIe et XVIIe siècles. Il est tout à fait plausible, en revanche, que le De oratore (XLI, §188-192) de Cicéron l'ait directement inspiré. Cicéron, s'appliquant à définir le droit*

[332] Giorgio La Pira, *La Genesi del Sistema nella Giurisprudenza. Il Concetto di Scienza et Gli Strumenti della Costruzione Scientifica*, in Bulletino dell'Istituto di Diritto Romano, Vittorio Scialoja, XLIV (Vol. III Nuova Serie), 1936-1937, pp.131 et s.

[333] Cl. Moatti, *op. cit.*, p.416.

[334] Cicéron, *De orat.*, III, XXII, 84, « *Semper enim quacumque de arte aut facultate quaeritur, de absoluta et perfecta quaeri solet* ».

(§188), souligne en effet, les mérites méthodologiques de la division qui permet, dit-il, de « ramener tout le droit civil à quelques genres très peu nombreux » et, à partir de ce classement in genera et species, de définir rigoureusement chaque notion, ce qui est nécessaire pour l'énoncé des règles (§ 189-190) »[335].

Nous partageons totalement cette analyse de Madame Goyard-Fabre. Comme le rappelle Claude Moatti, « *Aucun des contemporains de Cicéron – autant qu'on en puisse juger au vu des fragments qui nous sont parvenus – n'a élaboré un tel projet théorétique* »[336]. Mais, cet exercice d'abstraction ne devait pas se faire au prix de l'hermétisme. Progressivement se dessinaient, à travers la méthode diairétique et sous les différents modes de formulation des prescriptions destinées à garantir le droit des citoyens romains, les grandes parties du droit civil. L'architectonique de *l'ars*, transformée en codification civile, prenait forme : les droits des personnes, les biens, la manière de les acquérir, les conventions et les successions.

Les *Topiques* en étaient la parfaite illustration. C'était, en effet, dans les *Topiques* que Cicéron achevait sa démarche diairétique afin de faire naître à la vie juridique une conception nouvelle du *ius civile,* des concepts traditionnels mais sous une formulation inédite à la fois simple, claire, concise dans le cadre d'une classification unitaire et totalisante qui devait constituer les grandes subdivisions de son projet de codification et que l'on retrouve *mutatis mutandis* dans les codifications française et autrichienne.

Dans ses *Recherches sur la littérature didactique du droit romain*, Michel Villey présentait à juste titre le passage du *De oratore* de la division en genres et en espèces comme la prémisse du programme que sera appelé à réaliser Gaius dans ses *Institutes* et tout particulièrement comme nous l'avons vu pour le classement des biens en choses corporelles et choses incorporelles[337]. Nous partageons entièrement cette analyse de Michel Villey. Le plan adopté par Gaius pour les *Institutes* s'inspire, en effet, de cette méthode.

---

[335] S. Goyard-Fabre, *op. cit.*, p.61.
[336] Cl. Moatti, *op. cit.*, p.414.
[337] Michel Villey, *Recherches sur la littérature didactique du droit romain (A propos d'un texte de Cicéron « De Oratore » 1-188 à 190)*, Domat-Montchrestien, Paris, 1945, p.82.

Gaius dans les *Institutes* appliquait la démarche diairétique préconisée par Cicéron. Les *Institutes* divisaient la matière civile en quatre parties : le droit des personnes, celui des choses, le droit de la succession et les actions réelles et personnelles. L'analyse de Michel Villey fit cependant l'objet d'une critique des plus vives de Jean-Philippe Lévy à l'occasion de son compte-rendu sur les *Recherches*[338].

Pour Jean-Philippe Lévy, l'influence de Cicéron sur Gaius ne serait tout au plus qu'un simple postulat qui serait le reflet d'une tentation chez Villey de franchir un peu trop allègrement à son goût la distance des deux siècles qui séparait ces auteurs. Cette critique de Jean-Philippe Lévy nous apparaît pour le moins lapidaire. Cicéron fut bien le premier à proposer d'appliquer la méthode diairétique à la matière du droit civil pour une répartition de ses thématiques majeures en genres et en espèces. Le plan et l'exposition des *Institutes* et bien plus loin encore, ceux du Code civil de 1804 et du Code civil autrichien de 1811 sont à bien des égards, comme nous l'avons vu, les héritiers de cette approche cicéronienne.

Pothier avait adopté dans ses *Pandectes de Justinien mises dans un ordre naturel* ces subdivisions qu'il laissera en héritage aux pères du Code civil. En effet, les rédacteurs du Code civil avaient, avec quelques légères modifications, suivi le plan des *Institutes* de Justinien, qui était lui-même une transcription des partitions des *Institutes* de Gaius[339].

Ces différents domaines mis en lumière par Cicéron au titre des grandes partitions de son *corpus* juridique correspondaient, en effet, aux subdivisions des codifications civiles du XIXe siècle et tout particulièrement à celles de la législation autrichienne, l'ABGB. Dans sa méthode de mise en lumière des concepts fondamentaux qui définissaient les différentes parties de sa codification, Cicéron ne faisait que proposer une subdivision en trois parties que l'on retrouve à plusieurs siècles de distance dans le Code civil autrichien.

En effet, l'auteur des *Topiques* reliait le droit des biens, les droits personnels sur les biens et les contrats qui constituaient dans l'ABGB

---

[338] Jean-Philippe Lévy, Compte-rendu *Revue historique de droit français et étranger*, Paris, 1945, pp.111-113.
[339] M. Humbert, *Portalis et Justinien ou les épaules d'Enée,* in *le Code Civil, un passé, un présent, un avenir (1804-2004)*, Dalloz, Paris, 2004, pp.39-50.

de 1811 la seconde partie de cette codification sous le titre « *Droit relatif aux choses* » avec une introduction intitulée « *Des choses et de leur division légale* »[340], subdivisée en deux livres, le premier sous l'intitulé « *Du droit sur les choses* »[341] et le second sous le titre « *Des droits personnels sur les choses* »[342] où étaient invoqués les contrats en général, les donations, les contrats en particulier (dépôt, prêt, échange, vente, baux, louages de services, communauté de biens, pactes patrimoniaux, contrats aléatoires).

Cicéron avait fait du statut des personnes, l'une des subdivisions fondamentales du *ius civile*. De la même manière, l'ABGB consacrait sa première partie au « *Droit relatif aux personnes* »[343]. De plus, les différents travaux de Cicéron s'organisaient autour d'un dernier aspect du droit qui se retrouvait également dans la troisième partie du Code civil autrichien sous le titre « *Des dispositions communes aux droits personnels et aux droits réels* »[344].

Or, cette codification du droit civil chez Cicéron et chez Zeiller avait un objet identique. La codification cicéronienne comme la codification autrichienne partagaient un but commun, renforcer le pouvoir politique dans le cadre d'un empire. Mais, elles avaient de manière parallèle et plus souterraine une autre finalité qui pouvait sembler contredire cet objectif.

Cicéron comme Zeiller cherchaient à donner au droit civil la plus large autonomie possible. Il s'agissait pour Cicéron d'ériger le *ius civile* en ordre juridique distinct de l'ordre politique. Zeiller nourrissait la même ambition pour l'ABGB. Dès lors, les subdivisions cicéroniennes du *ius civile* comme le plan général de l'ABGB traduisaient une volonté politique en faveur du renforcement de la puissance de l'Etat tout en garantissant aux citoyens la protection d'un corps autonome de dispositions. Le caractère didactique de cette partition du *ius* avait pour destinataires les citoyens. Dans le prolongement de cette démarche, Cicéron entreprenait de rendre intelligible pour le plus grand nombre les normes du *ius civile*.

---

[340] V. Foucher, *op. cit.*, p.77, §§ 285-308.
[341] V. Foucher, *op. cit.*, p.83, §§ 309 –858.
[342] V. Foucher, *op. cit.*, p.218, §§ 859-1341.
[343] V. Foucher, *op. cit.*, p.8, §§ 15-284
[344] V. Foucher, *op. cit.*, p.335, §§ 1342-1502.

Section II - Le style : l'« *Ut carmen necessarium* » d'une codification

Cicéron voulait éviter l'obstacle des notions trop complexes, de celles qui pouvaient nuire à l'intelligence des textes. Il fallait bannir tout ce qui pourrait obscurcir la compréhension de la règle de droit. Le rédacteur devait s'attacher à la simplicité de l'expression pour élaborer des qualifications pertinentes qui permettraient de produire aux yeux du plus grand nombre les effets juridiques immédiats attendus. Dès lors, l'efficacité de la norme ne pouvait plus être entravée par une formulation équivoque. À défaut, toute prescription se serait révélée inutile, voire aurait exposé aux ferments de la contradiction ce que Cicéron s'était justement proposé de combattre.

Aussi Cicéron donnait-il des instructions précises pour que les prescriptions du *ius civile* présentassent dans leur formulation une limpidité que ne pourraient venir troubler une adjonction ou une interprétation suscitées par une équivoque ou une contradiction : « *d'abord le sens, la nature, les catégories des mots, soit isolés, soit groupés ; ensuite combien il y a de façons de dire une chose ; comment on juge du vrai et du faux ; quelle conclusion on peut tirer d'une proposition ; ce qui est cohérent et ce qui est contradictoire ; et comme on est souvent en présence d'expressions ambiguës, comment il faut les distinguer et les expliquer* »[345].

Dans l'*Orator*, Cicéron fixait cette limite à la formulation de la règle de droit dans des bornes qu'il voulait être infranchissables. Chaque disposition était appelée à ne contenir qu'une idée elle-même rattachée à un principe. Une simplicité, une clarté d'expression qui se voulait didactique. C'est pourquoi le rédacteur du texte devait être « *capable de définir, sans le faire d'une manière aussi rigoureuse et serrée qu'on le fait d'ordinaire dans les discussions érudites, mais à la fois plus clairement et avec plus de développement et d'une*

---

[345] Cicéron, *Orat.*, XXXII, 115, « *Noverit primum vim, naturam, genera verborum et simplicium et copulatorum ; deinde quot modis quidque dicatur; qua ratione verum falsumne sit iudicetur ; quid efficiatur e quoque ; quid cuique consequens sit quidque contrarium ; cumque ambigue multa dicantur, quo modo quidque eorum dividi explanarique oporteat* ».

manière plus appropriée au jugement commun et à l'intelligence populaire »[346].

Chaque citoyen devait être en mesure de comprendre l'énoncé des prescriptions à leur simple lecture. Il s'agissait de rompre avec le style pompeux, les rédactions embrouillées et les dispositions contradictoires des lois édictées en ce dernier siècle de la République. Dans ce but et comme le faisaient apparaître les exemples cités par Cicéron non seulement la formulation des dispositions devait être concise, mais elle était appelée à trouver une vigueur inédite dans l'usage inconditionné du style direct. C'était presque sous la forme d'incises à la manière d'adages destinés à faire impression sur les citoyens que Cicéron envisageait la présentation des prescriptions.

Il est permis de s'interroger à ce titre sur l'influence qu'exerça le style de la loi des XII Tables sur les réflexions de l'Arpinate. Chacun se souvient de ce passage du *De legibus* dans lequel Cicéron se remémorait en compagnie de son frère Quintus leurs jeunes années et les formules de la Loi des XII Tables qu'ils apprenaient par cœur alors qu'ils étaient enfants : « *Au temps, Quintus, où nous étions petits, nous avons appris à donner le nom de lois à des formules comme : « Si l'on cite en justice »*[347] *et autres de ce genre* »[348]. Le style concis de la Loi des XII Tables facilitait l'apprentissage des règles. Il est vraisemblable que cette réminiscence de l'enfance de l'Arpinate ait joué un rôle dans sa conception de la formulation des prescriptions. Pour Cicéron, le citoyen devait à la lecture des dispositions comprendre non seulement le contenu des articles, mais également l'enchaînement de ces derniers afin de leur permettre d'avoir une vue globale de la codification.

Ces dispositions rédigées « *d'une manière plus appropriée au jugement commun et à l'intelligence populaire* » devaient trouver un mode d'expression accessible à travers des mots concrets, des

---

[346] Cicéron, *Orat.*, XXXIII, 117, « *ut definire rem possit nec id faciat tam presse et anguste quam in illis eruditissimis disputationibus fieri solet, sed cum explanatius tum etiam uberius et ad commune iudicium popularemque intellegentiam accommodatius* ».

[347] Georges de Plinval, *op. cit.*note 1 sous *De leg.*, II, IV, 9 « Texte de la Loi des XII Tables relatif à la prise à partie d'un adversaire *: - Si ius vocat, ito ; ni it, antestamino ; igitur em capito.* "Si on le cite en justice qu'il y aille ; s'il n'y va pas, qu'on en prenne acte par témoin, et ensuite qu'on l'arrête" ».

[348] Cicéron, *De leg.*, II, IV, 9, « *Marcus. – A paruis enim, Quinte, didicimus : SI IN IUS VOCAT, atque alia eius modi leges (alias) nominare* ».

expressions pittoresques d'autant plus faciles à exhumer que la jurisprudence, l'édit du préteur, les jugements et les lois surabondaient en formules de cette nature.

Ainsi, chaque disposition pouvait-elle s'exprimer sous la forme d'un adage prescriptif tiré des formules d'actions sur le mode de l'exclamation : « *car combien de prix ont ces paroles : uti... sim, en sorte que je ne sois ni abusé ni trompé à cause de toi ou de ta parole !* »[349] Les formules lapidaires étaient également utilisées par Cicéron pour mettre en exergue l'effet d'une proscription : « *Il faut donc proscrire des contrats tout mensonge : le vendeur n'amènera pas un enchérisseur, ni l'acheteur quelqu'un pour enchérir sur lui ; l'un et l'autre, s'ils sont venus pour parler affaires, ne parleront pas plus d'une fois* »[350].

Cette préoccupation que nourrissait Cicéron pour l'intelligibilité des dispositions appelées à former la trame de sa codification à l'égard du plus grand nombre se retrouvait à plusieurs siècles de distance dans les projets de législation qui ont vu le jour à la fin du XVIIIe siècle. Il en allait particulièrement ainsi pour "*L'instruction*" de Catherine II. La tsarine avait exprimé dans le *Nakaz* le même souci. Il s'agissait de faciliter la compréhension par le peuple des prescriptions destinées à former le futur code des lois russes. À l'article 454, le *Nakaz* recoupait les propres instructions de l'Arpinate sur la simplicité, la concision et le style direct auxquels devait se conformer la formulation de ses dispositions. En effet, Catherine II avait fait inscrire dans son *Instruction* la prescription suivante : « *Le stile des Loix doit être concis et simple ; l'expression directe s'entend toujours mieux que l'expression réfléchie* »[351].

Nous savons que cette prescription du *Nakaz* était inspirée d'un passage de *l'Esprit des lois*. Catherine II avait contracté dans son *Instruction* deux paragraphes de l'ouvrage de Montesquieu. « *Le style*

---

349 Cic., *De offic.*, III, XVII, 70, « *Nam quanti verba illa : UTI NE PROPTER TE FIDEMVE CAPTUS FRAUDATUSVE SIM !* »

350 Cic., *De offic.*, III, XV, 61, « *Tollendum est igitur ex rebus contrahendis omne mendacium : non licitatorem venditor, non qui contra se liceatur, emptor apponet ; uterque si ad eloquendum venerit, non plus quam semel eloquentur* ».

351 Denis Diderot, *Observations sur l'Instruction de S.M.I. aux députés pour la confection des lois (1774)* Œuvre inédite publiée avec une Introduction par Paul Ledieu, Librairie des Sciences Economiques et Sociales, Paris, 1921, p.110, Article 454.

en doit être concis (...) Le style des lois doit être simple ; l'expression directe s'entend toujours mieux que l'expression réfléchie »[352]. Or après ce premier paragraphe relatif à la concision du style, Montesquieu avait lui-même écrit que « *Les lois des douze tables sont un modèle de précision : les enfants les apprenaient par cœur* »[353]. Dans une note, l'auteur de l'*Esprit des lois* se référait directement à l'« *Ut carmen necessarium* »[354] du passage du *De legibus* quand Cicéron invoquait ses mémoires de jeunesse lors de son apprentissage des scansions de la loi des XII Tables.

Cicéron envisageait une codification qui était appelée à s'étendre à l'ensemble des territoires de l'empire. Le *Nakaz*[355] avait la même ambition. Il s'agissait de préparer une codification qui devait s'appliquer jusqu'aux confins des possessions russes. Aussi Catherine II inscrivait-elle l'intelligibilité des lois de son projet de codification dans une tradition qu'avait déjà inaugurée le pouvoir russe au XVIIe siècle qui avait rendu les lois accessibles à tous jusqu'à ses sujets les moins éclairés : « *Le stile du Code des Loix du Czar Alexei Michailowitsch de glorieuse mémoire est presque partout clair, simple et concis ; on l'entend citer avec plaisir, personne ne se trompe sur le sens des passages ; les expressions en sont intelligibles aux esprits les plus médiocres* »[356].

Plus généralement, Catherine II rejoignait une autre conception partagée par Cicéron. L'Arpinate hissait le style applicable aux dispositions codifiées au-dessus des considérations politiques afin d'embrasser une conception ontologique de la nature du droit qui s'identifiait à la nature humaine. Le *Nakaz* traduisait ce même postulat à l'article 458 : « *Les Loix sont faites pour tous les hommes en général. Tous sont obligés de s'y conformer, il faut donc que tous puissent les comprendre* »[357].

---

[352] Montesquieu, *op. cit. De l'esprit des Lois*, Livre XXIX, Chapitre XVI, p.263.
[353] Montesquieu, *op. cit.*, § 2, *ibid.*.
[354] Montesquieu, *op. cit.*, *ibid.*, note (a) § 2, « *Ut carmen necessarium.* Cicéron, de legibus, liv. II ».
[355] Instruction.
[356] Diderot, *op. cit.*, p.112, Article 457.
[357] Diderot, *ibid.*, Article 458.

Tchetchouline donnait pour source de ce passage de Montesquieu le paragraphe 4 du chapitre XVI de *l'Esprit des lois*[358] : « *Il est essentiel que les paroles des loix réveillent chez tous les hommes les mêmes idées* »[359]. Selon nous, ce passage porte sur une question différente et nous lui préférons le paragraphe 11 de *l'Esprit des lois* « *Les loix ne doivent point être subtiles ; elles sont faites pour des gens de médiocre entendement : elles ne sont point un art de logique, mais la raison simple d'un père de famille* »[360].

Malgré les siècles, qui les séparaient, la même défiance à l'encontre du style confus des prudents et des orateurs, se retrouvait chez le citoyen d'Arpinum et dans le *Nakaz* de la tsarine de toutes les Russies. Catherine II faisait ressortir ce défaut pour mieux le combattre à l'article 459 de son *Instruction* : « *Il faut éviter le stile de Rhéteur, les expressions guindées, ampoulées et ne pas faire entrer dans la composition d'une Loi un seul mot inutile afin que la chose ordonnée par la Loi puisse être comprise plus facilement* »[361]. Ce passage était également inspiré par Montesquieu et plus particulièrement tirait sa source du paragraphe 3 du chapitre XVI de *l'Esprit des lois* : « *Il n'y a point de majesté dans les loix du bas empire ; on y fait parler les princes comme des rhéteurs* »[362].

Catherine II se trouvait confrontée, comme l'avait été des siècles auparavant Cicéron, au chaos ordinaire des lois marquées par un style ampoulé et amphigourique. Les lois de l'empire n'avaient, en effet, ni la clarté ni l'élégance des dispositions du Code des Lois du tsar Alexei Michailovitsch. La finalité poursuivie par la tsarine était dès lors en tout point identique à celle que visait l'Arpinate : « *Il faut encore se garder que dans le nombre des Loix il ne s'en trouve aucune qui manque le but qu'on se propose ; qui soit féconde en paroles et stérile en pensées ; pompeuses dans les expressions, et d'une très petite importance quant au fond* »[363]. Nous partageons ici le point de vue de

---

[358] *Nakaz imperatritsy Ekateriny II, dannyi kommissii o sotchinenii proekta novogo oulojenia (L'Instruction de l'Impératrice Catherine II, donnée à la commission pour un nouveau code de lois),* sous la rédaction de Nikolaï Dmitrievich Tchetchouline, Saint-Pétersbourg, 1907, p.124, note 4.
[359] Montesquieu, *op. cit.*, XXIX, XVI, p.263.
[360] Montesquieu, *op. cit.*, XXIX, XVI, p.265.
[361] Diderot, *ibid.*, Article 459.
[362] Montesquieu, *op. cit.*, XXIX, XVI, p.263
[363] Diderot, *ibid.*, Article 460.

Tchetchouline qui voyait dans le chapitre IV de *l'Esprit des lois* la source de ce passage[364] : « *Il y a des loix que le législateur a si peu connues, qu'elles sont contraires au but même qu'il s'est proposé* »[365].

Catherine II voulait éviter, comme l'avait également voulu le faire Cicéron, que sa codification puisse ressembler aux lois dont elle se proposait de combattre la nature et qui consistaient à n'être que des œuvres de pure « *ostentation* »[366]. Cette qualification inscrite à l'article 455 du *Nakaz* était un nouvel emprunt littéral à *l'Esprit des lois* : « *Quand le stile des loix est enflé, on ne les regarde que comme un ouvrage d'ostentation* »[367].

Ce souci de l'intelligibilité des normes, cette volonté de concision, cette exigence de clarté se retrouvaient également dans la rédaction du Code civil. Nous pouvons témoigner que plusieurs formules du texte de 1804 sont devenues pour nous, comme pour nombre de juristes français, l'*Ut carmen necessarium*. Qui, parmi les générations d'étudiants, ne se souvient, sans même les avoir apprises par cœur, les stances lisses, élégantes et limpides de l'article 544 du Code civil : « *la propriété est le droit de jouir et disposer des choses de la manière la plus absolue* », du fameux article 1134 du Code civil dans son ancienne rédaction : « *Les conventions légalement formées tiennent lieu de loi à ceux qui les ont faites et ne peuvent être révoquées que de leur consentement mutuel ou pour les causes que la loi autorise* », du non moins fameux article 1382 du Code civil « *Tout fait quelconque de l'homme qui cause à autrui un dommage oblige celui par la faute duquel il est arrivé à le réparer* » ou de l'ancien article 2279 du Code civil devenu l'article 2276 « *En fait de meubles possession vaut titre* » ?

Une idée domine chaque prescription et fait d'elle une conception autonome, qu'il s'agisse du droit de propriété, de la liberté contractuelle, de la responsabilité délictuelle ou de la possession et de la propriété des biens mobiliers. Les articles du Code civil se lisent d'un trait. Les dispositions s'enchaînent naturellement et

[364] N.D. Tchetchouline, *op. cit.*, p.125, note 1.
[365] Montesquieu, *op.cit.*, XXIX, IV, p.251.
[366] Diderot, *op. cit.*, Article 455, « *Quand le stile des Loix est enflé, on ne les regarde que comme un ouvrage d'ostentation* ».
[367] Montesquieu, *op. cit.*, XXXIX, XVI, p.263.

conformément à la logique didactique d'une langue juridique qui doit obéir à la maxime selon laquelle « *nul n'est censé ignorer la loi* ».

Stendhal avait écrit à Balzac qu'il lisait chaque matin deux ou trois pages du Code civil pour nourrir la clarté de son style. Rémy de Gourmont contestait cette appréciation et prononçait un jugement qui ne rendait pas justice aux qualités incontestables des textes du Code civil de 1804 : « *sa prétention de lire une page du Code civil avant de se mettre au travail n'est que le mot d'un homme qui place au-dessus de tout le naturel, la précision et la clarté et qui croit que le Code possède ces diverses qualités. Ce sont bien celles du style de Stendhal, et le Code est obscur et diffus* »[368].

Sans parler d'une inspiration cicéronienne auprès de laquelle les pères du Code civil seraient venus directement puiser l'art de rédiger les lois, il est établi que ces derniers et en particulier Portalis reconnaissaient l'importance que pouvait revêtir la clarté et la concision du style pour les prescriptions du Code civil. Aussi, leurs travaux, qui faisaient souvent référence au texte de *l'Esprit des lois*[369], étaient parvenus à rendre un compte précis et complet de la jurisprudence dans la forme la plus élégante qui puisse être. Montesquieu, qui avait été un lecteur attentif des œuvres de l'Arpinate, avait lui-même retenu la leçon de l'*Ut carmen necessarium*.

Le Code civil autrichien de 1811 partageait avec le Code civil français de 1804 la même simplicité, la même clarté dans l'expression, une volonté de faciliter la compréhension du droit. Zeiller avait privilégié des dispositions dépourvues de toute équivoque. Nul ne pouvait se méprendre sur le sens et la portée du paragraphe 380 qui disposait « *Aucune propriété ne peut être acquise sans titre et sans un*

---

[368] Rémy de Gourmont, « *Le style et l'art de Stendhal* », *Promenades littéraires*, 5e série, Mercure de France, Paris, 1913.

[369] Portalis, *op. cit.*, *Motif du projet de loi sur la réunion des lois civiles*, pp.298-299, « C'est ce que fit, dans le dernier siècle, le célèbre auteur de L'Esprit des Lois ; il laissa loin derrière lui tous ceux qui avaient écrit sur la jurisprudence : il remonta à la source de toute législation ; il approfondit les motifs de chaque loi particulière ; il nous apprit à ne jamais séparer les détails de l'ensemble, à étudier les lois dans l'histoire, qui est comme la physique expérimentale de la science législative ; il nous mit, pour ainsi dire en relation avec les législateurs de tous les temps et de tous les mondes ».

mode légitime d'acquisition »[370], du paragraphe 902 « *Les contrats doivent être exécutés au temps, dans le lieu et de la manière convenus entre les parties. D'après la loi, vingt-quatre heures forment un jour, trente jours un mois, et trois cent soixante-cinq jours une année* »[371] ou encore du paragraphe 1002 « *Le contrat par lequel une personne se charge au nom d'une autre d'une affaire que celle-ci lui confie se nomme mandat* »[372].

Ces quelques exemples, représentatifs de la langue employée par Zeiller dans l'ABGB, traduisent ce souci constant d'être compris. Nous sommes loin de la rédaction du Code civil allemand qui sera promulgué en 1900. La trame abstraite et scientifique des dispositions du BGB exclusivement destinée à un public de professionnels du droit[373] tranchait avec l'élégante simplicité des législations de la fin du XVIIIe et du début du XIXe siècle.

Zeiller était un lecteur attentif de Cicéron[374]. Mais, nous ne disposons pas de preuves que les préconisations de l'Arpinate aient pu servir de modèle à la rédaction des prescriptions de l'ABGB. Nous savons que Zeiller connaissait parfaitement *l'Esprit des lois* auquel il faisait référence à différentes reprises[375]. Mais, comme nous le verrons, Zeiller était un disciple de Kant et avait transcrit dans les dispositions de l'ABGB les principes du philosophe de Königsberg. Or, Kant avait retenu de Cicéron sa conception de la procédure diairétique du classement en genres et en espèces. Cette procédure était pour Cicéron indissociable de la rédaction des lois.

À défaut d'une référence directe, il existait à tout le moins une communauté d'esprit entre le style des lois, préconisé par Cicéron et les instructions du *Nakaz*, la rédaction des articles du Code civil et des paragraphes de l'ABGB. Une conception, qui, par le biais de Montesquieu, avait pu constituer à plusieurs siècles de distance le trait

---

370 V. Foucher, *op. cit.*, Chapitre III *Acquisition de la propriété par appropriation*, § 380, p.100.
371 V.Foucher, *op. cit.*, § 902, p.228.
372 V. Foucher, *op. cit.*, § 1002, p.253.
373 Le BGB a été conçu en tant que « *professorenrecht* » à partir des travaux scientifiques du « *Pandektenrecht* ».
374 Franz von Zeiller, *Das natürliche Privat-Recht,* Beck, Wien, 1819, cf. S. 49, 137, 178 et 261.
375 F. von Zeiller, *op. cit.*, cf. S.. 35, 151, 222.

d'union entre Cicéron, Portalis et Zeiller. Avec Cicéron, l'art d'écrire le droit était devenu l'art de penser le droit civil.

Elégance du style, rigueur des définitions, précision des divisions en genres et en espèces, imperceptiblement Cicéron avait dessiné les grandes lignes des subdivisions qui se retrouvent également dans les codes civils français et autrichien. Ces codifications devaient, comme le souhaitait Cicéron, procéder de façon didactique en donnant d'abord la définition, puis les divisions et leurs conséquences dans la partition du droit civil et de leurs dispositions.

L'énoncé de dispositions précises, claires fondées sur les solutions essentielles de l'*auctoritas prudentium* consacrées par les juridictions romaines, du droit honoraire, des *leges*, au premier rang desquelles se situaient les lois des XII Tables, des sénatus-consultes et comme nous le verrons plus loin, de l'équité réunis dans un système ordonné de normes, offrait une vision du *ius civile* compréhensible par le plus grand nombre. Il restait une dernière étape à franchir ; ériger les dispositions du *ius civile* en *status civilis*.

Troisième partie

UN *STATUS CIVILIS* FONDÉ SUR L'ÉQUITÉ ET LA BONNE FOI : LE *DE OFFICIIS*

Les travaux préconisés par Cicéron dépassaient l'horizon d'une simple architectonique de l'*ars* du droit transformée en système de codification. L'auteur des *Topiques* avait surtout pour ambition de faire du *ius civile* un champ autonome de normes qui ne serait soumis désormais qu'à la seule logique de ses prescriptions et non plus à l'arbitraire de puissances politiques ou économiques.

Cicéron définissait ainsi un véritable *status civilis*, entendu dans le sens même que lui donnera Emmanuel Kant, un « *état civil* (*status civilis*) *d'une société soumise à une justice distributive* »[376] c'est-à-dire un système de normes codifiées qui garantit à chacun son droit. Dès lors, le *corpus* des règles du *ius civile* constituait une protection avancée pour chaque citoyen. Parallèlement, le projet cicéronien esquissait une représentation nouvelle du sens et de la portée du droit civil. En effet, la codification proposée par Cicéron offrait une représentation originale du *ius civile*. Sans modifier le contenu des dispositions, l'Arpinate changeait le regard que pourraient porter désormais les citoyens sur l'exercice de leurs droits. L'esclavage n'était plus conçu comme un pouvoir arbitraire sans limites du maître sur son esclave. Les considérations éthiques que portait Cicéron sur l'esclavage trouvaient, malgré les siècles qui les séparaient, une concordance dans la manière dont Franz von Zeiller envisageait de modifier la position des sujets de l'empire d'Autriche vis-à-vis du servage.

De plus, Cicéron identifiait l'équité au *ius civile* lui-même. Toutes les sources du droit civil se trouvaient soumises aux exigences morales de l'équité. Pour l'auteur du *De officiis*, l'équité était,

---

[376] Emmanuel Kant, *Métaphysique des mœurs, Doctrine du droit, op. cit.*, pp.572-573, « L'état non juridique, c'est-à-dire celui dans lequel il n'y a pas de justice distributive, s'appelle état *de nature* (*status naturalis*). L'état qui lui est opposé et qui pourrait être dit artificiel (*status artificialis*) n'est pas (comme le pense *Achenwall*) l'état social, mais l'état *civil* (*status civilis*) d'une société soumise à une justice distributive … »

désormais appelée à s'insérer dans le cadre d'un système ordonné de normes sous la forme du principe *summum ius, summa injuria*. Cette règle n'était pas conçue comme l'application externe d'une notion supérieure de justice, mais bien comme le mécanisme d'autorégulation du *ius civile* lui-même. L'équité était, dès lors, un correctif du droit civil dirigé contre ses propres abus (Chapitre I).

L'auteur du *De officiis* envisageait un rôle similaire pour cet aspect de l'équité qu'était la bonne foi. Le rôle dévolu à la bonne foi en matière de conventions s'inscrivait dans le cadre d'une conception de l'équité intégrée aux dispositions du *ius civile*. Cicéron avait donné dans le *De officiis* une définition de la bonne foi qui semblait limiter celle-ci à ce qui avait été conclu par les parties au contrat : « *Or le fondement de la justice, c'est la bonne foi, c'est-à-dire la fidélité et la sincérité dans les paroles et les engagements pris. Aussi, bien que cela doive paraître sans doute assez difficile à certains, osons cependant imiter les stoïciens*[377]*, qui recherchent avec soin l'origine des mots, et croyons que la bonne foi, fides, a été ainsi appelée à cause de l'expression : que soit fait, fiat, ce qui a été dit, dictum* »[378].

Mais, face à la multiplication des fraudes et des manœuvres dolosives, notamment en matière de vente, l'auteur du *De officiis* conçut que le droit civil ne pouvait rester étranger aux exigences morales d'une loyauté qui était beaucoup plus large que celle qui empruntait les limites des seules stipulations de l'acte juridique. Cette face de l'équité tournée vers les contrats qu'incarnait la bonne foi imposait au vendeur de se soumettre à la plus rigoureuse des probités. Il s'agissait de sanctionner non seulement les manœuvres dolosives qui trahissaient l'engagement et les paroles, mais également le silence de celui qui détenait l'information et cela quel que fut son rapport à l'objet vendu, qu'il fût direct ou indirect. Le pas décisif que venait de franchir Cicéron ne pouvait être compris de ses contemporains. Une conception de la bonne foi qui supposait l'existence d'un véritable devoir de coopération entre les parties jusqu'à prendre en considération la modification des circonstances qui avaient présidé à

---

[377] M. Villey, *La formation de la pensée juridique moderne*, Cours d'histoire de la philosophie du droit, Montchrétien Paris, 1975, p.66.

[378] Cicéron, *De off.*, I, VII, 23, « *Fundamentum autem est iustitiae fides, id est dictorum conventorumque constantia et veritas. Ex quo, quamquam hoc videbitur fortasse cuipiam durius, tamen audeamus imitari stoicos qui studiose exquirunt unde verba sint ducta, credamusque, quia fiat quod dictum est, appellatam fidem* ».

la naissance de la convention. Ce changement de circonstance, qui devait prévaloir sur la force obligatoire des pactes et des conventions à travers l'imprévision, dépassait l'horizon juridique des conceptions romaines (Chapitre II).

Il faudra attendre, en effet, les travaux de la doctrine allemande et les arrêts du Tribunal d'Empire et de la Cour fédérale de justice pour voir une conception de la bonne foi, voisine de la notion cicéronienne, prendre place dans le cadre d'un système juridique avant d'être intégrée au BGB lui-même. Les dispositions du Code civil allemand, relatives à la bonne foi, se rattachent toutes à cette définition donnée par la Cour fédérale de justice dans un arrêt rendu le 14 octobre 1992, un « *principe juridique supérieur immanent à tous les ordres juridiques* »[379].

Ce devoir de loyauté, qui rayonne sur l'ensemble du droit allemand, trouve une application toute particulière en matière de droit des contrats. La *culpa in contrahendo*, qui s'inscrit en amont de la convention, comme l'avait envisagé l'auteur du *De officiis*, a pour objet d'imposer à la partie la plus forte un véritable devoir de loyauté à l'égard de la partie la plus faible. Dès lors, le BGB conçoit la bonne foi comme un devoir de coopération entre les parties à un contrat. Conformément à ce principe et en raison des bouleversements économiques subis par l'Allemagne au lendemain de la Première Guerre mondiale, de la Seconde Guerre mondiale et de la Réunification, ce pays fut l'un des premiers à intégrer l'imprévision dans le cadre de ses dispositions légales. C'était l'affirmation d'un devoir de loyauté contre la prégnance de la force obligatoire des contrats (Chapitre III).

Il en est de même aujourd'hui pour la France. Le législateur français avait toujours refusé de prendre en considération la bonne foi au stade précontractuel et farouchement rejeté l'imprévision. Mais, l'ordonnance du 10 février 2016 portant réforme du droit des contrats est venue modifier la position de ce dernier. Introduite, sous la forme d'un principe général du droit des contrats, la bonne foi s'étend en amont des conventions et déborde les limites du devoir de loyauté qui ne concernait que les seules relations contractuelles une fois le contrat

[379] BGH, 14 oktober 1992, NJW 1993.259 ff, 263.

conclu. Il existe désormais une véritable convergence du droit français avec le droit allemand sur le rôle de la bonne foi dans le contrat.

Cette proximité avec le BGB est devenue bien plus étroite depuis que le législateur français a décidé en 2016 d'intégrer l'imprévision dans les dispositions du Code civil. C'est pour le droit français un véritable bouleversement. En effet, bien avant l'arrêt Canal de Craponne, la Cour de cassation s'était toujours refusée à prendre en considération le changement des circonstances. Malgré un attachement indéfectible au principe de la force obligatoire des conventions, le législateur français met aujourd'hui ses pas dans ceux du citoyen d'Arpinum qui avait lui aussi affirmé la force obligatoire du contrat[380], mais qui n'en avait pas moins consacré l'imprévision (Chapitre IV).

---

[380] *Supra* p. 139.

Chapitre I

Un système légal d'autorégulation du *ius civile* : *summum ius, summa iniuria*

La codification que Cicéron s'était proposé de mettre en œuvre n'avait pas seulement un but politique, mais une perspective beaucoup plus large, conférer aux citoyens la certitude d'un droit, dont les règles unifiées dans un corps systématique de normes échapperaient à toute manipulation et surtout aux rapports de force qui étaient à l'œuvre dans l'empire. Garantir la voie de droit contre la voie de fait tel était le but que poursuivait Cicéron à travers sa codification du *ius civile*.

Mais, l'auteur du *De legibus* et du *De officiis* nourrissait une tout autre ambition. Cicéron avait adopté deux positions précises lorsqu'il envisageait la situation de l'esclave. Tout d'abord, il justifiait entièrement le système de l'esclavage. Mais à la différence d'Aristote, l'auteur du *De officiis* ne considérait pas que l'esclavage fut naturel. Il estimait que cette institution, issue du droit positif, imposait, sinon des droits pour l'esclave, du moins des devoirs pour le maître à l'égard de ce dernier. Sous le stylet de Cicéron se dessinait l'ébauche d'un statut de l'esclave (Section I).

Si pour Cicéron le *ius* était destiné à offrir une protection contre les transgressions que pouvaient commettre les acteurs de la vie juridique, celui-ci avait également une fonction d'autocorrection qui devait être intégrée à ses dispositions mêmes. Nul n'ignore la fameuse formule, « *summum ius, summa iniuria* » dont Cicéron fut le premier à consacrer l'adage, selon Johannes Stroux[381]. Or, le citoyen d'Arpinum avait constaté le rôle bienfaisant de l'équité dans l'application du droit. Aussi l'œuvre de Cicéron témoignait-elle d'un glissement de l'équité à l'intérieur de la trame diairétique. Celle-ci n'était plus l'une des espèces du *ius*, mais s'identifiait progressivement au *ius* lui-même en tant que genre. La loi, les senatus-consultes, les coutumes, la jurisprudence, le droit prétorien devenaient les espèces de l'équité. Non seulement l'équité s'incarnait dans le *ius civile*, mais elle assurait

---

[381] Johannes Stroux, *Römische Rechtswissenschaft und Rhetorik*, Eduard Stichnote, Potsdam, 1949.

désormais le rôle de correctif des abus du droit civil. L'équité cicéronienne étendait ainsi son exigence éthique en amont et en aval du droit civil (Section II).

Mais, l'équité ne s'identifiait pas seulement au droit civil, elle était aussi pour Cicéron la justice distributive elle-même. Or le sens et la portée de cette notion ne devaient pas être entendus selon l'acception traditionnelle. Le terme « *aequitas*, sous le stylet de Cicéron, prenait une signification nouvelle. Il ne s'agissait pas de distribuer des droits, mais de garantir les droits existants afin d'assurer leur intangibilité et leur permanence. Cette conception que Kant retrouvera plusieurs siècles après, pour des motifs et selon des schèmes différents de ceux pour lesquels Cicéron envisageait cette nouvelle interprétation de la justice distributive, était le but essentiel que poursuivait Cicéron à travers le classement inlassable du *ius* en genre et en espèces. Garantir les droits civils des citoyens était un impératif auquel la science juridique était désormais appelée à apporter son concours (Section III).

Section I - La définition d'un *status civilis* et l'ébauche d'un statut de l'esclave

Certes, comme nous l'avons vu, la codification du *ius civile* était pour Cicéron une œuvre de nature politique qui traduisait dans un plan juridique la transformation de la cité en empire. La construction exhaustive du droit civil sous une forme systémique permettait de légitimer l'aboutissement d'une évolution institutionnelle et territoriale multiséculaire. Mais, la codification cicéronienne ne se limitait pas à cette seule perspective. Conscient que l'ordre politique romain ne pouvait plus être justifié par la seule force des armes et des conquêtes, Cicéron souhaitait par sa codification du *ius civile* transposer l'avènement historique de la puissance impériale de Rome en projet de la raison. En effet, sous le paradigme de la loi naturelle, tel qu'exposé dans le *De legibus*, Cicéron nourrissait l'ambition d'ériger le droit civil au rang d'un *corpus* autonome face aux pouvoirs politique et économique[382] qui étaient à l'œuvre dans l'empire.

C'est donc une double conséquence apparemment contradictoire qu'amorçait la codification issue de la conception systémique de *l'ars* décrite dans le *De oratore*, d'être à la fois une œuvre de légitimation de la puissance impériale, mais également une garantie des droits contre l'arbitraire, la brutalité de pouvoirs sans limites qui ne cessaient de s'affirmer dans la société romaine. Une contradiction apparente, avons-nous dit, car pour légitimer le contrôle social issu de cette nouvelle dimension politique et économique du pouvoir, il ne suffisait pas que cette emprise se fondât sur une codification rationnelle génératrice d'un ordre normatif, mais qu'elle pût également reposer sur un véritable consensus. La codification devait apparaître aux yeux de chacun comme le rempart, la garantie que le *ius civile* pouvait apporter à ses droits.

Cicéron précisait dans ce but le sens de cette autonomie qu'offrait le *ius civile* face aux réseaux d'influence, aux pouvoirs politiques et aux puissances d'argent : « *Qu'est-ce en effet que le droit civil ? Ce que ne peut fléchir le crédit, ce que ne peut briser la puissance, ce que ne peut altérer la corruption. Non seulement si on le détruit, mais même si l'on s'en écarte, ou si on le suit avec négligence, nul ne peut plus compter sur rien de ce qu'il doit recevoir de son père ou laisser à ses enfants. A quoi bon en effet posséder une maison ou une terre, héritée d'un père ou légitimement acquise de quelque autre façon, si vous n'êtes pas sûr de pouvoir conserver la jouissance des jours*[383] *qui sont régulièrement à vous de par votre droit de propriété et si le droit des murs mitoyens ne peut être garanti par une loi civile et publique contre le crédit d'un adversaire ?*[384] ».

---

[382] Le commerce, l'agriculture, les mines d'extraction, les ateliers de production, les sociétés de publicains connaissent en liaison directe avec l'expansion de l'esclavage à grande échelle une concentration de la puissance économique entre les mains d'élites restreintes qui jouissent d'un pouvoir de fait considérable qui accentuait l'inégalité entre les citoyens.

[383] André Boulanger apporte la précision suivante dans une note 2 sous Cicéron, *Pro A. Caec.* XXVI, 74, « Il est ici question de servitudes prédiales qui sont en effet définies et garanties par le droit civil ».

[384] Cicéron, *Pro Caec.* XXVI, 73, 74, « *Quod enim est ius civile ? Quod neque inflecti gratia neque perfringi potentia neque adulterari pecunia possit ; quod si non modo oppressum, sed etiam desertum aut neglegentius adservatum erit, nihil est*

La codification cicéronienne permettait au *ius civile* de devenir un ordre juridique autonome et par l'entremise du paradigme de la loi naturelle, un ordre juridique intemporel détaché des contingences issues des rapports de force à l'œuvre dans l'empire. Un droit qui, certes, restait spécifique à un peuple, à une histoire, mais qui avait vocation à devenir le centre d'un droit universel. À sa manière, la codification cicéronienne du *ius civile* définissait un "*status civilis*" au sein d'un empire comme le fera Zeiller pour l'empire d'Autriche[385].

Or, cet aspect de la codification cicéronienne se doublait d'une nouvelle conséquence. La codification du droit constituait non seulement une garantie pour les droits civils des citoyens de l'empire à travers la stabilité et la permanence de ses dispositions, mais son projet esquissait imperceptiblement une évolution à venir du droit. En effet, la codification telle qu'exposée par Cicéron conduisait nécessairement à une réinterprétation du *ius civile*.

Le projet préconisé par Cicéron amorçait une révolution juridique qui restera inaperçue de ses contemporains et pour tout dire des juristes du Haut Empire. Nous nous référons ici au changement de regard porté sur une institution fondamentale de l'Empire romain, l'esclavage. Or, ici le parallèle avec la codification du droit civil autrichien est saisissant. À plusieurs siècles de distance, nous retrouvons, en effet, la même démarche chez Zeiller à l'égard du servage.

À l'époque de Cicéron, la réification de l'esclave était devenue un fondement incontestable du droit[386]. Cependant, progressivement avec le développement du commerce, une transformation des rapports entre maître et esclave avait commencé à se faire jour. L'idée d'un esclave entièrement soumis à son maître ne correspondait plus aux exigences pratiques de certains secteurs de l'activité économique, notamment

---

quod quisquam sese habere certum aut a patre accepturum aut relicturum liberis arbitretur. Quid enim refert aedis aut fundum relictum a patre, aut aliqua ratione habere bene partum, si incertum est quae lumina tua iure mancipi sint, ea possisne retinere, si parietum communium ius (si) civili ac publica lege contra alicuius gratiam teneri non potest ? ».

385 E. Gilardeau, *L'ABGB de 1811, une codification kantienne op. cit.*, pp.407-421.

386 Gaius, *Instit.*, 2, 13. un siècle après, classe les esclaves au nombre des *res corporales*. ; Gaius, *Instit.*, 2, 22-26 range également ces derniers dans la catégorie des *res mancipi*.

lorsque l'esclave se voyait confier la gestion d'un commerce ou d'une entreprise.

La valorisation de la force de travail de l'esclave impliquait une autonomie patrimoniale pour que celui-ci puisse mener à bien son activité[387]. Le *ius civile* commençait à prendre en considération les litiges qui pouvaient engager le maître à l'occasion de transactions conclues par l'esclave tant et si bien que le concept de location de services finit par voir le jour pour régler non seulement les rapports juridiques entre le maître et les tiers qui avaient contracté avec l'esclave en charge d'un commerce ou d'une entreprise, mais également entre le maître et son esclave[388].

Cette transformation du rapport entre maître et esclave même si elle ne débouchait pas sur une « *transition douce vers des formes dominantes de travail salarié libre* »[389] n'en avait pas moins développé une interrogation sur le fondement même de l'esclavage. Les dispositions du *ius civile* y conduisaient et plus encore leur transcription dans le cadre d'une codification. Si le projet de Cicéron n'avait pas pour effet de mettre en cause, ne serait-ce qu'indirectement les rapports personnels de dépendance, sa codification du droit n'en aurait pas moins changé le regard qui devait être porté sur les relations entre maître et esclave.

Aristote avait fondé l'institution de l'esclavage sur la nature physique de la dépendance. L'individu placé sous l'emprise d'un

---

[387] Elena M. Staerman, *L'esclavage dans l'artisanat. Les familiae urbaines*, Dialogues d'histoire ancienne, Vol. 2, N°1, 1976 p.109, constatait une certaine autonomie des esclaves dans l'exercice de leurs activités artisanales et précisait à ce titre que « Chez Plaute encore, on trouve à plusieurs reprises mentionnés comme artisans des cuisiniers et leurs aides qui s'étaient loués pour organiser les repas de fête, ce n'est pas le propriétaire qui loue leur travail, mais eux-mêmes (*Aulularia* 265, 372, 413) et le plus souvent ils versent une partie bien définie de leur salaire au propriétaire (...) L'esclave, qui gardait une partie des revenus de l'atelier ou de la somme gagnée, travaillait bien sûr plus intensément et plus soigneusement que l'esclave qui n'avait aucun stimulant matériel (...) Et, déjà à cette époque, la pratique qui consistait à louer des esclaves en liaison avec la notion de liberté en tant qu'indépendance économique, avait des conséquences sur la situation des ouvriers libres qu'on louait ».

[388] A. Schiavone, *op. cit.*, pp.351-360, qui fait une étude précise des travaux de Servius et de ce changement de représentation du statut de l'esclave dans le cadre des *responsa* du jurisconsulte.

[389] A. Schiavone, *op. cit.*, p.359.

maître était un esclave par nature[390]. Cicéron ne partageait pas cette représentation. Il ne fondait pas sa conception de la loi naturelle sur cette acception de la *phusis* grecque, qui était axée sur la nature physique. La loi naturelle était chez Cicéron de nature purement morale : « *Aussi, quelle que soit la définition que l'on donne de l'homme, elle est une et valable pour tous. Ce qui est une preuve qu'il n'y a pas de dissemblance dans l'espèce, car s'il en existait, une définition unique ne saisirait pas tous les individus. Et de fait, la raison à qui seule nous devons la supériorité que nous avons sur les bêtes, grâce à laquelle nous pouvons inférer, démontrer, réfuter, exposer, conclure, la raison est certes commune à tous les hommes, différente selon l'instruction reçue, égale par l'aptitude à apprendre* »[391].

Sous ce paradigme de la loi naturelle, la codification du *ius civile* conduisait Cicéron à remettre en cause les fondements de la conception aristotélicienne de l'esclavage[392]. Pour l'auteur du *De republica*, il n'existait pas une infériorité naturelle qui puisse expliquer l'état d'esclave, mais seulement un statut artificiel fondé sur le droit positif[393]. L'asservissement, si l'on s'en tient au constat fait par Cicéron selon lequel la servitude était injuste quand un être humain était devenu le bien d'autrui alors qu'il disposait de la capacité de s'appartenir à lui-même, pourrait n'être qu'un état temporaire lorsqu'il se produisait, parce qu'il était une exception à un principe, l'autonomie morale de l'individu. À ce titre, dans la conception aristotélicienne, l'affranchissement, tel que le prévoyait le droit romain permettant de faire entrer l'individu dans le corps civique, était inconcevable.

---

[390] Aristote, *Politique*, traduction par Jean Aubonnet, Les Belles Lettres, Paris, 1960, I.4, 6, 1254 a, 14-15.

[391] Cicéron, *De leg.*, I, X, 29, 30, « *Itaque quaecumque est hominis definitio, una in omnis valet. Quod argumenti satis est nullam dissimilitudinem esse in genere. Quae si esset, non una omnia definitio contineret. Etenim ratio, qua una prastamus beluis, per quam coniectura valemus, argumentamur, refellimus, disserimus, conficimus aliquid, cunctis hominibus certe est communis, doctrina differens, discendi quidem facultate par* ».

[392] Cicéron, *De off.*, 1, VII, 20 ; 3, V, VI, 21-30, la justice est commune à l'humanité entière.

[393] Cicéron, *De repub.*, III., XXV, « *est enim genus iniustae servitutis, cum ei sunt alterius qui sui possunt esse* ».

Sans remettre en cause le moins du monde la légitimité de l'esclavage[394], se contentant de substituer simplement le fondement qui justifiait cette institution, Cicéron était en mesure de contester la rudesse pour ne pas dire la violence qui présidait aux rapports de maître à esclave. Aussi dans le *De officiis* Cicéron faisait-il la prescription suivante : « *Souvenons-nous aussi qu'il faut respecter la justice, même à l'égard des plus petits. Or ce qu'il y a de plus bas, c'est la condition et le sort des esclaves, et ils ont raison ceux qui prescrivent d'en user comme des gens à gages : d'exiger du travail, mais de leur fournir ce qui est juste* »[395].

Cicéron envisageait en l'occurrence une contrepartie due par le maître à l'esclave, parce que les lois romaines n'offraient aucune garantie véritable à ce dernier qui pouvait être l'objet des abus du droit les plus divers. Or la relation de travail qu'évoquait l'auteur du *De officiis* était à la fois, comme l'indiquait ce dernier, source d'obligations chez l'esclave, mais aussi et parallèlement de devoirs pour le maître.

Il existait donc ici la volonté chez Cicéron d'assimiler le statut de l'esclave à celui d'un locateur d'ouvrages : « *operam exigendam, iusta praebenda* ». Cicéron suggérait, en effet, l'existence d'obligations réciproques qui prévalaient dans le quasi-contrat qu'était la *locatio operarum*. Sans toucher au statut de l'esclave qu'il trouvait parfaitement justifié, Cicéron jugeait que les garanties accordées à l'esclave devaient prendre pour mesure celles qui pouvaient être accordées à un esclave en charge d'une activité artisanale ou commerciale.

---

394 Monique Clavel-Lévêque, *Les rapports esclavagistes dans l'idéologie et la pratique politique de Cicéron : leurs représentations et leur fonctionnement d'après la Correspondance des années 50-49 av. n.è..*, in Actes des colloques du Groupe de recherche sur l'esclavage dans l'antiquité, Volume 6, Numéro 1, 1976, p.288, « les modes d'intervention de Cicéron s'intègrent constamment à un système qui trouve sa cohérence idéologique dans le rapport esclavagiste comme référence globale et fondamentale, opératoire à tous les niveaux, pour la conduite des hommes et des groupes comme pour la détermination des catégories et des valeurs ».

395 Cicéron, *De offic.*, I, XIII, 41, « *Meminerimus autem etiam adversus infimos iustitiam esse servandam. Est autem infima condicio et fortuna servorum quibus non male praecipiunt qui ita iubent uti ut mercennariis : operam exigendam, iusta praebenda* ».

Or l'un des buts de la codification cicéronienne était de soumettre les relations sociales à un régime d'ordre et de mesure. Cicéron, sous l'égide de la raison de la loi naturelle, entendait figer les rapports de maître à esclave dans un cadre juridique de proportion et d'équilibre. Le pouvoir du maître n'était plus une puissance absolue, mais un droit soumis désormais à un devoir de mesure.

La codification proposée par Cicéron était à la charnière entre la fin d'une époque et le début d'une ère nouvelle. Une ère qui verra la jurisprudence sévérienne reconnaître l'égalité non pas civile, mais naturelle de tous les hommes[396], qu'ils soient libres ou esclaves et qui bien plus loin encore permettra au mouvement de codification des XVIIIe et XIXe siècles d'introduire dans les dispositions des codes le principe d'une égalité civile.

Nous avons avec la codification autrichienne du droit civil une approche similaire à la conception cicéronienne. L'empire d'Autriche connaissait au début du XIXe siècle l'institution du servage. L'ensemble du territoire autrichien était encore sous l'emprise du droit féodal et seigneurial. Pour Zeiller, père du code civil autrichien et disciple d'Emmanuel Kant, la liberté individuelle était un droit inné de l'homme. Mais, l'état politique et social de l'empire ne permettait pas à Zeiller de mettre fin directement au servage.

C'est pourquoi la codification mise en œuvre par Zeiller semblait être en retrait par rapport aux préconisations de l'école du droit naturel moderne qui n'auraient pas hésité à faire table rase du passé pour proclamer l'abolition pure et simple du servage. Zeiller devait, conformément à la méthode cicéronienne, formuler à l'alinéa 2 du paragraphe 16 de l'ABGB une condamnation de principe du servage par laquelle l'Empereur déclarait ne plus tolérer "*l'esclavage ou le servage dans ses Etats*"[397], mais qui ne prescrivait aucune mesure coercitive pour mettre en œuvre cette prescription.

Le but de la codification n'avait d'autre objet que de changer le regard porté sur le servage par la condamnation que prononçait la puissance impériale à l'encontre de celui-ci dans l'alinéa 2 du

---

[396] *Dig.*, 12.6.64, Tryphoninus, « *enim libertas naturali iure continetur, et dominato ex gentium iure introducta est* ».

[397] V. Foucher, *op. cit.*, p.8, « § 16. L'esclavage ou le servage, non plus que l'exercice d'aucun pouvoir qui s'y rapporte, ne sont tolérés dans nos Etats ».

paragraphe 16 de l'ABGB. La codification autrichienne ne portait pas atteinte à la diversité des droits qui existait dans l'empire. Il faudra attendre la lettre patente impériale du 7 septembre 1848 pour que soient abolis directement les liens de servitude dans tout l'empire[398]. Comme Cicéron, Zeiller offrait une codification du droit qui était située à la charnière du droit traditionnel dont elle renforçait la légitimité et d'un état nouveau dont elle amorçait l'évolution.

Section II - L'équité, une espèce érigée en genre du *ius civile*

Cicéron faisait entrer dans sa codification du *ius civile* une notion traditionnelle du droit romain, l'équité. Mieux encore, l'auteur des *Topiques* comptait celle-ci au nombre des sources fondamentales du droit civil. C'était une nouvelle fois, par le recours à la méthode diairétique, que Cicéron érigeait cette catégorie juridique au rang d'une des espèces du *ius civile*, pris lui-même en tant que genre : « *Les espèces sont donc les divisions entre lesquelles le genre se répartit, sans qu'on omette aucune, comme si l'on divisait le droit en loi, coutume, équité* »[399]. Mais, Cicéron n'était pas le premier à formuler une telle classification. L'auteur anonyme[400] de la *Rhetorica ad Herennium* avait déjà mentionné l'équité parmi les sources du

---

[398] E. Tilsch, *op. cit.*, p.126.

[399] Cicéron, *Top.*, VII, 31, « *Formae igitur sunt hae, in quas genus, sine ullius praetermissione, dividitur : ut si qui ius in legem, morem, aequitatem, dividat* ».

[400] Wilfried Stroh, *La puissance du discours. Une petite histoire de la rhétorique dans la Grèce antique et à Rome*, traduction par Sylvain Blutz, Les Belles Lettres, Paris, 2010, pp.311-312 se réfère à Jérôme de Stridon (Saint Jérôme) qui attribuait la paternité de cette œuvre à Cicéron. ; Charles-Louis-Fleury Panckoucke (1780-1844), *Cicéron, Œuvres complètes, Rhétorique à Herennius*, trad. M. Delcasso, C.L.F. Panckoucke, Paris, 1835 se prononce lui aussi en faveur de Cicéron. Il en va de même pour Charles Nisard, cf. *Œuvres de Cicéron, Rhétorique, A.C. Herennius*, traduction par M. Nisard, Firmin Didot Frères, Paris, 1869. Nous ne partageons pas ces analyses. Nous rejoignons Henri Bornecque qui démontre très clairement qu'il ne peut s'agir d'une œuvre de jeunesse, mais bien celle d'un homme mûr. C'est pourquoi, cet auteur n'étant pas identifié, nous considérons que le titre retenu par Charles Bornecque est des plus justifiés, cf note suivante.

droit : « *les sources du droit, qui sont les suivantes : la nature, la loi, l'usage, les précédents, l'équité, les conventions* »[401].

En faisant figurer à son tour l'équité comme une partie constitutive du *ius civile* dans un énoncé beaucoup plus exhaustif des sources du droit, Cicéron inscrivait sa codification dans le droit fil de la tradition juridique romaine : « *le droit civil est celui qui résulte des lois, des sénatus-consultes, des choses jugées, de l'autorité des jurisconsultes, des édits des magistrats, de la coutume, de l'équité* »[402].

Mais, dans cette partie consacrée à l'équité, Cicéron ne se contentait pas de démarquer seulement cette représentation traditionnelle de l'équité transcrite par l'auteur de la *Rhétorique à Herennius*. L'auteur des *Topiques* suivait également ce dernier dans sa conception novatrice de l'équité pour le droit romain. En effet, à la suite de sa première définition, l'auteur du *Rhetorica ad Herennium* avait donné de l'équité une acception nouvelle, « *La justice et l'équité attribuent à chacun ce qui lui revient selon son mérite* »[403].

Cicéron consacrait cette conception en insistant sur la distinction qui opposait les deux sens de l'équité. Mais, ce faisant, l'auteur des *Topiques* procédait à un glissement significatif dans sa classification puisque l'équité issue de la tradition romaine était érigée non plus en tant qu'une des composantes, c'est-à-dire l'une des espèces du *ius civile*, mais bien comme le genre de ce dernier : « *Lorsque c'est sur le juste et l'injuste que l'on disserte, c'est aux lieux communs de l'équité que l'on aura recours. Ils se divisent en deux groupes : droit naturel et institutions. Le droit naturel comprend deux parties : attribuer à chacun ce qui lui appartient et venger les offenses. Les institutions fondées sur l'équité se divisent en trois groupes : les premiers résultent de la loi, les secondes des conventions, les troisièmes de la coutume maintenue pendant assez longtemps* »[404].

---

[401] *Anonyme, Rhétorique à Herennius*, traduction par Henri Bornecque, Librairie Garnier frères, Paris, 1932, 2, 13, 19, « *Constat igitur ex his partibus : natura, lege, consuetudine, iudicato, aequo et bono, pacto* ».

[402] Cicéron, *Top.*, V, 28, « *ut, si quis ius civile dicat id esse, quod in legibus, senatusconsultis, rebus iudicatis, iurisperitorum auctoritate, edictis magistratuum, more, aequitate consistat* ».

[403] *Rhétorique à Herennius*, 3, 2, 3.

[404] Cicéron, *Top.*, XXIII, 90 « *Confitentur in isto genere, qui arguuntur, se id fecisse ipsum, in quo reprehendantur : sed quoniam iure se fecisse dicunt, iuris est omnis*

Cicéron ne faisait que rappeler l'évolution suivie par le droit romain depuis plusieurs siècles. Le droit prétorien par l'entremise de l'équité avait favorisé la naissance d'un droit différent de la tradition civiliste, plus flexible, mieux adapté aux réalités économiques et sociales en corrigeant les excès, comme nous l'avons indiqué, de ce dernier. Or la science juridique n'avait eu de cesse, par l'interprétation des cas qui lui étaient soumis, de rattacher dans ses *responsa* les solutions du droit honoraire à l'ancien *ius civile* forgeant un système cohérent sous l'égide de l'équité. L'*aequm et bonum* était devenu le fondement des solutions qui irriguaient les différentes sources du droit *lato sensu* pour réduire autant qu'il fut possible l'adage *summum ius, summa iniuria*. C'est la raison pour laquelle Cicéron déclinait l'équité dans sa définition traditionnelle en tant que genre sous la forme de trois espèces : la loi, les conventions et la coutume, entendue au sens de *mores*.

Mais, lorsque Cicéron dans les *Topiques* invoquait l'équité non plus seulement au nombre des sources du *ius civile*, mais bien comme le fondement des lois, des conventions et de la coutume, il n'en continuait pas moins à se référer à cette représentation traditionnelle de l'équité entendue au sens de correctif des abus qui pouvaient résulter d'une stricte application du rituel et des paroles du droit civil issu de la Loi des XII Tables. C'est la raison pour laquelle Cicéron justifiait l'équité par la formule « *summum ius, summa iniuria* »[405] qui se trouvait dans le célèbre passage de son *Traité des devoirs* : « *Il se trouve souvent aussi des injustices du fait d'un certain abus de la loi et d'une interprétation extrêmement habile mais trompeuse du droit. C'est pourquoi l'adage summum ius, summa iniuria : la limite*

---

ratio nobis explicanda. Quod dividitur in duas partes primas, naturam atque legem : et utriusque generis vis in divinum et humanum ius est distributa ; quorum aequitatis est unum, alterum religionis. Aequitatis autem vis est duplex : cuius altera directi, et veri, et iusti, et ut dicitur, aequi et boni ratione defenditur ; altera ad vicissitudinem referendae gratiae pertinet : quo in beneficio, gratia ; in iniuria, ultio nominatur. Atque haec communia sunt naturae atque legis : sed propria legis et ea, quae scripta sunt, et ea, quae sine litteris, aut gentium iure, aut maiorum more, retinentur ».

[405] Giovanni Stroux, *Summum ius summa iniuria. Un capitole concernente la storia della interpretatio iuris*, versione dal tedesco di G. Funaioli con prefazione di S. Riccobono, in Annali del Seminario giuridico di Palermo, vol. XII, 1929. pp.639-691.

extrême du droit, c'est le comble de l'injustice, est devenu un proverbe passé dans l'usage »[406].

La traduction de Maurice Testard du terme « *iniuira* » par « *injustice* » ne nous semble pas véritablement correspondre au sens réel que doit revêtir celui-ci. En effet, Cicéron a voulu signifier par ce terme qu'une application trop stricte du droit pouvait être la cause d'une transgression du droit lui-même au sens littéral d'*iniuria.* Les litiges, qui donnaient lieu à l'application de l'équité, offraient une illustration du sens et de la portée de l'« *iniuria* » en tant que violation du droit. Il en allait notamment ainsi, lorsqu'une partie avait contracté selon les formes du droit civil un emprunt et que le créancier ne lui avait pas remis effectivement la somme. Une fois les paroles prononcées et les gestes accomplis, selon le rituel requis, il importait peu que l'acte parfait dans ses conditions formelles ne fut pas en accord avec la réalité. L'emprunteur était tenu de « restituer » les fonds qui ne lui avaient pas été versés.

Dès lors, le droit conduisait à une *iniuria* qui, selon nous, ne pouvait être entendue que dans son sens étymologique d'*iniuria*, d'une « *violation du droit* » et non au sens d'« *injustice* »[407]. Cette violation du droit par le droit lui-même imposait l'intervention de l'équité afin de ramener le *ius civile* à son intégrité originelle. Aussi, dans l'hypothèse d'une somme non remise par le créancier qui pouvait se prévaloir d'un droit conforme aux rituels du droit civil, le droit formulaire fournissait au défendeur le moyen de contester l'action de ce dernier en lui accordant une *exceptio.* Il s'agissait de revenir par ce biais à l'*iter iuris* que le *ius civile* n'aurait pas dû quitter.

Dans le *Pro Caecina*, Cicéron affirmait avec une force toute particulière cette fonction corrective de l'équité contre la rigueur excessive des formes rituelles du droit civil afin de revenir au principe même du droit: « *Si leur adversaire fait porter l'effort de la discussion sur les mots et les lettres et, comme l'on dit sur la rigueur du droit, ils ont coutume d'opposer à une telle mauvaise foi le nom et la dignité de l'équité et de la justice. Alors ils se moquent de leurs "que si, que*

---

[406] Cicéron, *De offic.*, I, X, 33, « *Exsistunt etiam saepe iniuriae calumnia quadam et nimis callidas sed malitiosa iuris interpretatione. Ex quo illud "Summum ius summa iniuria" factum est iam tritum sermone proverbium* » .

[407] F. Gaffiot, *op. cit.*, p.822, « *iniuria* (….) 3 violation du droit, tort, dommage : *actio iniuriarum* Cic. *Caec. 35*, action en dommages ».

non", comme l'on dit. Alors ils soulèvent la réprobation contre ces pièges dressés avec des mots et ces lacets tendus avec des syllabes. Alors ils s'écrient que c'est sur l'équité et l'honnêteté et non sur des interprétations subtiles et captieuses du droit que doit s'appuyer la décision du tribunal, que c'est le fait d'un chicaneur que de s'attacher à la lettre et d'un bon juge que de soutenir l'intention et la volonté du législateur »[408].

Partant, l'équité jouait un rôle essentiel qui permettait non seulement de corriger la rigueur excessive du droit civil traditionnel, mais également de donner au *ius civile* une interprétation uniforme dans toutes ses prescriptions comme l'auteur des *Topiques* en offrait ici un exemple : « *Ainsi, pour les fonds de terre, le délai requis pour en acquérir la propriété par suite de l'usage est de deux ans ; il en sera de même pour les maisons. Mais la loi, objecte-t-on, ne nomme pas expressément les maisons ; elles sont donc comprises dans la catégorie des biens dont la propriété s'acquiert par un an. Non, l'équité doit l'emporter, et elle veut qu'à des cas identiques, on applique des principes juridiques identiques* »[409].

Section III - Un palladium du droit positif : la justice distributive

La science juridique offrait de nombreux cas de prescriptions reliant le droit civil à l'équité comme Cicéron aimait à le rappeler à l'occasion de son éloge à Lucius Crassus dans le *Brutus*, quand il

---

[408] Cicéron, *Pro Caec.*, XXXIII, 65, « *Si contra verbis et litteris et, ut dici solet, summo iure contenditur, solent eius modo iniquitati aequi et boni nomen dignitatemque opponere. Tum illud quod dicitur sive nive inrident, tum aucupia verborum et litterarum tendiculas in invidiam vocant, tum vociferantur ex æquo et bono, non ex callido versutoque iure rem iudicari oportere ; scriptum sequi calumniatoris esse, bonique iudicis voluntatem scriptoris auctoritatemque defendere* ».

[409] Cicéron, *Top.*, IV, 23, « *"Quod in re pari valet, valeat in hac, quae par est :" ut, "Quoniam usus auctoritas fundi biennium est, sit etiam aedium". At in lege aedes non appellantur, et sunt ceterarum rerum omnium, quarum annuus est usus. Valeat aequitas, quae paribus in causis paria iura desiderat* ».

écrivait qu'il existait « *dans les discussions sur le droit civil ou sur l'équité des arguments et des exemples à profusion* »[410].

Dans le cadre de son *Discours préliminaire sur le projet de Code civil*, Portalis chercha en ce qui le concerne à réhabiliter ce rôle correctif de l'équité tant décrié pendant la période intermédiaire, mais qui coïncidait parfaitement avec sa conception de la codification du droit civil laissant à l'équité des magistrats le soin de trouver la meilleure application de la loi.

Portalis rejoignait Cicéron lorsqu'il écrivait : « *dans les matières civiles, le débat existe toujours entre deux ou plusieurs citoyens. Une question de propriété, ou toute autre question semblable ne peut rester indécise entre eux. On est forcé de prononcer ; de quelque manière que ce soit, il faut terminer le litige. Si les parties ne peuvent pas s'accorder elles-mêmes, que fait alors l'Etat ? Dans l'impossibilité de leur donner des lois sur tous les objets, il leur offre, dans le magistrat public, un arbitre éclairé et impartial dont la décision les empêche d'en venir aux mains, et leur est certainement plus profitable qu'un litige prolongé, dont elles ne pourraient prévoir ni les suites ni le terme. L'arbitraire apparent de l'équité vaut encore mieux que le tumulte des passions* »[411].

Mais, comme nous l'avons vu, Cicéron se référait à une seconde acception de l'équité, qui en tant que genre se divisait en deux espèces, tout d'abord, le droit naturel, lui-même distingué en deux catégories : la justice distributive (attribuer à chacun son droit) et la justice commutative (venger les offenses) et une seconde espèce, les institutions, qui se subdivisaient en trois groupes : la loi, les conventions et la coutume qu'il faut entendre au sens de *mores*. Cette modification du sens de l'équité s'accompagnait d'un changement sémantique. Lorsque Cicéron invoquait la définition traditionnelle de l'équité, il désignait celle-ci sous une forme neutre substantivée « *aequum et bonum* », « l'équitable et le bien »[412]. Mais, pour formuler l'équité dans un sens nouveau, Cicéron utilisait le substantif « *aequitas* » entendu comme l'expression d'« attribuer à chacun son

---

410 Cicéron, *Brut.*, XXXVIII, 143, « *cum de aeque et bono disputaretur, argumentorum et similitudinum copia* ».

411 Portalis, *op. cit.*, *Discours préliminaire*, p.11.

412 F. Gaffiot, *op. cit.*, p.77, « *aequum bonum,* l'équitable et le bien ». cf. à titre d'exemple, Cicéron, *Pro Caec.*, XXXIII, 65.

droit » ce qu'illustrait parfaitement ce passage du *De officiis* : « *l'équité que l'on supprime complètement s'il n'est pas permis à chacun de posséder ce qui lui appartient* »[413].

Pour Cicéron, l'*aequitas* est « *commune au droit naturel et aux lois* »[414]. Nous retrouvons ici le passage du *De legibus* que nous avons déjà cité « *la sagesse pratique est une loi dont le propre serait qu'elle nous ordonne de bien agir et nous interdit de pécher, et cette chose qui, pensent-ils, a reçu sa dénomination grecque nomos, du fait de la répartition due à chacun de ce qui lui appartient, nous lui donnons, je pense, le nom de loi (lex) du fait de choisir (legere) ; car de même qu'ils placent dans la loi l'idée essentielle de "partage égal", nous y mettons, nous, celle de "choix distinct" : tous deux étant des caractères de la loi* »[415].

Ce « *partage égal* » que Cicéron identifiait au terme *aequitas* - « *aequitatis* » - dans le texte, prenait la forme d'un principe naturel consistant à donner à chacun ce qui lui appartenait. Il ne s'agissait pas d'une distribution de droits en fonction du mérite de chacun, mais d'une acception des plus originales qui préfigurait une conception, qu'à plusieurs siècles de distance, Kant sera appelé à développer consistant à assurer les droits que l'individu avait à sa disposition. L'équité était destinée à garantir les droits de chaque citoyen ; Cicéron faisait de cette notion le nouveau *logos* du *ius civile*.

À travers cette transposition jusnaturaliste de l'*aequitas*, Cicéron voulait développer le *ius civile* jusque dans ses conséquences ultimes. Une nouvelle fois, Cicéron devait insister sur le rôle dévolu à la science du droit, appelée à étendre la connaissance des règles issues de ce principe naturel universel et intégrées à la codification du droit civil.

---

413 Cicéron, *De offic.*, II XII, 78, « *deinde aequitatem quae tollitur omnis si habere suum cuique non licet* ».

414 Cicéron, *Part. orat.*, XXXVII, 130, « *Atque haec communia sunt naturae atque legis* ».

415 Cicéron, *De leg.*, I, VI, 19, « *prudentiam esse legem, cuius ea vis sit, ut recte facere iubeat, vetet delinquere, eamque rem illi Graeco putant nomine νομον α suum cuique tribuendo appellatam, ego nostro a legendo. Nam ut illi aequitatis, sic nos delectus vim in lege ponimus, et proprium tamen utrumque legis est* ».

L'auteur des *Topiques* précisait à ce titre sous la forme d'un syllogisme : « *Lorsqu'ils se rapportent à l'ensemble du sujet traité, on emploie une définition qui développe les voiles dont le point en question était pour ainsi dire enveloppé. Voici la formule de cette argumentation : "Le droit civil, ce sont les règles d'équité qui permettent à ceux qui font partie de la même cité d'obtenir ce qui leur appartient. La connaissance de ces règles d'équité est utile. Donc la science du droit est utile"*»[416].

Comme l'écrivait Armand Gacquy, « *Cicéron est heureux de montrer que l'équité naturelle et la justice la plus stricte ne sont pas opposées. Bien qu'il explique souvent les vieilles formules dans un sens large, élevé, Cicéron, professe le respect le plus entier pour le droit civil, pour les antiques institutions de Rome. En jurisconsulte habile, il tendait bien moins à innover qu'à déduire les conclusions légitimes des lois existantes* ». C'est dans cet esprit que Cicéron entendait inscrire le rôle de l'équité naturelle dans le cadre d'une codification du *ius civile*[417].

Dans le même esprit, Portalis identifiait l'équité à la justice distributive. Le père du Code civil rejoignait la représentation cicéronienne d'une *aequitas* fondée sur ce principe en raison même de leur conception commune de la codification du droit civil laissant à la science juridique et aux magistrats la tâche exclusive d'appliquer celle-ci : « *L'application même de cette équité ou de cette justice distributive, qui suit et qui doit suivre, dans chaque cas particulier, tous les petits fils par lesquels une des parties litigeantes tient à l'autre, ne peut jamais appartenir au législateur, uniquement ministre de cette justice ou de cette équité générale, qui, sans égard à aucune circonstance particulière, embrasse l'universalité des choses et des personnes* »[418].

---

[416] Cicéron, *Top.*, II, 9, « *Sed ad id totum, de quo disseritur, tum definitio adhibetur, quae quasi involutum evolvit id, de quo quaeritur. Eius argumenti talis est formula : Ius civile est, aequitas constituta iis, qui eiusdem civitatis sunt, ad res suas obtinendas ; eius autem aequitatis utilis est cognitio ; utilis est ergo iuris civilis scientia"* ».

[417] Armand Gacquy, *Cicéron jurisconsulte*, Paris-Thorin, 1896, p.79.

[418] Portalis, *Discours préliminaire*, p.23.

Chapitre II

Un devoir moral inhérent au droit positif : la bonne foi

Cicéron donnait des illustrations précises du rôle qu'il voulait impartir à l'équité et tout particulièrement dans le cadre des rapports contractuels. Il invoquait en ce domaine les dernières avancées de l'*auctoritas prudentium*. L'auteur du *De officiis* mesurait l'équité à l'aune d'une même unité de mesure, la bonne foi. Cicéron faisait de la bonne foi la clé de voûte de l'édifice structuré du *ius civile* afin de prévenir toutes les formes de fraude ou de dol et cela en amont même du contrat. Le cas du chevalier Canius, qui avait été abusé par le banquier Pythius, était topique du rôle qu'était appelée à jouer la bonne foi pour garantir les droits de la victime d'une fraude ou d'un dol. La réticence dolosive était sanctionnée, quel que puisse être le cas de figure, par les règles civiles de l'équité sous le couvert de la bonne foi (Section I).

Mais, l'auteur du *De officiis* ne s'en tenait pas à cette seule avancée du *ius civile*. Avec une hardiesse peu commune, Cicéron plaidait pour l'intégration au droit civil d'un devoir élargi d'information du vendeur au profit de l'acquéreur. À travers une confrontation des vues traditionnelles du *ius civile* et une conception exigeante de la bonne foi, Cicéron se prononçait pour l'insertion parmi les prescriptions du droit civil d'une obligation spécifique à la charge du vendeur de communication de toutes les informations à sa disposition non seulement celles qui concerneraient le bien lui-même, mais également les renseignements externes à celui-ci qui pourraient être de nature à influer sur le prix du bien vendu (Section II).

Si cette question laissa les contemporains de Cicéron comme les jurisconsultes romains du Haut et du Bas-Empire totalement indifférents, il n'en fut pas de même aux XVIIe, XVIIIe et XIXe siècles. Une véritable polémique autour du fameux cas du marchand de Rhodes invoqué par Cicéron pour justifier l'existence d'un devoir élargi d'information à la charge du vendeur s'empara des esprits. Si Grotius et Troplong se rejoignaient à deux siècles d'intervalle dans la même condamnation de l'auteur du *De officiis*, ce dernier trouvait chez Pothier un défenseur des plus ardents qui justifiait formellement la conception cicéronienne d'un point de vue moral, mais aussi, et de manière implicite, au plan juridique (Section III).

Poussant toujours plus loin sa représentation systémique d'un *ius civile* fondé sur l'équité et la bonne foi, Cicéron envisageait de prévoir une exception à la force obligatoire des actes juridiques. En effet, l'auteur du *De officiis* considérait que le changement de circonstance, qui avait présidé à la conclusion d'un pacte, pouvait conduire le débiteur à ne pas exécuter son obligation dès lors que la réalisation de celui-ci emporterait des conséquences d'une toute particulière gravité pour l'une ou l'autre des parties. Cicéron consacrait ainsi en droit l'imprévision ; une prescription riche d'avenir (Section IV).

Section I - La sanction de la bonne foi en amont du contrat : la réticence dolosive

Nous avons vu un peu plus haut que Cicéron pouvait se montrer critique à l'égard de la science juridique et nous avons cité l'exemple d'Aquilius Gallus qui, bien qu'ami de l'auteur des *Topiques*, n'en avait pas moins fait l'objet d'une remarque ironique lorsqu'il s'était agi d'invoquer sa définition du rivage. Cependant, quand Cicéron appelait la science juridique à jouer le rôle de ministre de l'équité naturelle, il pensait tout particulièrement à Aquilius Gallus. Il faisait de ce dernier le jurisconsulte qui avait su lier l'équité à l'esprit du droit civil.

Voici ce que déclarait Cicéron à propos d'Aquilius dans le *Pro Caecina* : « *C'est pourquoi j'affirme qu'on ne saurait accorder trop d'autorité à un homme qui a fait connaître sa science juridique au peuple romain par de sages consultations et non par des chicanes, qui n'a jamais séparé de l'équité l'esprit du droit civil, qui durant tant d'années a mis au service et à la disposition du peuple romain son talent, son activité, son dévouement, un homme si juste et si bon qu'il semble que sa science lui vienne de la nature plutôt que de l'étude ; si plein d'expérience et d'érudition qu'il paraît devoir au droit civil non seulement ses connaissances mais sa bonté même et dont l'esprit est si grand et la loyauté si éprouvée qu'on ne peut rien puiser à une telle source dont on ne sente la pureté et la limpidité* »[419].

Cicéron rappelait l'action déterminante d'Aquilius Gallus pour réprimer les manœuvres dolosives des vendeurs à l'occasion de l'aliénation de biens immobiliers. Avant qu'Aquilius Gallus ne devînt préteur en 66 av. J.-C., le *ius civile* n'offrait aucune protection à ce titre. L'auteur du *De officiis* mettait en exergue le rôle de la science juridique et du droit honoraire incarné ici par Aquilius Gallus dans l'administration de l'équité.

Cicéron illustrait son propos avec l'affaire du chevalier romain, Canius. Il rappelait les filets que lui avait tendus un banquier Pythius pour conduire Canius à acheter le bien qu'il souhaitait lui vendre alors qu'il n'était initialement pas question d'une vente entre ces derniers. « *C. Canius, chevalier romain, non sans esprit et assez cultivé, s'était rendu à Syracuse pour s'adonner au repos, comme lui-même avait l'habitude de le dire, et non pour s'adonner aux affaires ; il répétait donc qu'il voulait acheter quelques jardins où il pourrait inviter ses amis et se récréer à l'abri des fâcheux. La chose s'étant répandue, un certain Pythius, qui tenait une banque à Syracuse, d'avancer que ses jardins, à dire vrai, n'étaient pas à vendre, mais qu'il était loisible à Canius d'en user, s'il le voulait, comme des siens propres, et, sur le champ, il invita l'homme à dîner dans ses jardins pour le lendemain. Ce dernier ayant accepté, Pythius alors, qui était, comme banquier, en faveur dans toutes les classes fit venir des pêcheurs et leur demande de pêcher le lendemain devant ses jardins et il leur dit ce qu'il voulait qu'ils fissent. Canius arriva à point pour le dîner : somptueux festin apprêté par Pythius, multitude de barques sous ses yeux, chacun de son côté, les pêcheurs apportaient ce qu'ils avaient pris, on jetait les poissons aux pieds de Pythius. Alors Canius : "Je t'en prie, dit-il, qu'est ceci Pythius ? Tant de poissons ? tant de barques ?" Et ce Pythius : "Quoi d'étonnant, dit-il ? C'est en ce lieu que se trouve, à*

[419] Cicéron, *Pro A. Caecina*, XXVII, 78, « *Quapropter hoc dicam, numquam eius auctoritatem nimium valere cuius prudentiam populus Romanus in cavendo, non in decipiendo perspexerit, qui iuris civilis rationem numquam ab aequitate seiunxerit, qui tot annos ingenium laborem, fidem suam populo Romano promptam expositamque prabuerit ; qui ita iustus est et bonus vir ut natura, non disciplina consultus esse videatur, ita peritus ac prudens ut ex iure civili non scientia solum quaedam, verum etiam bonitas nata videatur, cuius tantum est ingenium, ita probata fides ut quicquid inde haurias purum te liquidumque haurire sentias* ».

Syracuse, tout ce qu'il y a de poisson, voici la pièce d'eau douce, et, de cette maison de campagne, ces hommes ne peuvent se passer" »[420].

En l'espèce, Canius n'était pas un acquéreur et Pythius n'était pas vendeur du bien. Il ne s'agissait donc pas de manœuvres faites à l'occasion de l'aliénation d'un bien immobilier. Comme le montrent les faits du litige, Canius avait pris l'initiative de se porter acquéreur d'un bien dont Pythius se déclarait réticent à se dessaisir. En l'absence d'une obligation juridique préexistante, les manœuvres, qui avaient pour objet de faire apparaître le bien avec des qualités qu'il ne possédait pas, n'étaient pas prises en compte par le droit civil pour en sanctionner leur mise en œuvre. Canius ne disposait d'aucune action contre Pythius. Ce fut dans le but de pallier cette lacune du *ius civile*, qu'Aquilius Gallus créa l'action destinée à réprimer le dol.

Cicéron insistait dans son récit sur le devoir moral imparti à chaque partie mis en lumière par l'équité. Le devoir moral devait s'inscrire en amont de l'obligation juridique elle-même, car celle-ci ne s'attachait qu'à l'acte juridique : « *Canius, enflammé de convoitise, cherche à obtenir de Pythius qu'il vende. Celui-ci d'abord fait difficulté. Bref, il arrive à ses fins. Impatient et riche, l'homme achète au prix que voulut Pythius et achète tout l'ensemble (...) Canius invite le lendemain ses amis, lui-même arrive de bonne heure, ne voit pas une rame. Il demande au plus proche voisin si par hasard c'était pas un jour de fête pour les pêcheurs, qu'il n'en vît aucun. "Pas que je sache, dit celui-ci, mais, d'habitude, aucun ne pêche ici ; c'est pourquoi je m'étonnais hier, en me demandant ce qui était arrivé". Canius de*

---

[420] Cicéron, *De offic.*, III, XIV, 58-59, « *Quod si vituperandi qui reticuerunt, quid de iis existimandum est qui orationis vanitatem adhibuerunt ? C. Canius, eques Romanus, nec infacetus et satis litteratus, cum se Syracusas otiandi, ut ipse dicere solebat, non negotiandi causa contulisset, dictitabat se hortulos aliquos emere velle, quo invitare amicos et ubi se oblectare sine interpellatoribus posset. Quod cum percrebuisset, Pythius ei quidam qui argentariam faceret Syracusis, venales quidem se hortos non habere, sed licere uti Canio si vellet, ut suis, et simul ad cenam hominem in hortos invitavit in posterum diem. Cum ille promisisset, tum Pythius qui esset ut argentarius apud omnes ordines gratiosus, piscatores ad se convocavit et ab iis petiuit ut ante suos hortulos postridie piscarentur, dixitque quid eos facere vellet. Ad cenam tempori venit Canius ; opipare a Pythio apparatum convivium, cumbarum ante oculos multitudo ; pro se quisque quod ceperat, afferebat, ante pedes Pythii pisces abiciebantur. Tum Canius : "Quaeso, inquit, quid est hoc, Pythi ? Tantumne piscium ? Tantumne cumbarum ?" Et ille : "Quid mirum, inquit ? Hoc loco est Syracusis quidquid est piscium, hic aquatio, hac villa isti carere non possunt"* ».

s'indigner, mais que pouvait-il faire ? C. Aquilius, en effet, mon collègue et ami, n'avait pas encore publié ses formules sur la fraude, dans lesquelles précisément, comme je lui demandais ce qu'était la fraude, il répondait que c'était "lorsqu'on avait feint une chose et fait une autre". Ceci, en vérité, était dit de façon tout à fait lumineuse, comme on pouvait l'attendre d'un homme expert à définir »[421].

Mais dans le *De officiis* Cicéron poussait plus loin son étude. Il ne limitait pas son analyse de l'équité aux seules manœuvres dolosives. Comme nous venons de le voir, pour Cicéron la notion de justice distributive était appelée à jouer le rôle d'une protection avancée de la justice commutative afin de rétablir, ce qui était un aspect nouveau pour ne pas dire inédit du droit romain, le strict équilibre entre les droits des parties à un contrat. Lorsque cet équilibre n'était plus respecté et que ni le *ius civile* ni l'équité, au sens premier et traditionnel de correctif des abus générés par les formes rituelles du droit, ne permettaient de le rétablir, l'équité naturelle devait pallier les lacunes du *ius* tout en se conformant à l'esprit de ses dispositions.

Mais, Cicéron devait faire une analyse plus attentive encore d'une difficulté essentielle en ce domaine, la réticence dolosive. L'auteur du *De officiis* devait discuter pour ne pas dire disputer longuement des prescriptions du *ius civile* qui découlaient de l'équité naturelle afin de déterminer celles qui devraient prévaloir au nombre des normes retenues pour la validité du contrat lorsque le vendeur gardait le silence sur une information essentielle pour l'acquéreur d'un bien immobilier.

Dans un premier temps, Cicéron constatait le progrès accompli par la science juridique et les juges, qui comblant les lacunes de la loi des XII Tables, avaient sanctionné le silence du vendeur qui, connaissait

---

[421] Cicéron, *De offic.*, III, XIV, 59, 60, « *Incesus Canius cupiditate contendit a Pythio ut venderet ; gravate ille primo ; quid multa ? Impetrat. Emit homo cupidus et locupletes tanti quanti Pythius voluit, et emit instructos ; nomina facit, negotium conficit. Invitat Canius postridie familiares suos, venit ipse mature, scalmum nullum videt. Quaerit ex proximo vicino num feriae quaedam piscatorum essent quod eos nullos videret. "Nullae quod sciam, ille inquit, sed hic piscari nulli solent ; itaque heri mirabar quid accidisset". Stomachari Canius, sed quid faceret ? Nondum enim C. Aquilius, collega et familiaris meus, protulerat de dolo malo formulas ; in quibus ipsis, cum ex eo quaererem quid esset dolus malus, respondebat : "Cum esset aliud simulatum, aliud actum". Hoc quidem sane luculente ut ab homine perito definiendi* ».

les défauts du bien et les avait tus auprès de l'acquéreur : « *De plus, en ce qui concerne la législation sur les immeubles, la législation civile, chez nous, prescrit qu'en les vendant, soient déclarés les défauts dont le vendeur aurait pris connaissance. Alors en effet que d'après les douze Tables*[422]*, il suffisait de répondre des défauts qui avaient été verbalement déclarés, mais que celui qui les avait niés, tombait sous la peine d'une réparation doublée, les jurisconsultes ont établi une peine, même pour le silence. Quel que soit en effet le défaut d'un immeuble, ils décidèrent, si le vendeur le connaissait, à moins qu'il l'ait explicitement déclaré, qu'il devait en répondre* »[423].

L'auteur du *De officiis* rapportait à ce titre une sentence rendue par Marcus Porcius Cato, père de Caton d'Utique, qui fut conduit à sanctionner le silence du vendeur sous l'égide de l'équité à travers l'application de la notion de bonne foi : « *Ainsi, alors que les augures devaient prendre les auspices sur le Capitole et avaient ordonné à T. Claudius Centumalus, qui avait une demeure sur le Caelius, d'abattre ce qui, par sa hauteur, pouvait faire obstacle à l'observation des oiseaux, Claudius mit en vente le pâté de maisons, le vendit ; ce fut P. Calpurnius Lanarius qui l'acheta. Mais, à ce dernier, les augures notifièrent le même ordre. Aussi Calpurnius, ayant abattu et sachant que Claudius avait mis en vente sa demeure après avoir reçu des augures l'ordre d'abattre, le cita devant l'arbitre réclamant : Quidquid sibi dare, facere oporteret ex fida bona*[424]*, tout ce qu'il devait lui donner et faire, en vertu de la bonne foi. M. Caton prononça l'arrêt, c'était le père de notre ami (...) ce juge donc statua en ce sens que, puisque le vendeur avait eu connaissance de cette situation et*

---

[422] *Leges XII tabularum* in *Fontes iuris Romani antiqui* I, Georg Bruns et Otto Gradenwitz, Tübingen, 1909, VI, 1, « *Cum nexum mancipiumque, uti lingua nuncupassit, ita ius esto* ». (Festus 173).

[423] Cicéron, *De offic.*, III, XVI, 65 « *Ac de iure quidem praediorum sanctum apud nos est iure civili, ut in iis vendendis vitia dicerentur, quae nota essent venditori. Nam, cum ex duodecim tabulis satis esset ea praestari, quae essent lingua nuncupata, quae qui infitiatus esset, dupli poenam subiret, a iuris consultis etiam reticientiae poena est constituta ; quidquid enim est in praedio vitii, id statuerunt, si venditor sciret, nisi nominatim dictum esset, praestari oportere* ».

[424] Il s'agit d'une formule délivrée par le préteur que Cicéron reproduit ici et qui était délivrée lors d'un litige relatif à l'exécution d'un contrat et qui invitait le juge à statuer en droit, mais en se conformant à la bonne foi.

qu'il ne l'avait pas déclarée, il devait répondre à l'acheteur du préjudice »[425].

Mais, l'équité pouvait elle-même, une fois son intégration au *ius civile* réalisée par la science juridique, définir les propres limites de son application. Les jurisconsultes veillaient, en conséquence, à ce que cette règle de l'équité ne puisse menacer l'équilibre dans le contrat entre les parties que cette même équité avait voulu préserver. Ainsi, l'acquéreur, qui connaissait le vice qui affectait le bien vendu, ne pouvait se prévaloir de la règle sur le silence née de l'équité et cela au nom même de l'équité.

Cicéron offrait une nouvelle illustration des limites que l'équité posait à ses propres prescriptions. L'auteur du *De officiis* évoquait le procès qui impliquait l'un de ses parents, Marius Gratidianus[426], qui avait été mis en cause en sa qualité de vendeur. Crassus représentait l'acquéreur et plaidait l'application du droit civil au titre d'une réticence dolosive du vendeur et Antoine pour le vendeur lui opposait l'équité même, car l'acquéreur connaissait le défaut dont le bien était affecté : « *M. Marius Gratidianus, notre parent, avait vendu à C. Sergius Orata la maison qu'il avait achetée personnellement, peu d'années auparavant, à ce même Orata. Elle était frappée d'une servitude, mais, au moment de la vente, Marius ne l'avait pas dit. La question fut portée au tribunal. Crassus défendait Orata, Antoine Gratidianus. Crassus plaidait le droit : le vendeur devait répondre du défaut qu'il n'avait pas déclaré, le connaissant. Antoine plaidait l'équité : puisque ce défaut n'avait pas été ignoré de Sergius qui avait vendu cette maison, il n'y avait aucune nécessité de le déclarer et*

---

[425] Cicéron, *De offic.*, III, XVI, 66, « *Ut, cum in arce augurium augures acturi essent iussissentque T. Claudium Centumalum qui aedes in Caelio monte habebat, demoliri ea quorum altitudo officeret auspiciis, Claudius proscripsit insulam, vendidit ; emit P. Calpurnius Lanarius. Huic ab auguribus illud idem denuntiatum est. Itaque Calpurnius cum demolitus esse cognossetque Claudium aedes postea proscripsisse quam esset ab auguribus demoliri iussus, arbitrum illum adegit : quidquid sibi dare facere oporteret ex fide bona. M. Cato sententiam dixit, huius nostri Catonis pater (...) is igitur iudex ita pronuntiavit : cum in vendendo rem eam scisset et non pronuntiasset, emptori damnum praestari oportere* ».

[426] M. Marius Gratidianus était le petit-fils de M. Gratidius dont la sœur était la grand-mère de Cicéron. Cf. sur la relation entre ces deux familles, Pierre Grimal, *Cicéron*, Fayard, Paris, 1986, p.26 s.

Sergius n'avait pas été trompé qui savait la situation juridique de ce qu'il avait acheté »[427].

Pour l'auteur du *De officiis*, la bonne foi était au fondement même de l'équité, elle constituait le cœur du *ius civile* et était appelée à rayonner à la manière d'un principe supérieur du droit. Pour soutenir cet argument, Cicéron se prévalait de l'autorité de Quintus Mucius Scaevola : « *Q. Scaevola en tout cas, le grand pontife, disait qu'il y avait plus de force dans tous les jugements où l'on ajoutait ex fide bona, en vertu de la bonne foi, et il pensait que la référence à la bonne foi s'étendait très largement, qu'elle se trouvait dans les tutelles, les associations, les cessions fiduciaires, les mandats, les achats, les ventes, les locations demandées et les locations consenties qui constituent le cadre de la vie sociale ; qu'en ces affaires, c'était le fait d'un grand juge, alors surtout que dans la plupart des cas il y avait des jugements opposés, de décider ce dont il fallait que chacun répondît à chacun »*[428].

Section II - Un devoir d'information élargi aux circonstances externes du contrat

Mais, Cicéron souhaitait aller beaucoup plus loin. Pour ce dernier, le *ius civile* devait comporter une dimension morale tout particulièrement dans le domaine contractuel. L'auteur du *De officiis* voulait, en effet, inscrire le devoir de loyauté au centre des prescriptions appelées à régir les relations entre les parties à un contrat

---

[427] Cicéron, *De offic.*, III, XVI, 67, « *M. Marius Gratidianus, propinquus noster, C. Sergio Oratae vendiderat aedes eas quas ab eodem ipse paucis ante annis emerat. Eae serviebant, sed hoc in mancipio Marius non dixerat. Adducta res in iudicium est. Oratam Crassus, Gratidianum defendebat Antonius. Ius Crassus urgebat : quod vitii venditor non dixisset scien, id oportere praestari ; aequitatem Antonius : quoniam id vitium ignotum Sergio non fuisset qui illas aedes vendisset, nihil fuisse necesse dici, nec eum esse deceptum qui, id quod emerat, quo iure esset, teneret* ».

[428] Cicéron, *De offic.*, III, XVII, 70, « *Q. quidem Scaevola, pontifex maximus, summam vim esse dicebat in omnibus his arbitriis in quibus adderetur ex fide bona, fideique bonae nomen existimabat manare latissime, idque versari in tutelis, societatibus, fiduciis mandatis, rebus emptis, venditis, conductis, locatis, quibus vitae societas contineretur ; in his magni esse iudicis statuere, praesertim cum in plerisque essent iudicia contraria, quid quemque cuique praestare oporteret* ».

et cela, avant même tout pourparlers. C'est à cette occasion que Cicéron ouvrit l'une de ses plus célèbres disputes sur les obligations d'un vendeur de blé dans le contexte d'une famine sévissant dans la ville de Rhodes qui avait porté le cours des denrées à son plus haut niveau compte tenu de leur rareté.

Les faits du cas étaient les suivants : « *si par exemple un homme de bien a amené d'Alexandrie à Rhodes, une grande quantité de blé au moment, chez les Rhodiens, d'une disette et d'une famine, accompagnées d'une cherté extrême des denrées s'il sait également qu'un bon nombre de marchands ont quitté Alexandrie et s'il a vu, en cours de traversée, des navires chargés de blé, se dirigeant vers Rhodes, va-t-il le dire aux Rhodiens ou bien, grâce à son silence, va-t-il vendre son blé le plus cher possible ? Nous imaginons un sage et un homme de bien ; notre recherche porte sur la délibération et le débat de conscience de quelqu'un, qui ne va pas dissimuler la vente aux Rhodiens, s'il juge cela laid, mais qui doute que ce soit laid* »[429].

Le débat que s'apprêtait à ouvrir Cicéron était inédit. L'auteur du *De officiis* envisageait pour la première fois d'imposer au vendeur l'existence d'une obligation précontractuelle d'information.

Conformément à la tradition de la Nouvelle Académie dont Cicéron était un disciple[430], celui-ci faisait dialoguer deux philosophes stoïciens, Diogène de Babylone et Antipater afin de déterminer si cette obligation devait ou pas exister. À travers les figures de Diogène et d'Antipater, Cicéron opposait sous le nom du premier l'état du *ius civile* qui limitait le devoir d'information du vendeur aux défauts que pouvait présenter la marchandise mise en vente et à travers la personne du second, l'affirmation que le vendeur devait faire sien l'intérêt de ses acheteurs et veiller à celui-ci.

---

429 Cicéron, *De offic.*, III, XII, 50, « *si exempli gratia vir bonus Alexandrea Rhodum magnum frumenti numerum advexerit in Rhodiorum inopia et fame summaque annonae caritate, si idem sciat complures mercatores Alexandrea soluisse navesque in cursu frumento onustas petentes Rhodum viderit, dicturusne sit id Rhodiis an silentio suum quam plurimo venditurus ? Sapientem et bonum virum fingimus ; de eius deliberatione et consultatione quaerimus, qui celaturus Rhodios non sit id turpe iudicet, sed dubitet an turpe non sit* ».

430 Carlos Lévy, *Cicero Academicus* : *Recherches sur les Académiques et sur la philosophie cicéronienne*, Rome, Ecole française de Rome, Collection de l'Ecole française de Rome n°162, 1992.

Selon Antipater, le vendeur était tenu de dévoiler toutes les informations à sa disposition qui dépassaient les vices mêmes de la chose : « *Dans les cas de ce genre, autre est généralement l'avis de Diogène de Babylone, un stoïcien de grande autorité, et autre celui d'Antipater, son disciple, un homme très pénétrant. Pour Antipater, il faut tout découvrir, en sorte que l'acheteur n'ignore absolument rien que connaisse le vendeur, tandis que pour Diogène, le vendeur doit, dans la mesure où c'est déterminé par le droit civil, déclarer les défauts de la marchandise, mais pour le reste, agir sans traquenards et puisqu'il vend, vouloir vendre le mieux possible : "J'ai amené, étalé ma marchandise, je ne la vends pas plus cher que les autres, peut-être moins cher, lorsqu'il y a plus grande abondance. A qui tort est-il fait ? ". Du point de vue opposé procède le raisonnement d'Antipater : "Que dis-tu ? Alors que tu dois veiller au bien des hommes et servir la société humaine, que tu es né avec cette loi et que tu possèdes ces principes de la nature – auxquels tu dois obéir et que tu dois suivre – selon lesquels ton intérêt est l'intérêt général et inversement, l'intérêt général le tien, c'est toi qui dissimuleras aux hommes ce qui s'offre à eux comme avantage et comme ressource ? "* »[431].

Diogène qui prête sa voix dans ce dialogue au droit civil établit une distinction entre la dissimulation qui caractérise une réticence dolosive et le simple fait de se taire sur une information qui n'intéresse pas directement la marchandise vendue : « *Diogène répondra peut-être ainsi : "autre chose est de dissimuler et autre chose de taire, et moi, en ce moment, je ne te dissimule rien, si je ne te dis pas quelle est la nature des dieux, quel est le terme des biens, choses qui te profiteraient plus, une fois connues, que le bas prix du froment ; mais,*

---

[431] Cicéron, *De offic.*, III, XII, 51, 52, « *In huius modi causis aliud Diogeni Babylonio videri solet, magno et gravi stoico, aliud Antipatro, discipulo eius, homini acutissimo. Antipatro omnia patefacienda ut ne quid omnino quod venditor norit, emptor ignoret ; Diogeni venditorem, quatenus iure civili constitutum sit, dicere vitia oportere, cetera sine insidiis agere et, quoniam vendat, velle quam optime vendere : "Aduexi, exposui, vendo meum non pluris quam ceteri, fortasse etiam minoris cum maior est copia. Cui fit iniuria". Exoritur Antipatri ratio ex altera parte : "Quid ais ? Tu cum hominibus consulere debeas et servire humanae societati eaque lege natus sis et ea habeas principia naturae quibus parere et quae sequi debeas, ut utilitas tua communis sit utilitas vicissimque communis utilitas tua sit, celabis homines quid iis adsit commoditatis et copiae ?"* ».

ce n'est point tout ce qu'il t'est utile d'entendre, qu'il m'est, par le fait même obligatoire, de te dire" »[432].

La réplique d'Antipater s'inscrivait non plus dans le cadre strict du droit civil, mais dans celui plus large du droit naturel dont est issu le lien juridique et social entre les individus : « *"C'est, tout au contraire, obligatoire, si vraiment tu te souviens qu'il existe entre les hommes un lien social naturel"* »[433].

Cicéron par la bouche de Diogène excipait alors l'argument même sur lequel se fondait l'équité « attribuer à chacun ce qui lui appartient ». Diogène précisait, en effet, que ce principe resterait lettre morte si le vendeur devait se trouver dans l'obligation de tout dire à son acquéreur. Dans une telle hypothèse, il ne serait plus en mesure de tirer un bénéfice du bien mis en vente : « *"Je m'en souviens, dira-t-il, mais est-ce que par hasard ton lien social est tel que rien n'appartienne en propre à chacun ? S'il en est ainsi, on ne doit pas même vendre quelque chose, mais le donner !"* »[434].

Surenchérissant sur ces précédents arguments fondés sur le simple fait de se taire et de parvenir au gain qu'impliquait la vente d'un bien, Diogène reprenait l'exemple de la réticence dolosive en matière immobilière pour considérer que le vendeur qui par ce biais aurait fait un gain supérieur à la valeur du bien vendu n'aurait commis aucune faute contre le droit : « *"Qu'un homme de bien vende sa demeure, en raison de quelques défauts que, lui connaît, mais que tous les autres ignorent : qu'elle soit insalubre et qu'elle passe pour saine, qu'on ignore que dans toutes les chambres on voit des serpents, qu'elle ait une mauvaise charpente, qu'elle menace ruine, mais qu'en dehors du propriétaire personne ne le sache, je pose la question : si le vendeur n'a pas dit tout cela aux acheteurs et s'il a vendu sa maison beaucoup*

---

[432] Cicéron, *De offic.*, III, XII, 52, « *Respondebit Diogenes fortasse sic : "Aliud est celare, aliud tacere ; neque ego nunc te celo si tibi non dico quae natura deorum sit, qui sit finis bonorum, quae tibi plus prodessent cognita quam tritici utilitas ; sed non quidquid tibi audire utile est, idem mihi dicere necesse est"* ».

[433] Cicéron, *De offic.*, III, XII, 53, « *"Immo vero necesse est si quidem meministi esse inter homines natura coniunctam societatem"* ».

[434] Cicéron, *De offic.*, III, XII, 53, « *"Memini, inquiet ille, sed num ista societas talis est ut nihil suum cuiusque sit ? Quod si ita est, ne vendendum quidem quidquam est, sed donandum"* ».

plus cher qu'il ne pensait la vendre, est-ce que par hasard il a agi injustement ou malhonnêtement ?" »[435].

Antipater condamne sans hésitation la position adoptée par Diogène et juge qu'il s'agit bien en l'occurrence d'une erreur de l'acquéreur déterminée par le silence du vendeur ; celle-ci doit dès lors faire l'objet d'une sanction par le droit civil : « *"Oui bien sûr dit Antipater. Qu'est-ce d'autre en effet, de ne pas montrer son chemin à l'égaré – ce qui, à Athènes, est sanctionné par des malédictions publiques – si ce n'est ceci : laisser l'acheteur s'engager et par erreur tomber dans une énorme tromperie ? C'est pis encore que de ne pas montrer le chemin, car c'est induire sciemment autrui en erreur"* »[436].

Cependant, Diogène considère dans le cas du vendeur de Rhodes qu'une vente faite sans contrainte, ni manœuvre ne pouvait conduire le vendeur à aller plus loin et à devoir garantir ce qui n'avait pas été présenté comme une qualité du bien : « *Mais Diogène de dire à l'inverse : "Est-ce que par hasard il t'a contraint d'acheter, celui qui ne t'a pas même encouragé ? Lui a mis en vente, ce qui ne lui plaisait pas ; toi, tu as acheté ce qui te plaisait. Si donc ceux qui mettent en vente : "Une maison de campagne en bon état et bien construite", ne sont pas considérés comme coupables de tromperie, même si cette maison n'est ni en bon état ni construite rationnellement, encore moins considérera-t-on coupables ceux qui n'ont pas vanté leur demeure. Là où il y a jugement de l'acheteur, là, quelle tromperie du vendeur peut-il y avoir. Mais s'il est vrai que toute parole dite n'est pas à garantir, estimes-tu que ce qui n'a pas été dit doit être garanti ? Quoi de plus sot en vérité que, de la part du vendeur, de raconter les défauts de l'objet qu'il veut vendre ? Et quoi d'aussi saugrenu que si,*

[435] Cicéron, *De offic.*, III, XIII, 54, « *Vendat aedes vir bonus propter aliqua vitia quae ipse norit, ceteri ignorent, pestilentes sint et habeantur salubres, ignoretur in omnibus cubiculis apparere serpentes, male materiatae, ruinosae, sed hoc praeter dominum nemo sciat ; quaero, si haec emptoribus venditor non dixerit aedesque vendiderit pluris multo quam se venditurum putarit, num id iniuste aut improbe fecerit* ».

[436] Cicéron, *De offic.*, III, XIII, 54, « *"Ille vero, inquit Antipater. Quid est enim aliud erranti viam non monstrare – quod Athenis exsecrationibus publicis sanctum est – si hoc non est, emptorem pati ruere et per errorem in maximam fraude incurrere ? Plus etiam est quam viam non monstrare ; nam est scientem in errorem alterum inducere"* ».

sur l'ordre du propriétaire, le crieur faisait sa proclamation en ces termes : « Je vends une maison insalubre » ? »[437].

À l'issue de ce dialogue, Cicéron prenait parti pour la position d'Antipater et condamnait le silence du vendeur de Rhodes quand bien même cette information ne concernerait-elle que des circonstances externes à la marchandise. L'auteur du *De officiis* jugeait, en conséquence que le vendeur devait informer les Rhodiens de l'arrivée imminente de bateaux chargés de blés en provenance d'Alexandrie : « *Il ne me semble donc pas que, ni ce négociant en blé, de l'île de Rhodes, ni ce vendeur de sa maison, n'auraient dû dissimuler la vérité aux acheteurs. Et en effet tout ce qu'il t'arrive de taire, cela n'est pas dissimuler, mais tu dissimules lorsque tu veux, en vue de ton propre avantage, laisser ignorer ce que tu peux savoir, à ceux qu'il importe de le savoir. Or qui ne voit quelle est la nature de cette façon de dissimuler et de quel homme c'est le fait ? Assurément ce n'est pas d'un homme droit, franc, noble, juste, d'un homme de bien, mais plutôt d'un homme retors, ténébreux, rusé, trompeur, fourbe, roué, madré, subtil. N'est-il pas inutile d'attirer sur soi tant de noms de vices et de plus nombreux encore ?* »[438].

Les jurisconsultes romains n'ont pas suivi Cicéron. Mais, plusieurs siècles après le débat ouvert par l'auteur du *De officiis*, de nouvelles controverses virent le jour. Les détracteurs de l'Arpinate rejetaient farouchement l'argumentation de Cicéron. Pothier se faisait alors le défenseur des thèses soutenues dans le *De officiis*.

---

[437] Cicéron, *De offic.*, III, XIII, 55, « *Diogenes contra : "Num te emere coegit qui ne hortatus quidem est ? Ille, quod non placebat, proscripsit ; tu, quod placebat, emisti. Quod si qui proscribunt : « Villam bonam beneque aedificatam », non existimantur fefellisse etiam si illa nec bona est nec aedificata ratione, multo minus qui domum non laudarunt. Ubi enim iudicium emptoris est, ibi fraus venditoris quae potest esse ? Sin autem dictum non omne praestandum est, quod dictum non est, id praestandum putas ? Quid vero est stultius quam venditorem eius rei quam vendat, vitia narrare ? Quid autem tam absurdum quam si domini iussu ita praeco praedicet : " Domum pestilentem vendo ? "* ».

[438] Cicéron, *De offic.*, III, XIII, 57, « *Non igitur videtur nec frumentarius ille Rhodius nec hic aedium venditor celare emptores debuisse. Neque enim id est celare quidquid reticeas, sed cum, quod tu scias, id ignorare emolumenti tui causa velis eos quorum intersit id scire. Hoc autem celandi genus quale sit et cuius hominis, quis non videt ? Certe non aperti, non simplicis, non ingenui, non iusti, non viri boni, versuti potius, obscuri, astuti, fallacis, malitiosi, callidi, veteratoris, vafri. Haec tot et alia plura nonne inutile est vitiorum subire nomina ?* ».

Section III - Pothier avocat de Cicéron

L'analyse de Cicéron était en avance de plusieurs siècles sur son temps. Il faudra attendre, en effet, comme nous le verrons, les réformes des codes civils allemand et français du XXIème siècle pour voir la solution que préconisait l'auteur du *De officiis* trouver une consécration dans la législation. Ni les contemporains de Cicéron ni même les jurisconsultes romains des siècles suivants ne reprirent cette analyse. C'est seulement avec Pothier que cette opinion trouvera un écho favorable. Cependant, Pothier considérait que la position de l'auteur du *De officiis* se situait sur un plan exclusivement moral et non juridique[439].

C'était oublier que Cicéron inscrivait sa réflexion, comme nous l'avons vu, dans le cadre de l'évolution du *ius civile* en matière de réticence dolosive et que sa position qui, sans conteste, avait un fondement moral, avait aussi une portée juridique au regard du droit de son époque *de lege ferenda*.

Pothier rappelait que pour nombre d'auteurs de son temps Cicéron était allé trop loin et que sa position était à ce titre des plus critiquables. « *La plupart de ceux qui ont écrit sur le droit naturel ont regardé cette décision comme outrée. Ces auteurs pensent que la bonne foi qui doit régner dans le contrat de vente n'oblige le vendeur à autre chose qu'à faire connaître à l'acheteur la chose qu'il lui vend pour ce qu'elle est, sans lui rien dissimuler de ses défauts, et à ne la pas vendre au-delà du prix qu'elle a lors du contrat ; qu'il ne commet aucune injustice en la vendant à ce prix, quoi qu'il sache que ce prix doive de beaucoup diminuer par la suite ; qu'il n'est pas obligé de faire part à l'acheteur de la connaissance qu'il a des circonstances*

---

439 Robert-Joseph Pothier, *Œuvres de Pothier, Traité du contrat de vente selon les règles, tant du for de la conscience que du for extérieur par l'auteur du Traité des obligations*, Letellier, Garnery, Mongie, Delaunay, Nicolle, Dufresne, Paris, Lequatre, Fontainebleau, 1806, Chapitre II, Article IV, pp.140-141, « Cette question ne concerne que le for de la conscience ; car il n'est pas douteux que dans le for extérieur un acheteur n'est pas écouté à se plaindre que le vendeur ne l'a pas instruit des circonstances extrinsèques à la chose vendue, quelque intérêt qu'eût l'acheteur de les savoir. La décision de Cicéron souffre beaucoup de difficultés, même dans le for de la conscience. La plupart de ceux qui ont écrit sur le droit naturel ont regardé cette décision comme outrée ».

qui doivent causer cette diminution, l'acheteur n'ayant pas plus de droit d'exiger de lui qu'il lui fasse part de cette connaissance, que d'exiger qu'il lui fasse une autre part de son bien. S'il la lui faisait, ce serait un acte gratuit de bénéficience qu'il n'est obligé d'exercer qu'envers ceux qui sont dans le besoin. Les Rhodiens n'étaient pas dans ce cas ; ils ne manquaient que de blé, et ils avaient de l'argent pour acheter celui que ce marchand leur vendait. Le profit qu'il fait en vendant son blé au prix qu'il vaut aujourd'hui, quoiqu'il sache qu'il vaudra beaucoup moins dans peu, n'a rien d'injuste ; c'est une juste récompense de la diligence qu'il a faite pour arriver le premier, et du risque qu'il a couru de perdre sur sa marchandise si quelque accident auquel il était exposé l'eût empêché d'arriver à temps. Il n'est pas plus défendu de vendre au prix courant une marchandise sans avertir des circonstances qui doivent la faire diminuer, que de l'acheter au prix courant sans avertir des circonstances qui la doivent faire augmenter »[440].

Troplong rappelait également que Grotius avait condamné l'auteur du *De officiis* : « *Cette dernière opinion a été condamnée par Grotius*[441] *et par presque tous les publicistes et moralistes modernes. Les évènements fortuits qui peuvent amener plus tard la baisse de la marchandise ne doivent pas plus être déclarés par le vendeur que l'acheteur ne doit exprimer ceux qui doivent la faire hausser. Ce sont là des accidents extrinsèques dont les parties n'ont pas à s'informer respectivement, d'autant qu'ils sont incertains par eux-mêmes, et que le hasard peut les faire manquer* »[442].

Troplong reprenait à son compte cette condamnation dans les termes suivants : « *Qu'arriverait-il avec ces principes exagérés, que Cicéron avait sans doute puisés dans des souvenirs de l'école stoïcienne ? C'est qu'une société se trouverait privée des ressources du commerce, et qu'à force de vouloir lui inoculer des règles de morale philosophique, on la réduirait à la misère. Si un marchand ne peut profiter des circonstances qui amènent la hausse, croyez-vous qu'il fera des approvisionnements, qu'il se donnera la peine de courir*

[440] Pothier, *op. cit.*, pp.141-142.

[441] Troplong cite en note Grotius, *De iure pacis et belli*, lib. 2, c.12, n°9.

[442] Raymond-Théodore Troplong, *Le droit civil expliqué suivant l'ordre du code, De la vente ou commentaire du titre VI, Livre III du Code civil*, Société Typographique Belge AD. Warlen et Compagnie, Bruxelles, 1844, Chapitre IV, article 1625, p.201.

les mers pour vous apporter les denrées dont vous manquez, qu'il exposera sa fortune dans un négoce environné de chances de perte et dont vous retrancherez les chances de gain ? C'est ici que le mieux est l'ennemi du bien »[443].

Si la position de Cicéron était déconcertante pour Troplong c'est en raison même de sa conception de la codification. Ce tenant de l'école de l'Exégèse ne pouvait concevoir un pouvoir créateur du juge fondé sur l'équité dans le prolongement du texte de la loi. Troplong faisait prévaloir la lettre des dispositions sur l'esprit du droit civil. Pour cet auteur, désigné du nom de « Portalis du Second Empire » l'équité ne revêtait pas le rôle que lui impartissait Portalis lui-même : « *Quand la loi est claire, il faut la suivre ; quand elle est obscure, il faut en approfondir les dispositions. Si l'on manque de loi, il faut consulter l'usage ou l'équité. L'équité est le retour à la loi naturelle, dans le silence, l'opposition ou l'obscurité des lois positives* »[444].

À la décharge de Troplong, nous devons reconnaître que l'hypothèse invoquée par Cicéron n'entrait pas dans les schèmes traditionnels du droit civil. Non seulement l'analyse de Cicéron ne correspondait pas aux prescriptions du Code civil en ce domaine, mais il s'éloignait des solutions suivies par le droit civil depuis des siècles et pour tout dire depuis le droit romain lui-même. Dans le cas du marchand de Rhodes, il n'existait, en effet, ni dol ni erreur provoquée. Le champ ouvert par Cicéron s'inscrivait en amont du contrat dans une phase que nous qualifions aujourd'hui de précontractuelle. L'auteur du *De officiis* avait donné ainsi naissance à une obligation d'information élargie. Nous invoquons une obligation d'information élargie, car Cicéron faisait porter celle-ci non seulement sur une circonstance externe aux biens vendus, mais également sur un élément qui sera très longtemps rejeté par les codifications civiles, l'estimation de la valeur de la prestation.

Cependant, Pothier avait rejoint la position de Cicéron qui était conforme, selon lui, au principe de justice commutative appelé à régner sur le contrat et cela au nom même de l'équité. La réticence revêtait dès lors un caractère dolosif et bien que Pothier se soit limité en la matière à une appréciation morale, le ton et les moyens exposés par le jurisconsulte janséniste sont d'ordre juridique.

---

443 Troplong, *ibid.*
444 Portalis, *op. cit.*, *Discours préliminaire*, p.13.

Voici ce qu'écrivait Pothier après avoir rapporté la position des auteurs de l'école du droit naturel : « *Nonobstant ces raisons et ces autorités, j'aurais de la peine à excuser d'injustice le profit que retirerait un vendeur de la réticence de quelque fait qui doit causer une diminution dans le prix, lorsque cette diminution doit être très considérable, et qu'elle doit certainement arriver au bout d'un très court intervalle de temps, telle que serait la connaissance que ce marchand aurait eue qu'il y avait une flotte chargée de blé prête à entrer dans peu de jours dans le port de Rhodes, ce qui devait certainement causer une diminution considérable sur le prix du blé. Dans le contrat de vente, de même que dans tous les contrats commutatifs, l'équité veut que ce que chacune des parties donne soit l'équivalent de ce qu'elle reçoit, et que l'une des parties ne veuille pas profiter aux dépens de l'autre. Or, dans l'espèce de ce marchand qui, en dissimulant la connaissance qu'il a de ce fait, vend son blé pour le prix de cent livres le muid, qui est aujourd'hui le prix courant, ce marchand peut-il sans se faire illusion, se persuader que ce blé, qu'il sait ne devoir valoir dans deux jours que vingt livres soit l'équivalent de cent livres qu'il reçoit ? Vous direz qu'il suffit qu'au temp du contrat il vaille le prix de cent livres pour lequel il le vend. Je réponds : Une chose qui a, à la vérité, une valeur présente et momentanée de cent livres, mais qu'il sait certainement devoir être réduite dans deux jours à vingt livres, peut-être, eu égard à la connaissance qu'il a, être par lui regardée sérieusement comme véritablement équivalente à l'argent qu'il reçoit, qui vaudra toujours cent livres ? N'est-ce pas vouloir par cette réticence, profiter et s'enrichir aux dépens des acheteurs, que de leur faire, par cette réticence, acheter une chose sur laquelle il est certain qu'ils doivent dans deux jours perdre les quatre cinquièmes ?* »[445].

Ce débat ouvert par Cicéron sur la réticence dolosive à l'égard d'une circonstance extérieure au bien vendu devait se prolonger pendant plusieurs siècles et cela jusqu'aux dernières évolutions des codifications allemande et française qui viennent de consacrer la solution proposée par l'auteur du *De officiis* comme nous le verrons un peu plus loin.

Mais, les innovations des codifications allemande et française ne limitent pas leur communauté de vue avec Cicéron sur les seules

[445] R.-J. Pothier, *op. cit.*, pp.142-143.

questions de l'obligation précontractuelle d'information, de la réticence dolosive et de la bonne foi. Cicéron avait invoqué, toujours sur le fondement de l'équité naturelle, une nouvelle disposition qui fut longtemps rejetée par les codificateurs français, mais qui a fini par être adoptée lors de la dernière réforme du Code civil, l'imprévision.

Section IV - Une novation cicéronienne : l'imprévision

Nous avons vu que si Cicéron était particulièrement attaché à l'effet obligatoire des simples pactes qui constituaient l'une des grandes subdivisions de sa codification du *ius civile*, il ne le faisait pas sans réserve. En effet, l'auteur du *De officiis* avait répondu par la négative à la question « *faudrait-il toujours tenir les conventions et les promesses, qui ont été faites, comme disent les préteurs, nec vi nec dolo malo, sans violence et sans fraude ?* »[446].

Cependant, Cicéron qui développait une conception morale à l'aune de l'équité naturelle constatait qu'un acte juridique, qu'il ait été formé conformément au droit civil ou qu'il se soit agi d'une simple convention dont les conditions étaient entièrement réunies, pouvait cependant ne pas être observé par le débiteur de l'obligation en raison de certaines circonstances extérieures à l'acte lui-même.

L'hypothèse envisagée par l'auteur du *De officiis* concernait des circonstances imprévisibles qui pouvaient emporter des conséquences d'une toute particulière gravité si l'exécution de l'acte ou du pacte devait avoir lieu.

Cicéron donnait à ce titre deux exemples : « *Ainsi donc ne faut-il pas, quelquefois, accomplir les promesses et ne faut-il pas toujours rendre les dépôts. Si quelqu'un, sain d'esprit, t'avait remis une épée et, fou, te la réclamait, la rendre serait une faute, ne pas la rendre un devoir. Mais quoi ? Si celui qui t'avait remis de l'argent faisait la guerre contre la patrie, rendrais-tu le dépôt ? Non, je pense, tu agiras en effet contre la république qui doit être la plus chère affection. Il en va ainsi de beaucoup de choses qui, de leur nature, paraissent belles ;*

---

[446] Cicéron, *De offic.*, III, XXIV, 92, « *Pacta et promissa semperne servanda sint quae nec vi nec dolo malo, ut praetores solent, facta sint ?* ».

les circonstances font qu'elles ne le sont pas ; accomplissement des promesses, respect des accords, restitution des dépôts, le renversement de leur utilité fait que tout cela n'est pas beau »[447].

Certes, Cicéron n'introduisait pas à proprement parler la théorie de l'imprévision telle que nous la connaissons aujourd'hui, mais il n'en consacrait pas moins le principe. Nous retrouvons, en effet, la première condition de l'imprévision, c'est-à-dire la survenance d'un changement de circonstance imprévisible pour le débiteur de l'obligation dont la conséquence immédiate était de rendre l'exécution de la convention, sinon impossible du moins extrêmement difficile.

La différence entre Cicéron et la conception de l'imprévision consacrée aujourd'hui par le BGB, puis par le Code civil français réside avant tout sur le caractère économique de l'imprévision qui est prégnant pour le législateur moderne, tandis que chez Cicéron, l'aspect moral s'imposait et dictait la conduite du débiteur dans le cadre de l'exécution de l'obligation juridique.

De la même manière que pour la réticence dolosive, le rôle des jurisconsultes et des juges en matière d'imprévision était important. Le pouvoir d'appréciation, conféré en l'occurrence à la science juridique et aux juges, ne se limitait pas à l'interprétation de la volonté des parties, mais s'étendait aux circonstances externes à la convention. Comme nous l'avons vu, la codification du droit, pour Cicéron, consistait à formuler la règle de droit sous la forme d'un énoncé concis qui laissait la plus grande latitude aux acteurs de la vie juridique, juges et jurisconsultes, pour la mettre en oeuvre.

Cette approche est privilégiée par le BGB et le Code civil, qui en ce XXIe siècle, rejoignent la conception cicéronienne de la bonne foi et de l'imprévision. Ces notions d'origine jurisprudentielle viennent d'être intégrées au rang des dispositions majeures des deux codifications tout en laissant à la science juridique et à la jurisprudence le soin de développer le champ de leur application.

---

[447] Cicéron, *De offic.*, III, XXV, 95, « *Ergo et promissa non facienda non numquam neque semper deposita reddenda. Si gladium quis apud te sana mente deposuerit, repetat insaniens reddere peccatum sit, officum non reddere. Quid ? Si is qui apud te pecuniam deposuerit, bellum inferat patriae, reddasne depositum ? Non credo ; facies enim contra rem publicam quae debet esse carissima* ».

Chapitre III

Une récurrence de la bonne foi cicéronienne : le *Treu und Glauben* du BGB

Si Cicéron ne fut pas entendu par les jurisconsultes romains, ses préconisations, notamment dans le domaine des contrats, font aujourd'hui partie intégrante de plusieurs codifications modernes du droit civil. À ce titre, le BGB est l'une des législations les plus proches de la représentation que se faisait Cicéron du droit civil. Comme l'auteur du *De officiis*, le législateur allemand fait de la bonne foi l'arc-boutant du système juridique. Le paragraphe 242 du BGB qui renferme sous une formule lapidaire le principe de bonne foi a connu un développement jurisprudentiel hors du commun. Toute partie à un contrat en Allemagne est tenue de prendre en considération les intérêts bien compris de son cocontractant et tout abus est rigoureusement sanctionné au nom de la bonne foi. Aussi l'*exceptio doli generalis seu praesentis* joue-t-elle désormais un rôle éminent pour la protection des parties et tout particulièrement en faveur des cocontractants les plus faibles, victimes d'abus ou de tromperie. Le respect des droits de chaque partie est ainsi pleinement assuré conformément à la conception cicéronienne de la justice distributive (Section I).

Si le droit allemand ne consacre pas un devoir d'information spécifique à la charge du vendeur, il n'en développe pas moins des garanties équivalentes. Par différents biais, le législateur allemand sanctionne le silence du vendeur ou du cocontractant qui détient une information essentielle pour son partenaire. Le législateur allemand a su, à travers plusieurs prescriptions du BGB, mais toujours sous l'autorité tutélaire du paragraphe 242, sanctionner sous ses différentes formes la réticence dolosive ou le défaut d'information. Aussi, le « *Redlichkeitspflicht* » du droit allemand a-t-il instauré une obligation de loyauté, dont les effets sont l'équivalent du devoir élargi d'information proposé par Cicéron (Section II).

L'histoire de l'Allemagne, les difficultés économiques et l'instabilité monétaire auxquelles fut confronté ce pays expliquent que le BGB ait trouvé une disposition équivalente à celle que proposait Cicéron au titre de l'imprévision. À la seule exception notable des considérations économiques pour l'application de cette disposition, le mécanisme envisagé par le législateur allemand s'apparente à celui décrit par l'auteur du *De officiis*. Un changement de circonstance non prévu par les parties dans les clauses de leur contrat, mais intégré à leur volonté commune en raison de l'importance de celle-ci pour l'équilibre de l'acte juridique, l'impossibilité pour l'une des parties d'exécuter son obligation et les conséquences défavorables d'une exécution constituent les traits communs à cette jurisprudence transcrite dans le paragraphe 313 du BGB et à la mesure que proposait Cicéron (Section III).

Section I - Une consécration de l'*exceptio doli generalis seu praesentis* par le droit allemand

La codification allemande fut la première à présenter une conception voisine de la bonne foi cicéronienne. En effet, si longtemps la liberté contractuelle avait prédominé sur le principe de justice commutative dans le droit allemand, ce dernier ayant consacré en 1900 une représentation purement formelle de l'équivalence des prestations, cette position n'avait pu se prolonger à la suite des circonstances politiques et économiques que fut amenée à connaître l'Allemagne pendant l'Entre-Deux Guerres et au lendemain de la Seconde Guerre Mondiale.

Pour pallier les déséquilibres entre les prestations respectives des parties au contrat, le Tribunal d'empire fut conduit à faire une application très large du paragraphe 242 du BGB. Cette disposition sous le titre « *Prestation selon la bonne foi* » prescrivait que « *Le débiteur est tenu de fournir la prestation comme l'exige la bonne foi eu égard aux usages admis en affaires* »[448].

Sous l'influence de la doctrine allemande, l'interprétation extensive que le Tribunal d'empire donna à ce paragraphe l'amenait naturellement à recourir au principe de la bonne foi afin de corriger les résultats peu équitables survenus à l'occasion d'un acte juridique. Conformément à cette interprétation, le texte fut étendu aux créanciers

[448] Code civil allemand, traduction commentée, *Bürgerliches Gesetzbuch, BGB*, *op. cit.*, Paris, 2010, §242.

et le Tribunal d'empire invoqua la bonne foi du paragraphe 242 du BGB en tant que principe appelé à dominer toutes les stipulations des contrats de telle sorte que le juge puisse être en mesure d'« *éclairer, élargir ou compléter ou limiter la lettre* »[449] des contrats. Le principe servit aux juges pour adapter à droit constant les dispositions codifiées.

Conformément à la conception romaine, le Tribunal d'empire faisait une application très large de *l'exceptio doli generalis seu praesentis*. Comme le rappelle Arrangio Ruiz, cette *exceptio* était accordée « *chaque fois que l'exercice d'un droit par son titulaire apparaissait évidemment contraire à l'équité compte tenu des différents accords et relations entre les parties* »[450].

La jurisprudence du Tribunal d'empire s'inscrivait dans une tradition fixée par la science juridique allemande qui avait fait de l'exception de dol général une institution fondamentale du droit allemand codifié[451]. Ainsi, en 1906, Otto Wendt avait consacré une grande partie de ses travaux à cette règle au titre de la bonne foi dans le cadre du BGB promulgué six ans plus tôt[452].

Selon son analyse, il pouvait être fait obstacle à l'usage fallacieux de son droit par l'une des parties lorsque cet usage était de nature à faire croire à son cocontractant qu'il ne l'exercerait pas. Le recours ouvert au profit du contractant trompé était une figure juridique proche de l'*exceptio doli*, la *Verwirkung*, littéralement la péremption, la déchéance d'un droit[453]. La *Verwirkung* développait les effets d'une forclusion bien que les délais de prescription pour agir ne fussent en aucune façon achevés. C'est sur le fondement du paragraphe 242 du BGB que cette règle fut appliquée. Les juges allemands considéraient qu'un créancier pouvait être exclu de l'exercice de son droit de

---

[449] *Reichsgericht*, 26 mai 1914, *RGZ*, Band 85, S. 108.

[450] Vincenzo Arrangio-Ruiz, *Istituzioni di diritto romano*, Jovene, Naples, 1978, p.104.

[451] *Reichsgericht*, 29 Februar 1916, *RGZ*, Band 88, S.143.

[452] Otto Wendt, *Die exceptio doli generalis im heutigen Recht oder Treu und Glauben im Recht der Schuldverhältnisse*, in Archiv für die civilistische Praxis, Tübingen, 1906, S.259 ff.

[453] Gerhard Köbler, *Rechtsfranzösisch, Deutsch-französisches und französisch-deutsches, Rechtwörterbuch für jederman*, Verlag Franz Vahlen, München, 1998, « *Die Verwirkung (eines Rechtes) péremption (d'un droit), déchéance (d'un droit)* ».

créance pour des raisons d'équité. Les juridictions allemandes ne cessèrent jamais de se conformer à cette jurisprudence[454].

Cette interprétation de la bonne foi par la jurisprudence allemande fut renforcée par la promulgation le 23 mai 1949 de la Loi Fondamentale qui instaurait en son article 20 alinéa 1er le principe de l'Etat social[455]. Au nom de cette règle constitutionnelle, les institutions publiques et au premier rang d'entre elles l'ordre juridictionnel allemand était appelé à faire régner une plus grande justice sociale. Certes, les juges ne peuvent exercer sur le fondement de ce principe un contrôle général d'équité sur les contrats hors de l'emprise des textes du code civil, mais ils ont le devoir de sanctionner les stipulations contractuelles permettant à une partie d'abuser de sa supériorité économique et juridique au détriment de son cocontractant.

Le rôle imparti à la bonne foi dans le cadre d'une codification civile est proche de celui que Cicéron voulait faire jouer à cette notion au nom de l'équité. La jurisprudence du Tribunal constitutionnel fédéral présente une analyse du rôle du juge au regard du contrat qui était aussi celle de l'auteur du *De officiis*. Dans un arrêt du 7 février 1990, le Tribunal constitutionnel fédéral avait précisé, en effet, que « *Là où il n'y a pas équilibre approximatif des forces entre les partenaires en présence, le droit des contrats ne peut à lui seul et par ses propres moyens garantir une équivalence satisfaisante des intérêts* »[456].

Le Tribunal constitutionnel fédéral veillait avec un soin tout particulier à la stricte application de ce principe. Ainsi, un arrêt de la Cour fédérale de justice fut censuré pour avoir rejeté l'annulation d'un contrat de cautionnement souscrit par une jeune femme de vingt et un ans au profit de son père alors que celle-ci était sans ressources et

---

[454] *BundesGerichtsHof*, 7 Juli 1965, in *JZ* 1965, S.682 ; *BGH*, 29 Februar 1984 in *JZ* 1984, S.585 ; *BGH*, 6 Dezember 1988, *NJW-RR*, 1989, S.818 ; *AG Frankfurt/M*, 23 mai 1996, *NJW-RR*, 1996, S.1267.

[455] *Grundgesetz, Loi fondamentale République fédérale d'Allemagne du 23 mai 1949*, *Bundesgesetzblatt* (Journal officiel fédéral), S.1, BGBI. III 100-1, article 20 alinéa 1er « La République fédérale d'Allemagne est un Etat fédéral démocratique et social ».

[456] *BundesVerfassungsGericht*, 7 Februar 1990, Band 81, 242 ; *NJW*, 1990, S. 1470 ; 1 BvR 26/84, « *Wo es an einem annähernden Kräftegleichgewicht der Beteiligten fehlt, ist mit den Mitteln des Vertragsrechts allein kein sachgerechter Ausgleich der Interessen zu gewährleisten* ».

n'avait aucun intérêt personnel au crédit consenti à ce dernier par la banque. La Cour fédérale de justice, conformément à une interprétation formelle de la liberté contractuelle des parties, jugeait qu'il appartenait à la caution d'évaluer elle-même ses capacités financières et que son cocontractant, en l'occurrence la banque, n'avait pas à contrôler la solvabilité de cette dernière au regard de son engagement.

Le Tribunal constitutionnel fédéral considérait au contraire qu'il relevait des obligations imparties à la banque de constater « *l'infériorité structurelle* » (*strukturelle Unterlegenheit*) de la caution par rapport à sa propre puissance financière et surtout « *la charge inhabituellement élevée* » (*ungewöhnlich höhe Belastung*) à laquelle elle soumettait son cocontractant. Le Tribunal constitutionnel fédéral censurait l'arrêt de la Cour fédérale de justice sur le fondement d'une violation des principes de l'autonomie privée consacrée par l'article 2 alinéa 1er de la Loi Fondamentale[457] et l'article 20 alinéa 1er de la même Loi en application du paragraphe 242 du BGB[458].

Pour les juges allemands, agir selon le principe de la bonne foi, c'est pour tout contractant l'obligation de prendre en compte les intérêts légitimes de l'autre partie. Comme l'avait conçu l'auteur du *De officiis*, la bonne foi est au service du jurisconsulte ou du juge pour développer des solutions face à des situations juridiques que la codification n'avait pas prévu ou ne pouvait pas prévoir.

La bonne foi est aujourd'hui entre les mains du juge allemand un instrument d'une grande souplesse qui permet par son caractère concret et objectif d'apprécier le juste équilibre du contrat. Les juridictions peuvent, en effet, prendre en considération les circonstances particulières à chaque convention et apprécier la conduite du créancier et du débiteur au regard d'un modèle intangible, la conduite loyale requise d'une partie à un contrat. Aussi le juge allemand est-il appelé à rétablir, dans le cas où cette nécessité se pose, la justice commutative entre les contractants sous l'égide de la bonne foi.

---

[457] *GG*, *op. cit.*, article 2 alinéa 1er, « Chacun a droit au libre épanouissement de sa personnalité pourvu qu'il ne viole pas les droits d'autrui ni n'enfreigne l'ordre constitutionnel ou la loi morale ».
[458] *BverfG*, 19 Oktober 1993, *NJW*, S. 96 ; 1 BvR 567/89, 1994.

Section II - Une homologie : le devoir élargi d'information cicéronien et le « *Redlichkeitspflicht* » du BGB

En matière de réticence dolosive, le législateur allemand comme la jurisprudence font jouer à la bonne foi le même rôle que lui avait imparti Cicéron. Bien qu'il n'existât pas en droit allemand une obligation générale d'information dans le droit des contrats, celle-ci fut au fil des arrêts des juridictions mise à la charge du cocontractant dans des cas similaires à ceux envisagés par l'auteur du *De officiis*. Il en va notamment ainsi lorsque l'une des parties au contrat se trouvait dans l'obligation de se fier aux déclarations de son partenaire sur des aspects de l'acte qu'elle n'était pas en mesure de vérifier. La bonne foi imposait, dès lors, au contractant qui détenait l'information de parler.

Il en allait tout particulièrement ainsi pour des hypothèses proches du cas invoqué dans le *De officiis*. Nous pensons ici au vendeur de Rhodes. La jurisprudence allemande fut amenée à considérer, en effet, sur le fondement du paragraphe 123 du BGB[459] qu'il existait un comportement constitutif d'une tromperie dolosive au titre d'agissements positifs quand un vendeur faisait une affirmation, que celle-ci fut expresse ou tacite pour présenter un prix comme le montant ordinaire du bien vendu, alors que son estimation était surévaluée[460]. Cette position ne s'est pas arrêtée aux actes positifs. Le silence lui-même devait subir la même sanction.

Il importe peu pour le juge allemand que la partie à l'origine de la rétention dolosive n'ait pas cherché à s'enrichir ni qu'elle ait été animée par l'intention de nuire ou de causer un dommage particulier à son cocontractant. Les juges allemands considèrent que le silence du vendeur présente un caractère dolosif simplement parce qu'il interdit à l'acheteur de faire lui-même un choix éclairé dans l'acquisition du bien. Comme Cicéron, les juges allemands porteront leur appréciation du silence sur cet aspect particulier de la bonne foi et de la loyauté[461].

---

[459] *Code civil allemand, op. cit.*, § 123 « quiconque a été déterminé à émettre une déclaration de volonté par tromperie dolosive (…) peut annuler cette déclaration ».
[460] *Oberlandsgericht Saarbrücken*, 7 Oktober 1980, *OLGZ* 1981. S. 248.
[461] *OLG Karlsruhe*, 20 März 1992, *NJW*, 1992. S. 1144.

Toujours dans une conception similaire à celle qu'avait développée Cicéron, le silence peut être retenu contre son auteur dans la phase précontractuelle elle-même. Le droit allemand a intégré, en effet, aux dispositions du BGB avec la loi dite de modernisation du droit des obligations du 26 novembre 2001 entrée en vigueur le 1er janvier 2002[462] un paragraphe 311[463] qui est venu préciser les conditions dans lesquelles le rapport précontractuel d'obligation pouvait naître.

Comme Cicéron l'avait envisagé, cette phase précontractuelle pouvait faire l'objet d'une extension avant même l'existence de pourparlers. Rappelons, en effet, que l'auteur du *De officiis* envisageait la question dans le cas du vendeur de Rhodes antérieurement à toute négociation entre ce dernier et ses éventuels acquéreurs. De la même manière, le codificateur allemand envisage la question d'un rapport précontractuel sans que des pourparlers aient commencé, ce qui est le cas d'une personne qui entre dans un magasin sans avoir une demande précise ni le désir d'acquérir un objet en particulier et qui se contente de regarder les biens exposés.

Il existe chez Cicéron comme chez le législateur allemand une obligation particulière qui pèse sur le vendeur éventuel en vertu de sa seule qualité. Celui-ci doit inspirer une confiance particulière à laquelle il doit se tenir et cela avant même qu'une discussion ait pu commencer[464]. Cette obligation se poursuit dans la phase qui succède à la précédente et qui est entendue comme une mesure préparatoire à un contrat. Ainsi, une personne qui entre dans un magasin pour

---

[462] *Gesetz zur Modernisierung des Schuldrechts*, Bundesgesetzblatt, 2001,Teil I, Nr 61, ausgegeben am 29.11.2001, S. 3138-3185.

[463] *Code civil allemand, op. cit.*§ 311 « Obligations contractuelles et quasi-contractuelles » (1) « Sauf si la loi en dispose autrement, un contrat conclu entre les parties est nécessaire pour fonder une obligation en vertu d'un acte juridique ainsi que pour modifier le contenu d'une obligation » (2) « Un rapport d'obligation générateur d'obligations selon le § 241 al.2 naît aussi :1. de l'engagement de pourparlers ; 2. de toute mesure préparatoire à la conclusion d'un contrat, à l'occasion de laquelle l'une des parties accorde à l'autre ou lui confie, dans la perspective d'une relation contractuelle éventuelle, la possibilité d'agir sur ses droits, ses biens et ses intérêts ; 3. de contacts d'affaires analogues » (3) « Un rapport d'obligation générateur d'obligations selon le § 241 al.2 peut naître également à l'égard de personnes qui ne doivent pas devenir parties au contrat. Un tel rapport d'obligation résulte notamment de ce que le tiers inspire une confiance particulière et influence à ce titre considérablement les pourparlers et la conclusion du contrat ».

[464] *Supra* note 463, cf. l'alinéa 3 du § 311 du BGB.

effectuer l'achat d'un bien[465]. Cette confiance, cette loyauté devront avoir cours dans le cadre des pourparlers[466].

Chez Cicéron, comme chez le codificateur allemand, le rapport précontractuel est une consécration de la bonne foi en amont du contrat qui prend la forme d'une obligation de loyauté, « *Redlichkeitspflicht* » caractérisée par une obligation élargie d'information « *Informations und Aufklärungspflichten* ». Cette application de la bonne foi visée au paragraphe 242 du BGB peut trouver son pendant au niveau du contrat dans le § 241 alinéa 2 du BGB ; chaque cocontractant devant prendre en considération les intérêts de l'autre partie[467]. Cicéron n'avait pas exprimé autrement cette obligation de loyauté dans la phase précontractuelle elle-même.

Section III - Une typologie cicéronienne : l'imprévision en droit allemand

Cette typologie cicéronienne de la bonne foi se retrouve dans la conception allemande de l'imprévision. Le paragraphe 242 du BGB a permis de donner au juge allemand le pouvoir de corriger le contrat. Cette faculté laissée au juge est aujourd'hui transcrite dans le paragraphe 313 du BGB[468]. En effet, faire prévaloir la lettre du contrat en présence de circonstances qui constituent le fondement de l'acte, mais qui ont subi des changements après la souscription de celui-ci pourrait conduire à la ruine de l'un des cocontractants. Dès lors, si le partenaire de la partie lésée par le changement de circonstances

---

465 *Supra*, p. 203, note 463, cf. l'alinéa 2 du § 311 du BGB.
466 *Supra* p. 203, note 463, cf. l'alinéa 1 du § 311 du BGB.
467 *Code civil allemand, op. cit.*, § 241 (2) « Le rapport d'obligation peut selon son contenu obliger chaque partie à prendre en considération les droits, les biens et les intérêts de l'autre partie ».
468 *Code civil allemand, op. cit.*, § 313 « Si les circonstances devenues le fondement contractuel ont profondément changé après la conclusion du contrat, de sorte que les parties n'auraient pas conclu ce contrat ou l'auraient conclu avec un autre contenu, si elles avaient prévu ce changement, une adaptation dudit contrat peut être demandée, dans la mesure où son exécution tel qu'il avait été stipulé à l'origine ne peut être imposée à l'une des parties, eu égard à tous les faits de l'espèce et notamment à la répartition conventionnelle ou légale des risques ».

souhaitait se prévaloir des stipulations de l'acte, il adopterait une attitude contraire à la bonne foi.

Cette doctrine est née avec Paul Oertmann, disciple de Windscheid, qui développa une théorie de l'imprévision déjà défendue par son maître[469]. Oertmann qualifiait l'imprévision de « *Störunge der Geschäftsgrundlage* », c'est-à-dire de « *perturbation du fondement contractuel* »[470]. Pour Oertmann, cette perturbation du fondement contractuel devait s'apprécier au regard du but du contrat. Cette conception fut reçue par le Tribunal d'empire au cours de l'Entre-Deux Guerres à la suite de la crise économique qui frappait l'Allemagne et qui entraîna de profonds déséquilibres dans les contrats[471]. Le juge allemand imposait à la partie qui voulait procéder à l'exécution forcée de la convention, en présence de difficultés majeures subies par son cocontractant, la révision de l'acte sur le fondement de la bonne foi à travers le paragraphe 242 du BGB.

Si les circonstances retenues par le législateur allemand étaient de nature essentiellement économique et s'expliquaient par les conditions historiques de réception de cette règle face à l'effondrement du Reichsmark et d'une instabilité économique récurrente, notamment au lendemain de la Première Guerre Mondiale, le mécanisme mis en œuvre était identique à celui prévu par Cicéron. En effet, pour l'auteur du *De officiis* comme pour le codificateur allemand, les circonstances étaient devenues le fondement contractuel. Ces circonstances telles que le maintien de la stabilité monétaire, de la permanence des prix ou de la persistance de la législation en vigueur étaient regardées comme implicitement contenues dans la volonté commune des parties, bien que les cocontractants ne les aient à aucun moment visées dans l'acte juridique[472].

---

[469] B. Windscheid, *Die Lehre des römischen Rechts von der Voraussetzung*, Buddeus, Düsseldorf, 1850.

[470] Paul Oertmann, *Die Geschäftsgrundlage : Ein neuer Rechtsbegriff*, A. Deichert, Leipzig, 1921.

[471] *Reichsgericht*, 3 Februar 1922, *RGZ*, 103, 328, 332 ; REP. II. 640/21.

[472] Nous considérons que le débat sur le caractère objectif ou subjectif du fondement contractuel n'a pas lieu d'être ici. Certes, Oetermann et le législateur de 2001 se prononcent en faveur du caractère objectif du fondement contractuel- circonstances dont l'existence ou le maintien donnent tout son sens au contrat - dans la mesure où des circonstances ne peuvent recevoir cette qualification, que si elles ont été prises en compte par la volonté des parties lors de la conclusion du contrat. Nous retenons

Or cette circonstance chez Cicéron même si elle était interne à l'une des parties, qui avait perdu ses facultés mentales depuis la conclusion de l'acte juridique, n'en restait pas moins une circonstance externe au contrat et il allait de soi que les deux cocontractants avaient intégré à la convention de dépôt que l'épée ne serait restituée par le dépositaire que si son partenaire disposait de toute sa raison, circonstance qui existait au moment de la conclusion de l'acte.

De la même manière, la disparition de la circonstance, en l'occurrence la sanité d'esprit du déposant, constituait pour Cicéron la seconde condition, du changement profond qualifié de « *schwerwiegend* » par le droit allemand et qui était exigée pour constater la disparition du fondement contractuel. Dès lors, il était facile de démontrer que les parties n'auraient pas conclu le contrat ou ne l'auraient tout du moins pas conclu aux mêmes conditions si elles avaient pu prévoir ce changement. Cette troisième condition se retrouvait dans le *De officiis* et figure aujourd'hui dans le paragraphe 313 du BGB.

La quatrième condition présente également un aspect similaire chez Cicéron comme chez le législateur allemand ; l'exécution du contrat, comme elle a été stipulée, ne pourrait pas être imposée au cocontractant en raison même du changement de circonstance et des exigences de la bonne foi et de l'équité. Ainsi, rendre l'épée à un cocontractant qui a perdu la raison serait tout d'abord s'exposer soi-même puis les tiers à la convention à un risque avéré pour ne pas dire à un danger véritable pour leur intégrité physique.

De la même manière qu'en droit allemand, Cicéron proposait que le débiteur suspendît l'exécution de son obligation dans l'attente d'une adaptation du rapport contractuel ; cette adaptation consistant à ne pas remettre l'épée au déposant et à solliciter sa restitution auprès du représentant légal, tuteur ou curateur, du déposant.

Dans l'application du paragraphe 313 du BGB, nous retrouvons la bonne foi du paragraphe 242 du BGB qui se présente sous une forme identique à la notion exposée dans le *De officiis*. Comme chez Cicéron, la bonne foi, manifestation éminente de l'équité, était le

---

comme élément commun à la pensée de Cicéron et au droit allemand, le changement de circonstance et cela quels que puissent être les critères appelés à fonder la primauté de l'imprévision sur la force obligatoire du contrat.

moyen d'aménager pour le débiteur le mode d'exécution de son obligation et pour le créancier, la manière d'accomplir les obligations qui lui incombaient ou d'exiger l'accomplissement des droits contractés à son profit.

Mais, le droit allemand n'est plus le seul des grands droits de tradition civiliste à avoir rejoint les conceptions cicéroniennes en la matière. La France, après bien des réticences, intègre aujourd'hui dans les dispositions du Code civil des prescriptions similaires à celles que l'auteur du *De officiis* avait exposées.

Chapitre IV

Une confluence : la réforme française du droit des contrats et le concept cicéronien de bonne foi

La codification française, qui était restée très éloignée de la conception cicéronienne de la bonne foi, vient de franchir avec l'ordonnance du 10 février 2016 relative à la réforme du droit des contrats, un pas décisif en direction de la position adoptée par Cicéron. En effet, la bonne foi n'est plus aujourd'hui cantonnée en droit français aux seules limites de l'exécution des conventions, mais est appelée à devenir le principe même du contrat. La bonne foi prend désormais dans le Code civil la valeur d'un principe d'ordre public (Section I).

Pour mieux assurer la protection des droits de chaque partie et dans une conception voisine de l'argumentation exposée par Cicéron, le législateur français consacre un devoir élargi d'information qui intègre formellement la réticence dolosive au rang des dispositions du Code civil. Désormais, l'erreur, qui résulterait du silence gardé par l'une des parties, vendeur ou acquéreur, sur une information essentielle pour son cocontractant, et notamment comme le préconisait l'auteur du *De officiis* sur la valeur de la prestation, sera sanctionnée par le droit français (Section II).

Dans le prolongement de cette avancée du droit français vers une plus grande justice contractuelle, une nouvelle étape vient d'être franchie et non des moindres. En effet, à la suite du BGB, le Code civil consacre l'imprévision. Il s'agit d'une véritable révolution pour le droit français qui s'était toujours refusé à reconnaître le changement de circonstance et lui préférait l'intangibilité du principe de la force obligatoire des contrats. C'est à plusieurs siècles de distance une nouvelle reconnaissance par l'une des codifications majeures de la tradition civiliste de la nécessaire priorité de la bonne foi sur la lettre du contrat. Avec cette nouvelle disposition du Code civil, la législation française retrouve les fondements mêmes de l'équité civile dont Cicéron avait voulu consacrer le principe au sein du *ius civile* (Section III).

Section I - Un paradigme cicéronien : la bonne foi, principe directeur des contrats

Le législateur français vient de mettre ses pas dans ceux du codificateur allemand. Le 11 février 2016, l'ordonnance n°2016-131 du 10 février 2016, portant réforme du droit des contrats, du régime général et de la preuve des obligations, était appelée à régir les contrats conclus après le 1er octobre 2016. Voici deux siècles que le Code civil n'avait pas connu une modification en matière de droit des obligations. Le but de cette réforme était de « *moderniser, de simplifier, d'améliorer la lisibilité, de renforcer l'accessibilité du droit commun des contrats, du régime des obligations et du droit de la preuve, de garantir la sécurité juridique et l'efficacité des normes* »[473].

Cette réforme du droit des contrats transcrit dans les dispositions du Code civil, une conception de la bonne foi que Cicéron avait lui-même exposée pour le droit romain. Dès l'article 1104 du Code civil, la représentation d'une bonne foi étendue à la phase précontractuelle telle que l'avait envisagée l'auteur du *De officiis* est prescrite : « *Les contrats doivent être négociés, formés et exécutés de bonne foi. Cette disposition est d'ordre public* »[474].

En effet, pour la première fois en droit français, la bonne foi vient présider en amont du contrat à la fois la négociation et la formation de l'acte et non plus seulement l'exécution de la convention comme l'édictait antérieurement l'ancien article 1134 du Code civil, « *Les conventions légalement formées tiennent lieu de loi à ceux qui les ont faites. Elles ne peuvent être révoquées que de leur consentement mutuel, ou pour les causes que la loi autorise. Elles doivent être exécutées de bonne foi*[475].

Le nouvel article 1104 du Code civil est présenté comme une innovation de l'ordonnance du 10 février 2016 et comme nous le

---

[473] *Rapport au Président de la République relatif à l'ordonnance n°2016-131 du 10 février 2016 portant réforme du droit des contrats, du régime général, et de la preuve des obligations*, texte n°25, JORF du 11 février 2016.
[474] *Code civil* 2017, 116 éditions Dalloz, août 2016, article 1104, p.1237.
[475] *Code civil des Français*, *op. cit.*, Chapitre II *De l'effet des obligations,* Section Ière, *Dispositions générales*, article 1134, p.275.

verrons elle l'est à certains égards pour l'état le plus récent de notre droit, mais cette disposition est en réalité un retour aux origines mêmes du Code civil. En effet, les rédacteurs du code de 1804 avaient songé à faire de la bonne foi le principe qui devait imposer la justice commutative dans le contrat entre les parties : « *en matière civile comme en matière commerciale, il faut de la bonne foi, de la réciprocité et de l'égalité dans les contrats* »[476].

De la même manière que le codificateur allemand, le législateur français fait aujourd'hui de la bonne foi le principe général du droit des contrats. L'article 1104 transcrit, en effet, dans ses dispositions l'article 8 1°) de la loi d'habilitation du 16 février 2015 qui prescrit d'« *affirmer les principes généraux du droit des contrats tels que la bonne foi et la liberté contractuelle* »[477].

Dès lors, à la manière du paragraphe 242 du BGB qui fait de la bonne foi le principe directeur des dispositions du BGB pour tous les actes juridiques, l'article 1104 du Code civil rayonne également sur les nouvelles prescriptions du droit des contrats qui consacrent la bonne foi. La bonne foi préside ainsi à la conduite des pourparlers (article 1112 du Code civil), à la mise en œuvre de l'obligation précontractuelle d'information (article 1112-1 du Code civil), à la sanction de la réticence dolosive (article 1137 du Code civil) ou des clauses abusives (article 1171 du Code civil) et à la prise en considération de l'imprévision (article 1195 du Code civil).

Le caractère intangible du principe de bonne foi est affirmé à l'alinéa 2 de l'article 1104 qui donne à l'alinéa 1er la valeur d'une prescription d'ordre public. Comme l'avait préconisé Cicéron dans sa construction rationnelle et systématique du *ius civile*, le principe de bonne foi devait intervenir en amont de la formation du contrat. Dans l'exemple du marchand de Rhodes, l'auteur du *De officiis* se prononçait clairement en faveur d'un devoir élargi d'information alors même que les pourparlers n'avaient pas commencé. Si la réforme du

---

476 Jean-Baptiste Sirey, *Recueil général des lois et des arrêts en matière civile, criminelle, commerciale et de Droit public depuis l'avènement de Napoléon*, Tome VII, Paris, 1807, p.371.

477 *Loi n°2015-177 du 16 février 2015 relative à la modernisation et à la simplification du droit et des procédures dans les domaines de la justice et des affaires intérieures*, texte n°1, JORF, du 17 février 2015, p.2961, Titre 1er : *Dispositions relatives au droit civil*, article 8.

droit des contrats et des obligations en 2016 est venue consacrer le rôle de la bonne foi en ce domaine, il est nécessaire de préciser la partie de la réforme qui s'apparente à la solution présentée par Cicéron.

Contre toute apparence, la bonne foi est étrangère à l'article 1112-1 du Code civil qui instaure lui aussi un devoir général d'information relevant de l'ordre public : « *Celles des parties qui connaît une information dont l'importance est déterminante pour le consentement de l'autre doit l'en informer dès lors que, légitimement, cette dernière ignore cette information ou fait confiance à son cocontractant* »[478].

Cette obligation précontractuelle d'information présente, en effet un caractère autonome par rapport au devoir de bonne foi. Elle est soumise à des conditions très strictes et exclut formellement de son champ d'application l'estimation de la valeur de la prestation : « *Néanmoins, ce devoir d'information ne porte pas sur l'estimation de la valeur de la prestation* »[479]. L'alinéa 2 de l'article 1112-1 du Code civil est une transcription de la jurisprudence antérieure qui jugeait que le silence du vendeur, même professionnel, sur la valeur du bien vendu ne permettait pas à l'acquéreur d'agir en responsabilité ou nullité.

L'alinéa 3 de l'article 1112-1 prévoit que seules ont une importance déterminante « *les informations qui ont un lien direct et nécessaire avec le contenu du contrat ou la qualité des parties* ». Ces conditions sont rigoureuses. Pour reconnaître l'existence de cette obligation d'information précontractuelle, il faut tout d'abord que la partie, à qui elle est opposée, ait une connaissance effective et non plus seulement présumée de l'information. L'information doit ensuite entretenir un lien direct et nécessaire avec le contenu du contrat. Dès lors, celui qui invoquera à son profit cette obligation devra démontrer la relation entre cette information et l'objet de la prestation ou l'aptitude de la partie concernée à réaliser la prestation concernée. Cet énoncé est simplement indicatif, car le contenu du contrat est une notion qui restera à développer et qui conduira à une définition beaucoup plus précise que celle que nous avançons aujourd'hui.

---

[478] *Code civil, op. cit.*, article 1112-1, p.1246.
[479] *Code civil, ibid.*, article 1112-1, alinéa 3.

Si la charge de la preuve d'un tel défaut d'information incombe à la partie qui s'en prévaut, un manquement à cette obligation d'information ne pourra être écarté ou limité contractuellement. Il faut ajouter qu'une transgression de cette obligation d'information pourrait non seulement entraîner la nullité du contrat sur le fondement d'un vice du consentement, mais également engager la responsabilité de la partie à qui cette obligation incombait. Il s'agit de l'application du dernier alinéa de l'article 1112-1 du Code civil qui prévoit qu' « *Outre la responsabilité de celui qui en était tenu, le manquement à ce devoir d'information peut entraîner l'annulation du contrat dans les conditions prévues aux articles 1130 et suivants* »[480].

Par son caractère restrictif, cette obligation d'information s'éloigne des vues de Cicéron qui envisageait la bonne foi comme un principe général ce qui est le cas aujourd'hui du droit allemand sur le fondement du paragraphe 242 du BGB. En réalité, le devoir élargi d'information, tel que le préconisait Cicéron, se trouve dans une autre disposition du Code civil introduite par l'Ordonnance du 10 février 2016.

Section II - La consécration d'un devoir élargi d'information en droit français

La bonne foi, conforme à la conception cicéronienne, se retrouve aujourd'hui dans l'article 1137 du Code civil qui dispose que « *Le dol est le fait pour un contractant d'obtenir le consentement de l'autre par des manœuvres ou des mensonges. Constitue également un dol la dissimulation intentionnelle par l'un des contractants d'une information dont il sait le caractère déterminant pour l'autre partie* »[481]. La réticence dolosive, création de la jurisprudence, est ainsi consacrée dans le Code civil. Mais, les conditions légales font évoluer la réticence dolosive vers une conception très proche de la représentation cicéronienne.

La réticence dolosive nécessitait la preuve de la violation volontaire par une partie d'une obligation d'information dans

[480] *Code civil, op. cit.*, article 1112-1, alinéa 3, p.1246.
[481] *Code civil, op. cit.*, article 1137, p.1272.

l'intention de provoquer l'erreur chez son cocontractant. L'exigence de la violation d'une obligation d'information est abandonnée[482]. Il peut donc exister désormais une réticence dolosive en l'absence d'une obligation d'information particulière. Seul l'élément intentionnel compte. Il importe de démontrer que le contractant a sciemment dissimulé une information dont il connaissait le caractère déterminant pour l'autre partie.

Ce découplage de la réticence dolosive et de l'obligation d'information précontractuelle coïncide avec la conception qu'avait développée Cicéron dans le cas du marchand de Rhodes. En effet, comme nous l'avons vu, l'obligation d'information de l'article 1112-1 exclut formellement son application à la valeur des prestations et ne concerne que les aspects relatifs au contrat que l'autre partie pouvait « *légitimement ignorer* ».

Or ces exigences ne sont pas prescrites à l'article 1137 alinéa 2. Dans ces conditions, dès qu'une partie aura intentionnellement gardé le silence afin de provoquer l'erreur chez son cocontractant, il suffira pour l'autre partie de prouver que l'information tue était déterminante de son consentement, peu important que l'erreur fût inexcusable ou que l'erreur portât sur la valeur.

En effet, le nouvel article 1139 du Code civil dispose parallèlement que « *L'erreur qui résulte d'un dol est toujours excusable ; elle est une cause de nullité alors même qu'elle porterait sur la valeur de la simple prestation ou sur un simple motif du contrat* »[483]. Ici le réformateur du Code civil prend le contre-pied de la jurisprudence de la Cour de Cassation. En effet, dans une affaire où le rôle de l'acquéreur et du vendeur par rapport à l'information était inversé, la Première Chambre civile de la Cour de cassation avait jugé dans un sens contraire à l'analyse proposée par Cicéron.

Il s'agissait, en l'espèce, d'un acquéreur qui avait acheté aux enchères des photographies d'Edouard Baldus[484] au prix de mille euros chacune. L'acquéreur savait que le prix était sans commune mesure avec la valeur réelle de ces clichés pris par un photographe

---

[482] Olivier Deshayes, *La formation des contrats*, Revue des Contrats, 2016/Hors série, L.G.D.J., Paris, avril 2016, p.26.

[483] *Code civil, op. cit.*, article 1139, pp.1278, 1279.

[484] Edouard Baldus (1813-1889) l'un des premiers grands maîtres de la photographie du monde industriel et architectural du XIXe siècle.

des plus renommés. Le vendeur, une fois informé, avait intenté une action contre l'acquéreur pour avoir gardé le silence sur cette information dans le but de le tromper. Cependant, la Première Chambre civile considéra « *qu'aucune obligation d'information ne pesait sur l'acheteur* »[485].

De la même manière, la Troisième Chambre civile de la Cour de cassation avait jugé qu'un marchand de biens bénéficiaire d'une promesse de vente, qui lui avait été consentie sur une maison, ne pouvait se voir reprocher par le vendeur, agriculteur puis manœuvre de son état, le silence gardé sur le prix réel de l'immeuble alors que l'acquéreur connaissait celui-ci en sa qualité d'agent immobilier et de marchand de biens ; l'aliénateur ne disposait pas des informations qui lui auraient permis de connaître la valeur de son pavillon.

Pour la Troisième chambre civile, le silence de l'acquéreur ne constituait pas un manquement au devoir de loyauté, « *l'acquéreur, même professionnel, n'est pas tenu d'une obligation d'information au profit du vendeur sur la valeur du bien acquis* »[486].

Contre cette jurisprudence, les réformateurs du Code civil sont venus distinguer le défaut d'information constitutif d'un dol du manquement à l'obligation d'information qui exclut cette hypothèse dans l'article 1112-1 alinéa 2 du Code civil. Désormais, la nullité pourra être invoquée par la victime de la réticence dolosive dès lors que l'acquéreur aura une connaissance précise de la valeur réelle du bien vendu, dont il se sera abstenu de communiquer la teneur à son cocontractant et qu'il savait être déterminante de son consentement.

L'ordonnance consacre ainsi indirectement, à travers cette notion de réticence dolosive proche de la conception cicéronienne, une nouvelle obligation d'information beaucoup plus large que celle de l'article 1112-1. Le contrat pourra être annulé sur le fondement de l'article 1137 alinéa 2. Le contractant sera désormais obligé de transmettre l'information qu'il détient s'il ne veut pas s'exposer à la sanction de la nullité, quand bien même cette information porterait sur

---

485 Cour de cassation, Chambre civile I, 3 mai 2000, Bulletin civil 2000, I, n°131, p.88.

486 Cour de cassation, Chambre civile III, 17 janvier 2007, Bulletin civil 2007, III, n°5, p.3.

la valeur et quand bien même l'erreur du cocontractant serait inexcusable.

Comme le rappelait Armand Gacquy sur la position de Cicéron, « *L'équité lui paraît être le guide le plus sûr. Lorsqu'il s'agit d'interpréter un contrat, on ne doit pas, suivant la doctrine de Cicéron, s'en tenir au droit strict ; il faut, au contraire, s'attacher à la volonté des parties. Il importe peu qu'il y ait obligation légale, verbis ou litteris ; s'arrêter à la lettre de la loi, en mépriser l'esprit est indigne d'un jurisconsulte et d'un magistrat. Toutes les fois qu'il y a dol, il ne saurait y avoir d'engagement valable. Pour la vente, Cicéron adopte l'opinion stoïcienne. Le vendeur est tenu d'indiquer à l'acheteur non seulement les vices cachés de la chose vendue, mais même les vices apparents pour tout le monde, mais que l'acheteur ne voit pas : il ne doit pas profiter de l'imprudence ou de la sottise de celui-ci* »[487].

Le législateur français consacre désormais pleinement l'analyse de Cicéron. Mais, la législation française est allée beaucoup plus loin dans la proximité de ses dispositions avec les préconisations du *De officiis*.

Section III - L'avènement de l'imprévision dans le Code civil français

L'ordonnance du 10 février 2016 a introduit dans le Code civil français à l'article 1195 la conception allemande de l'imprévision. L'article 1195 du Code civil dispose, en effet, que « *Si un changement de circonstances imprévisible lors de la conclusion du contrat rend l'exécution excessivement onéreuse pour une partie qui n'avait pas accepté d'en assumer le risque, celle-ci peut demander une renégociation du contrat à son cocontractant. Elle continue à exécuter ses obligations durant la renégociation. En cas de refus ou d'échec de la renégociation, les parties peuvent convenir de la résolution du contrat, à la date et aux conditions qu'elles déterminent, ou demander d'un commun accord au juge de procéder à son adaptation. À défaut*

---

[487] A. Gacquy, *op. cit.*, p.11.

d'accord dans un délai raisonnable, le juge peut à la demande d'une partie, réviser le contrat ou y mettre fin, à la date et aux conditions qu'il fixe »[488].

Malgré l'attachement du législateur français à la force obligatoire du contrat, l'ordonnance consacre et introduit dans le Code civil la théorie de l'imprévision. Il est permis désormais à une partie au contrat de demander la renégociation de la convention à son cocontractant en présence d'un changement imprévisible de circonstance. Certes, la partie qui demande la renégociation devra continuer à exécuter ses obligations durant cette période mais, en cas de refus de son partenaire ou d'échec des discussions, les parties pourront convenir des modalités de résolution du contrat ou solliciter d'un juge, d'un commun accord ou à l'initiative d'une seule d'entre elles, la révision du contrat, voire la fin de celui-ci.

Il s'agit ici d'une véritable révolution pour le droit français. Celui-ci s'était toujours refusé à prendre en considération le changement imprévisible de circonstance qui viendrait bouleverser les prévisions des parties lorsque celui-ci entraînait une disproportion inattendue des prestations réciproques susceptibles d'être une cause d'appauvrissement pour l'un des contractants et d'enrichissement pour l'autre[489]. La force obligatoire des contrats, formulée par l'article 1134 du Code civil, était censée s'imposer non seulement aux contractants, mais aussi aux juges. En effet, au lendemain de la Révolution, le législateur était soucieux de revenir à une parfaite stabilité des relations juridiques et l'opinion se défiait de « l'arbitraire » des juges.

Cependant, au début du XIXe siècle, quelques arrêts avaient commencé à admettre la révision du contrat en se fondant sur la clause *rebus sic stantibus* (les choses demeurant en l'état). Ainsi, la Cour d'appel de Rouen avait-elle jugé dans un arrêt rendu le 9 février 1844 qu'un contrat, par lequel un entrepreneur de transport s'était engagé à assurer un service de roulage accéléré entre Paris et Rouen, pouvait être révisé par le juge compte tenu de la concurrence imprévisible du chemin de fer[490].

---

[488] *Code civil, op. cit.*, article 1195, p.1371.

[489] Pierre-Joseph Voirin, *De l'imprévision dans les rapports de droit privé*, thèse, Nancy, 1922.

[490] Cour d'appel de Rouen, 9 février 1844, D.P. 45, 2, 4.

Cependant, dès le milieu du XIXe siècle, la Cour de cassation imposait un retour au principe de la force obligatoire des contrats. Elle le fit à l'occasion de la guerre de Crimée et des répercussions subies par les conventions d'assurances à la suite d'un changement de législation en matière de recrutement militaire qu'entraînait ce conflit. Il s'agissait, en l'espèce, de jeunes conscrits qui avaient passé des contrats d'assurance les garantissant contre le risque du tirage au sort pour servir dans l'armée. Les assureurs auprès desquels ces derniers avaient souscrit leur contrat s'engageaient à fournir un remplaçant au cas où le bénéficiaire de la garantie contractuelle aurait tiré un numéro le désignant pour accomplir le service militaire.

Or, postérieurement à la conclusion de ces contrats, les charges incombant aux assureurs avaient été considérablement aggravées en raison d'une augmentation importante du contingent liée à l'imminence de la guerre de Crimée. Les assurances étaient contraintes de trouver un grand nombre de remplaçants et de les payer à un prix plus élevé qu'à l'ordinaire compte tenu des risques que pouvait faire courir le conflit à venir.

Plusieurs Cours d'appel firent droit aux demandes des compagnies d'assurance. La Cour d'appel de Douai, dans son arrêt du 3 mai 1851[491] et la Cour d'appel de Grenoble dans un arrêt du 18 août 1854[492] résilièrent les contrats sur le fondement de la force majeure. Parallèlement, la Cour d'appel de Paris dans trois arrêts du 26 mai 1854[493] et la Cour d'appel de Rouen par un arrêt du 3 juin 1854[494] retenaient le changement imprévisible de circonstance.

La Cour de cassation censura dans ses trois arrêts du 9 janvier 1856[495] et celui du 11 mars 1856[496] l'ensemble de ces décisions. La Haute juridiction jugeait d'une part, que l'augmentation du contingent n'était pas un cas de force majeure, car elle ne rendait nullement impossible l'exécution de l'obligation de l'assurance et que d'autre part, l'augmentation du contingent par une loi nouvelle ne constituait

[491] Cour d'appel de Douai, 3 mai 1851, D.P., 54, 130.
[492] Cour d'appel de Grenoble, 18 août 1854, D.P., 55, 2, 78.
[493] Cour d'appel de Paris, 26 mai 1854, trois arrêts, D.P., 54, 2, 129.
[494] Cour d'Appel de Rouen, 3 juin 1854, D.P., 54, 2, 131.
[495] Cour de cassation, Chambre civile, 9 janvier 1856, trois arrêts, D.P., 56, 1, 33.
[496] Cour de cassation, Chambre civile, 11 mars 1856, D.P., 56, 1, 100.

pas un événement imprévisible, car elle relevait du pouvoir législatif qui pouvait prendre à tout moment une telle mesure.

Le fameux arrêt « Canal de Craponne » du 6 mars 1876 ne faisait que s'inscrire dans cette jurisprudence. Dans cette affaire, des conventions passées en 1560 et 1567 avaient fixé à trois sols la redevance d'arrosage due par des propriétaires riverains du canal de Craponne à l'entreprise qui avait construit ce canal d'irrigation. Au cours du XIXe siècle, l'entreprise chargée de son exploitation faisait état de la baisse de la valeur de la monnaie et de la hausse du prix de la main d'œuvre pour demander un relèvement de la taxe fixée trois siècles plus tôt.

La Cour d'appel d'Aix-en-Provence fit droit à la demande de l'entreprise en élevant la redevance à trente centimes de 1843 à 1874, puis de soixante centimes à partir de 1874. La Cour de cassation dans son arrêt du 6 mars 1876 cassa l'arrêt de la Cour d'appel d'Aix-en-Provence au motif suivant : « *dans aucun cas, il n'appartient aux tribunaux, quelque équitable que puisse leur paraître leur décision, de prendre en considération le temps et les circonstances pour modifier les conventions des parties et substituer des clauses nouvelles à celles qui ont été librement acceptées par les contractants* »[497]. Les bouleversements économiques survenus lors de la guerre de 1914-1918 auraient pu conduire la Haute juridiction française à changer sa jurisprudence, mais la Cour de cassation continua de rejeter la théorie de l'imprévision.

Un infléchissement de cette jurisprudence a commencé à se faire jour ces dernières années. La Cour de cassation fondait ses arrêts sur différents motifs. Elle incitait les parties à renégocier le contrat en cas de modification du contexte sur le fondement non pas de la théorie de l'imprévision, mais de la bonne foi et de l'équité lorsque l'évolution des circonstances rendait l'exécution du contrat ruineux pour l'une des parties[498] ou bien lorsque l'un des cocontractants était soumis à des

[497] Cour de cassation, Chambre civile, 6 mars 1876, D.P., 76, 1, 193, note Giboulot ; S. 76, 1, 161.

[498] Cour de cassation, Chambre commerciale, 3 novembre 1992, Bull. IV, 1992, n°338, p.241 ; Cour de Cassation, Chambre Commerciale., 24 novembre 1998, Bull. IV, 1998, n°277, p.232.

difficultés sérieuses[499], voire lorsque l'économie générale du contrat était déséquilibrée par l'évolution défavorable des circonstances économiques privant ainsi de toute contrepartie réelle l'engagement souscrit par l'une des parties[500].

À la suite du droit allemand, la jurisprudence française était amenée à constater que le changement de circonstance ne pouvait plus être ignoré et que la force obligatoire du contrat devait céder en cas d'imprévision. Comme l'avait indiqué Cicéron, il ne s'agissait pas de mettre en cause le contrat, mais seulement la lettre de celui-ci lorsque la convention pouvait être préjudiciable à l'une des parties ou à l'intérêt général, « *summum ius, summa iniuria* ». Recevoir l'imprévision n'était pas contrevenir au droit, mais tout au contraire rétablir celui-ci dans son intégrité. La consécration de cette disposition dans le Code civil est un retour aux fondements de cette équité que l'auteur du *De officiis* avait voulu inscrire au sein du *ius civile*.

---

[499] Cour d'appel de Nancy, Chambre commerciale, 26 septembre 2007, R.G. n°06-02221, D.2008. 1120, note M. Boutonner et 2695, observations S. Amrani Mekki et B. Fauvarque-Cosson.

[500] Cour de cassation, Chambre commerciale, 29 juin 2010, pourvoi n°09-67.369, S.A. Soffimat c./ S.A.S. SEC, F D, observations D. Mazeaud, D. 2010, p.2481 ; observations, Th. Genicon, p.2485.

Conclusion

Très attaché à réunir ces principes qui se trouvaient répartis dans son œuvre, Cicéron avait écrit lors de l'exposition de sa méthode de définition et de division par genres et par espèces dans le *De oratore* : « *je conclurai ce propos brièvement. Soit que je puisse quelque jour réaliser un projet auquel je songe depuis longtemps ; soit qu'un autre, à mon défaut, me devançant parce que j'aurai manqué de loisir, ou se substituant à moi parce que je serai mort, s'avise de ramener tout le droit civil à un très petit nombre de genres, puis de partager chacun de ces genres en différents membres ou espèces* »[501].

Conformément au souhait qu'il exprimait, Cicéron a cherché à réaliser ce projet à travers un ouvrage qui n'est pas parvenu jusqu'à nous, le *De iure civili in artem redigendo*[502]. Jusqu'au bout, Cicéron poursuivra ce grand œuvre consistant à découvrir les principes premiers d'une science juridique véritable destinée à former l'architecture d'une codification du droit civil. Une codification qui ne se limiterait pas, contrairement aux projets d'unification du droit de Pompée ou de César, à n'être qu'une simple compilation. Cicéron avait l'ambition d'élever l'idée même de codification jusqu'au rang d'une métaphysique du droit.

Mais, d'une certaine manière, cet essai, Cicéron l'avait déjà réalisé à travers ses œuvres. Le *De oratore,* le *De legibus, le Brutus*, *l'Orator, les Topiques, la République,* le *De officiis,* le *De finibus* ou *les Philippiques* dépassent de très loin ce modeste constat que faisait Cicéron au Livre I du *De oratore* : « *En attendant, et jusqu'au moment où tous ces éléments épars seront réunis, on peut encore, même avec des observations cueillies ça et là et rassemblées de tous côtés, se pourvoir d'une connaissance très suffisante en la matière* »[503].

---

[501] Cicéron, *De orat.*, I, XLII, 190, « *nunc complectar quod proposui brevi. Si enim aut mihi facere licuerit quod iam diu cogito, aut alius quispiam aut me impedito occuparit aut mortuo effecerit, ut primum omne ius civile in genera digerat, quae perpauca sunt, deinde eorum (generum) quasi quaedam membra dispertiat* ».

[502] *Supra* p. 9 et note 1.

[503] Cicéron, *De orat.*, I, XLII, 191, « *Atque interea tamen, dum haec quae dispersa sunt coguntur, vel passim licet carpentem et conligentem undique repleri iusta iuris civilis scientia* ».

Cicéron était en avance sur son temps. Son œuvre sera mal comprise et pour tout dire oubliée par ses contemporains. Il lui faudra attendre l'épreuve de plusieurs siècles pour que ses travaux apparaissent en ce domaine comme une référence. Les auteurs de l'école du droit naturel moderne puiseront chez Cicéron sa philosophie du droit. Les rédacteurs des codes au XIXe siècle s'inspireront de sa méthode.

Révolutionnaire dans ses moyens, son projet ne l'était pas dans ses fins. Il ne s'agissait pas pour Cicéron de remplacer le *mos majorum* par les principes premiers de la loi naturelle, de substituer un droit à l'autre. Bien que sa pensée ait exercé en ce domaine une véritable influence sur les conceptions du droit naturel qui verront le jour aux XVIIe et XVIIIe siècles, il n'a jamais exprimé, comme pourront le faire les auteurs jusnaturalistes tels que Wolff et Achenwall, la volonté d'abolir les règles traditionnelles pour les remplacer par des normes nouvelles issues de la logique déductive du droit naturel.

L'ambition de Cicéron était de combattre les incertitudes, les fluctuations nées du chaos des textes et de la jurisprudence d'adapter le *ius civile* aux dimensions politiques de la puissance impériale de Rome. C'est sous la forme d'un exposé systématique, qu'il proposait l'élaboration d'un code civil afin de clarifier le fondement des lois anciennes et de dégager l'esprit du droit à l'aune de la loi naturelle. Il était impératif pour ce dernier de dissiper les contradictions accumulées au fil des siècles afin de donner un nouveau fondement au droit romain.

En ce sens, Cicéron s'approche par les quelques aspects de sa pensée, que nous venons d'entrevoir, de la méthode préconisée par Kant dans sa *Doctrine du droit* et que mettra également en œuvre Zeiller au cours de l'élaboration de l'ABGB. La loi naturelle n'est pas pour Cicéron, comme pourraient souvent le laisser supposer les traductions des textes de ses oeuvres, une source du droit, mais un simple fondement du droit, un critère destiné à s'assurer de la justesse, de la légitimité de chaque norme.

Ni l'origine du droit, ni la simple description des différents stades d'évolution de la règle n'intéressent Cicéron, car elles ne permettaient pas de rendre intelligibles les textes épars et contradictoires du droit romain. Cicéron était à la recherche de sens. Il avait cherché avec les instruments juridiques de son époque et cela bien avant Kant, à répondre à la question *quid iuris* ?

Aussi s'attachait-il à découvrir les fondements qui justifieraient et légitimeraient la règle de droit sans chercher à en expliquer la généalogie. Sa méthode était criticiste avant l'heure. Certes, nous l'avons dit, Cicéron ne disposait pas du vocabulaire, ni des concepts ni de la technique juridique sur lesquels Kant élaborera sa *Doctrine du droit*. Sa conception transcendante de la loi naturelle était directement contraire à la pensée d'Emmanuel Kant. De plus, nous avons vu la confusion que pouvaient entretenir certains passages de ses travaux sur le rôle qu'était appelée à jouer la loi naturelle dans son projet d'unification du droit.

S'agissait-il d'une source ou d'un fondement ? La lecture du *Brutus,* du *De legibus* ou du *De oratore* démontrent que Cicéron faisait de la Loi naturelle un fondement, un critère du droit. Sa démarche réflexive était destinée à clarifier le *ius* afin de découvrir les fondements rationnels du droit et justifier la juridicité de la norme. Sous la plume alerte de l'auteur du *De oratore*, du *De legibus*, du *Brutus*, de *l'Orator* et des *Topiques* se découvre une œuvre intemporelle dont les échos familiers nous rappellent que nous sommes aujourd'hui encore les héritiers de Cicéron.

Bibliographie

I - SOURCES

A. SOURCES ANCIENNES

Anonyme Rhétorique à Herennius, traduction Henri Bornecque, Librairie Garnier frères, Paris, 1932.

Aristote, *Ethique à Nicomaque*, traduction Jules Tricot, Vrin, Paris, 1959.

Aristote, *La Métaphysique d'Aristote*, Tome I, traduction Alexis Pierron et Charles Zévort, Ebrart Libraire éditeur, Joubert Libraire éditeur, Paris, 1840.

Aristote, *Politique*, traduction Jean Aubonnet, Les Belles Lettres, Paris, 1960.

Aulu-Gelle, *Les Nuits attiques*, Tome I, Livres I-IV, traduction René Marache, Les Belles Lettres, Paris, 1967.

Cicéron, *Brutus*, traduction Jules Martha, Les Belles Lettres, Paris, 1973.

Cicéron, *Cato Maior, De Senectute*, texte établi par Pierre Wuilleumier, Les Belles Lettres, Paris, 1940.

Cicéron, *Correspondance*, Tome I, traduction Léopold-Albert Constans, Les Belles Lettres, Paris, 1969.

Cicéron, *Correspondance*, Tome III, traduction Léopold-Albert Constans, Les Belles Lettres, Paris, 1936.

Cicéron, *De inventione*, traduction Guy Achard, Les Belles Lettres, Paris, 1994.

Cicéron, *De legibus*, traduction Georges de Plinval, Les Belles Lettres, Paris, 1959.

Cicéron, *De officiis*, Livre I, traduction Maurice Testard, Les Belles Lettres, Paris, 1974

Cicéron, *De officiis*, Livres II et III, traduction Maurice Testard, Les Belles Lettres, Paris, 2010.

Cicéron, *De oratore*, Livre I, traduction Edmond Courbaud, Les Belles Lettres, Paris, 1922.

Cicéron, *De oratore*, Livre II, traduction Edmond Courbaud, Les Belles Lettres, Paris, 1966.

Cicéron, *De oratore*, Livre III, traduction Henri Bornecque, Les Belles Lettres, Paris, 1930.

Cicéron, *De republica*, traduction Esther Bréguet, Les Belles Lettres, Paris, 1980.

Cicéron, *Des termes extrêmes des biens et des maux*, traduction Jules Martha, Tome I, Livres I-II, Les Belles Lettres, Paris, 1967.

Cicéron, *Discours*, *Philippiques*, V à XIV, traduction Pierre Wuilleumier, Tome XX, Les Belles Lettres, Paris, 1973.

Cicéron, *Discours*, Tome VI, *Seconde action contre Verrès*, traduction Gaston Rabaud, Les Belles Lettres, Paris, 1929.

Cicéron, *Œuvres complètes*, *De officiis*, Livre I, Charles Nisard, Firmin Didot Frères, Paris, 1864.

Cicéron, *Oeuvres complètes, Rhétorique à Herennius*, Fleury Panckoucke Ch.-L., traduction M. Delcasso, Paris, C.L.F. Panckoucke, Paris, 1835.

Cicéron, *Oeuvres complètes*, traductions Gueroult, J.N.M. de Guerle, Ch. Du Rozoir, Tome II, Bibliothèque Latine-Française, C.L.F. Panckoucke, 1837, Seconde Action contre Verrès, Livre I.

Cicéron, *Orator*, traduction Albert Yon, Les Belles Lettres, Paris, 1964.

Cicéron, *Partitiones oratoriae*, traduction Henri Bornecque, Les Belles Lettres, Paris, 1925.

Cicéron, *Pro A. Caecina*, Tome VII, traduction André Boulanger, Les Belles Lettres, Paris, 1973.

Cicéron, *Discours, Pro L. Murena*, Tome XI, traduction André Boulanger, Les Belles Lettres, Paris, 1946.

Cicéron, *Pro Q. Roscio Comodeo, Discours*, Tome I, Traduction Henri de la Ville de Mirmont, Les Belles Lettres, Paris, 1973.

Cicéron, *Topiques*, traduction Henri Bornecque, Les Belles Lettres, Paris, 1925.

Cicéron, *Traité des Lois*, Œuvres complètes traduction Charles Nisard, Firmin Didot, Frères, Paris, 1864.

Cicéron, *Rhétorique A.C. Herennius*, traduction M. Nisard, Les Belles Lettres, Firmin Didot Frères, Paris, 1869.

Gaius, *Institutes*, traduction Julien Reinach, Les Belles Lettres, Paris, 1951.

Isidore de Séville, *Etymologiae, Libro V, De legibus-De temporibus*, traduction Francisco Javier Andrés Santos, Valeriano Yarza Urquiola, Les Belles Lettres, Paris, 2013.

Leges XII tabularum in *Fontes iuris Romani antiqui*, I, Georg Bruns et Otto Gradenwitz, Tübingen, 1909.

Les cinquante livres du Digeste ou des Pandectes de l'empereur Justinien Tome sixième, Tome septième, Behmer et Lamort, Metz, Rondonneau, Paris, an XIII.

Platon, *Œuvres complètes*, Tome XII, 1ère partie, *Les Lois*, traduction par Auguste Diès, Les Belles Lettres, Paris, 1956.

Platon, *Œuvres complètes*, Tome VIII, 3ème partie, *Le Sophiste*, traduction Auguste Diès, Les Belles Lettres, Paris, 1925.

Quintilien, *Institutions oratoires*, Tome VII, traduction Jean Cousin, Les Belles Lettres, Paris, 1980.

Suétone, *Vie des douze Césars* – César-Auguste, traduction Henri Ailloud, Les Belles Lettres Paris, 2008.

B. SOURCES IMPRIMEES

Analyse des observations des Tribunaux d'Appel et du Tribunal de cassation sur le projet de Code civil, Paris, J.-B. Hérault, An X.

Boulage T.P., *Conclusion sur les lots des Douze Tables*, Delestre Boulage, Librairie de l'Ecole de Droit, Paris, 1822.

Code civil des Français, Edition originale et seule officielle, De l'imprimerie de la République, Paris, AN XII.

Corpo del diritto civile, Vol. II, *Corpus Iuris Civilis*, Francesco Foramiti, *Digestorum Con Indice Delle Istituzioni & Indice Del Digesto*, Antonelli, Venezia, 1843.

Domat J., *Les lois civiles dans leur ordre naturel*, seconde édition, Tome I, Pierre Auboüin, Paris, 1697.

Fenet P. A., *Recueil complet des travaux préparatoires du Code civil*, Paris, 1827, Tome IV.

Foucher V., *Collection des lois civiles et criminelles des Etats modernes, Code civil général de l'Empire d'Autriche traduit sur la dernière édition officielle par A. de Clerq*, Paris, 1836.

Fournel J.-F., *Analyse critique du projet de code civil*, Première partie, Garnert, Baudoin, Paris, Messidor an IX

von Gerber C.F.W., *System des Deutschen Privatsrechts, Erste Abteilung*, Iena, 1872.

Montesquieu, *Œuvres de Monsieur*, *De l'esprit des Lois*, Nourse, Londres, 1772.

Nakaz imperatritsy II, dannyi komissii o sotchinenii proekta novogo ouojenia, sous la rédaction de Nikolaï Dmitrievich Tchetchouline, Saint-Petersbourg, 1907.

Observations des Tribunaux d'Appel sur le projet de Code civil, Tome Troisième, De l'Imprimerie de la République, An X.

Portalis J.E.-M., *Discours, rapports et travaux inédits sur le Code civil*, Joubert, Paris, 1844.

Portalis J.-E. M., séance du Corps législatif, 23 frimaire An X,, 1, Archives Parisiennes, deuxième série, Tome III.

Pothier R.-J., *Œuvres de Pothier, Traités du contrat de vente selon les règles tant du for de la conscience que du for extérieur par l'auteur du Traité des obligations*, Letellier, Garnery, Mongie, Delaunay, Nicolle, Dufresne, Paris, Lequatre, Fontainebleau, 1806.

von Savigny F. C., *Das Recht des Besitzes*, 7e édition, Gerold, Wien, 1865.

Sirey J.-B., *Recueil général des lois et des arrêts en matière civile, criminelle, commerciale et de Droit public depuis l'avènement de Napoléon*, Tome VII, Paris, 1807.

Troplong R.-T., *Le droit civil expliqué suivant l'ordre du code, De la vente ou commentaire du titre VI, Livre III du Code civil*, Société Typographique Belge A.D. Warlen et Compagnie, Bruxelles, 1844.

Windscheid B. J. H., *Die Lehre des römischen Rechts von der Voraussetzung*, Buddeus, Düsseldorf, 1850.

von Zeiller F., *Das natürliche Privat-Recht*, Beck, Wien, 1819.

II – ARTICLES, CONTRIBUTIONS ET COMPTES-RENDUS

Behrends O, *Die Person oder die Sache ?*, Labeo, 44, 1998.

Bobzien S., *The development of Modus Ponens, Antiquity : from Aristotle to the 2nd Century AD,* Phronesis, Vol. 47, N°4, 2002.

Bona F., *Cicerone e i « libri iuris civilis » di Quinto Mucio Scevola, Questioni di giurisprudenza tardo-repubblicana, Atti di un Seminario, Firenze, 27-28 maggio 1983,* Milano, 1985.

Bona F., *La certezza del diritto nella giurisprudenza tardo-repubblicana, La certezza del diritto nell'esperienza giuridica romana, Atti del Convegno di Pavia, 26-27 aprile 1985,* Padova, Cedam, 1987.

Bona F., *L'ideale retorico ciceroniano ed il « ius civile in artem redigere »*, *Studia e Documenta Historiae et Iuris*, XLVI, 1980.

Bona F., *Sulla fonte di Cicero, de oratore, 1, 56, 239-240 e sulla cronologia dei « decem libelli » di P. Mucio Scevola, Studia e Documenta Historiae et Iuris*, 39, 1973.

Chazal J.-P., *Philosophie du droit et théorie du droit ou l'illusion scientifique*, Archives de philosophie du droit, XLV, Sirey, Paris, 2001.

Clavel-Lévêque M., *Les rapports esclavagistes dans l'idéologie et la pratique politique de Cicéron : leurs représentations et leur fonctionnement d'après la Correspondance des années 50-49 av. n. è.*, Actes des colloques du Groupe de recherche sur l'esclavage dans l'antiquité, Volume 6, Numéro 1, 1976.

Compte-rendus séances de l'année 1938, Académie des Inscriptions et Belles-Lettres, Bulletin de janvier-février, 82e année, n°1, Auguste Picard, Paris, 1938.

Deshayes O., *La formation des contrats*, Revue des Contrats, 2016/Hors série, L.G.D.J., Paris, avril 2016.

Ferrary J-L., *Le discours de Laelius dans le troisième livre du De republica de Cicéron*, Mélanges de l'Ecole française de Rome, Antiquité, Vol.86, N°2 , 1974.

Gaudemet J., *Tentatives de systématisation du droit à Rome*, Archives de philosophie du droit, XXXI, Sirey, Paris, 1986.

Gilardeau E., *L'ABGB de 1811, une codification kantienne de la citoyenneté*, Revue historique de droit français et étranger, vol. 89, n°3, Paris, 2011.

Gilardeau E., *Der Einfluss des Gedankengutes Kants auf das Allgemeine Bürgerliche Gesetzbuch durch Franz von Zeiller*, Zeitschrift für Rechtsvergleichung Internationales Privatrecht und Europarecht mit Euro-Info ZER, Manz, Wien, 2004.

Gilardeau E., *Une révolution kantienne des fondements du contrat social : le droit de possession dans l'ABGB, actes du colloque international pour le bicentenaire de la promulgation du Code civil autrichien à Trieste (La codificazione del diritto fra il Danubio e l'Adritatico. Per I duecento anni dall'entrata in vigore dell'ABGB) 1812-2012*, G. Giappichelli Editore, Turin, 2015.

Grenade P., *Remarques sur la théorie cicéronienne dite du "principat"*, Mélanges d'archéologie et d'histoire, volume 57, 1940.

Guarino A., *Il ius publice respondendi*, Mélanges Fernand de Vischer, Revue Internationale des Droits de l'Antiquité, Série 1, Tomes 2-5, Bruxelles, 1949.

Guzman Brito A., *Dialectica casuistica y sistematica en la jurisprudencia romana,* en Revista de Estudios Historico-Juridicos, V. Valparaiso, 1980.

Hamza G., *Cicero und der Idealtypus des iurisconsultus* « Helikon », XXII-XXVII, 1982-1987.

Heinze R., *« Cicero'Staat » als politische Tendenzschrift*, Hermes, LIX, 1924.

Humbert M., *Portalis et Justinien ou les épaules d'Enée, le Code civil, un passé, un présent, un avenir (1804-2004)*, Dalloz, Paris, 2004.

Jouanjan O., *De la vocation de notre temps pour la science du droit : modèles scientifiques et preuve de la validité des énoncés juridiques,* Revue européenne de sciences sociales, Droz, Genève, 2003.

La Pira G., *La Genesi del Sistema nella Giurisprudenza. Il Concetto di Scienza et Gli Strumenti della Costruzione Scientifica*, Bulletino dell'Istituto di Diritto Romano, Vittorio Scialoja, XLIV, (Vol. III Nuova Serie), 1936-1937.

Lévy C., *Cicero Academicus : Recherches sur les Académiques et sur la philosophie cicéronienne*, *Rome,* Ecole française de Rome, Collection de l'Ecole française de Rome, n°162, 1992.

Lévy J.-Ph., *Compte-rendu*, Revue historique de droit français et étranger, Paris, 1945.

Magdelain A., *Un aspect negligé de l'interpretatio*, Revue historique de droit français et étranger, Quatrième série, Volume 61, N°1, Paris, 1983.

Moatti Cl., *Tradition et raison chez Cicéron : L'émergence de la rationalité politique à la fin de la République romaine*, Mélanges de l'Ecole française de Rome, Antiquité, tome 100, N°1, 1988.

Osler D.J., *The Compilation of Justinian's Digest*, Zeitschrift der Savigny-Stiftung für Rechtsgeschichte, Romanistische Abteilung. Band 102, 1985.

Polay El., *Der Kodifirierungsplan des Iulius Caesar*, Iura, Rivista internazionale di diritto romano e antico, numéro 16, 1965.

Polay El., *Der Kodifikationsplan des Pompeius*, Acta Academiae Scientiarum Hungaricae, 13, 1963.

Pugliese G., « *Res corporales, res incorporales e il problema del diritto soggetivo* », AA. VV., Studi in onore di Vicenzo Arangio-Ruiz, vol. III, Jovene, Napoli, 1954.

Reitzenstein R.A., *Die Idee des Principats bei Cicero und Augustus,* Nachrichten der königlichen Gesellеschaft der Wissenschaften zu Göttingen, Göttingen, 1917.

Schmidlin B., *Der Begriff der bürgerlichen Freiheit bei Franz von Zeiller, Forschungsband Franz von Zeiller (1751-1828). Beiträge zur Geseztgebungs und Wissenschaftsgeschichte,* hrsgg. Von Walter Selb und Herbert Hofmeister, Wien, Graz und Köln, 1980.

Staerman E. M., *L'esclavage dans l'artisanat. Les familiae urbaines,* Dialogues d'histoire ancienne, Volume 2, N°1, 1976.

Stroux J., *Die griechischen Einflüsse auf die Entwicklung der römischen Rechtswissenschaft*, « Atti del Congresso Internazionale di diritto romano », Band I, Pavia, 1934.

Stroux G., *Summum ius summa injuria. Un capitolo concernente la storia della interpretatio iuris, versione dal tedesco di G. Funaioli con prefazione di S. Riccobono,* Annali del Seminario giuridico di Palermo, vol. XII, 1929.

Tilsch E., *Le Code Civil général autrichien, son origine et son développement (à l'occasion de son centenaire en 1911)*, Revue de droit international et de législation comparée, XIII, 1911.

Villey M., *L'idée du droit subjectif et les systèmes juridiques romains*, Revue historique de droit français et étranger, 24/25, Paris, 1946/1947.

Wendt O., *Die exceptio doli generalis im heutigen Recht oder Treu unf Glauben im Recht der Sculdverhältnisse*, Archiv für die civilistische Praxis, Tübingen, 1906.

Wesener G., *Dingliche und persönliche Sachenrechte – iura in re und iura ad rem, Zur Herkunft und Ausbildung dieser Unterscheidung*, Festschrift für Hubert Niederländer zum siebzigsten Geburtstag am 10. Februar 1991, Heidelberg, 1991.

Wolodkiewicz W., « *Livre préliminaire* », « *Titre préliminaire* » *dans le projet et dans le texte définitif du Code Napoléon*, Revue historique de droit français et étranger, volume 83, n°3, Paris, 2005.

Zamorani P., *Gaio e la distinzione « res corporales » « res incorporales »*, Labeo, 20, 1974.

III - OUVRAGES GENERAUX

Arrangio-Ruiz V., *Istituzioni di diritto romano*, Jovene, Naples, 1978.

Bekker E. I., *System des heutigen Pandektenrechts*, Band I, Böhlau, Weimar, 1886.

Bernardi B., *Le principe d'obligation. Sur une aporie de la modernité politique*, Collection Contextes, Editions de l'Ecole des hautes études en sciences sociales, Vrin , Paris, 2007.

Bretone M., *Techniche e ideologie dei giuristi romani*, Edizioni scientifiche italiane, Napoli, 1982.

Cannata C. A., *Histoire de la jurisprudence européenne*, I, *La jurisprudence romaine*, G. Giappichelli, Torino, 1989.

Code civil allemand, traduction Raymond Legeais, Michel Pédamon, Claude Witz, Juriscope, Dalloz, Paris, 2010.

Diderot D., *Observations sur l'Instruction de S.M.I ; aux députés pour la confection des lois (1774)*, Œuvre inédite, Librairie des Sciences Economiques et Sociales, Paris, 1921.

Dubischar R., *Über die Grundlagen der schulsystematischen Zweiteilung der Rechte in sogenannte absolute und relative. Ein dogmengeschichtlicher Beitrag zur lehre vom subjektiven Privatrecht*, Tübingen, 1961.

Ehrlich E., *Beiträge zur Theorie der Rechtsquellen*, I, Theil, *das « ius civile, ius publicum, ius privatum*, C. Heymann, Berlin, 1902.

Flossmann U., *Österreichische Privatrechtsgeschichte Dritte verbesserte Auflage Springers Kurzlehrbücher der Rechtswissenschaft*, Springer Wien New York, 1996.

Goyard-Fabre S., *La philosophie du droit de Kant*, Vrin, Paris, 1996.

de Gourmont R., *« Le style et l'art de Stendhal », Promenades littéraires*, 5e série, Mercure de France, Paris, 1913.

Grimal P., *Cicéron*, Fayard, Paris, 1986.

Hakim N., *L'autorité de la doctrine civiliste française au XIXe siècle*, Tome 381, Bibliothèque de droit privé, LGDJ, Paris, 2002.

Hofmann F., *Die Compilation der Digesten Justinians, Kritische Studien*, Pfaff, Ivo, Wien, 1900.

Jörs P., *Römische Rechtswissenschaft zur Zeit der Republik*, Berlin, Franz Vahlen, 1888.

Kant E., *Métaphysique des mœurs, Doctrine du droit,* Œuvres philosophiques, Bibliothèque de la Pléiade, Gallimard, Paris, 1986.

Kunkel W., *Herkunft und Soziale Stellung der römischen Juristen*, Graz, Wien, Köln, Bölhau, 1967.

Linke B. und Stemmler M., *Mos maiorum. Untersuchungen zu den Formen der Ientitätsstiftung und Stabilisierung in der römischen Republik*, Franz Steiner Verlag, Stuttgart, 2000.

Lloyd G.-E.-R., *Magie, raison et expérience : Origines et développement de la science grecque*, Flammarion, Paris, 1990.

Magdelain A., *Auctoritas principis*, Les Belles Lettres, Paris, 1947.

Magdelain A., *Jus respondendi*, *Jus imperium auctoritas*, Etudes de droit romain, Ecole française de Rome, Rome, 1990.

Nörr D., *Divisio und Partitio, Bemerkungen zur römischen Rechtsquellenlehre und zur antiken Wissenchaftstheorie*, Münchener Universitätsschriften, Band 4, hrsgg. Von Sten Gagnér, Arthur Kaufmann und Dieter Nörr, Berlin, 1972.

Nörr D., *Rechtskritik in der römischen Antike,* Band 77, Verlag der Bayerischen Akademie der Wissenschaften, München, 1974.

Oertmann P., *Die Geschäftsgrundlage : Ein neuer Rechtsbegriff*, A. Deichert, Leipzig, 1921.

Pugliese G., *Actio e diritto subiettivo, Pubblicazioni dell'Istituto di diritto romano dei diritti dell'Oriente mediterraneo e di storia del diritto*, A. Giuffrè, Milano, 1939.

Schiavone A., *Ius l'invention du droit en occident*, Belin, Paris, 2008.

Schulz F., *Classical Roman Law*, Oxford Clarendon Press, Oxford, 1951.

Schulz F., *History of Roman Legal Science*, Clarendon Press, Oxford, 1946.

Stroh W., *La puissance du discours. Une petite histoire de la rhétorique dans la Grèce antique et à Rome*, traduction Sylvain Blutz, Les Belles Lettres, Paris, 2010.

Stroux J., *Römische Rechtswissenschaft und Rhetorik*, Eduard Stichnote, Potsdam, 1949.

Villey M., *La formation de la pensée juridique moderne*, Cours d'histoire de la philosophie du droit, Montchrétien Paris, 1975.

Villey M., *Recherches sur la littérature didactique du droit romain (A propos d'un texte de Cicéron « De Oratore » 1-188 à 190)*, Domat Monchrestien, Paris, 1945.

Voci P., Diritto ereditario romano, A. Giuffrè, Milano, 1967.

Wieacker F., *Römische Rechtsgeschichte*, Band I, C. H. Beck, München, 1988.

Windscheid B. J. H., *Lehrbuch des Pandektenrechts*, Band I, 9ème édition, Th. Kipp, Frankfurt am Main, 1906, Aalen, 1984.

IV - THESES

Gacquy A., *Cicéron jurisconsulte*, Paris-Thorin, 1896.

Gavoille E., *Ars, étude sémantique et historique du mot latin jusqu'à l'époque cicéronienne, Thèse, Lille, 1994.*

Rech H. U., *Mos maiorum. Wesen und Wirkung der Tradition in Rom*, Dissertation, Philipps-Universität zu Marburg, 1936

Thiaucourt C., *Essai sur les traités philosophiques de Cicéron et leurs sources grecques*, Thèse, Librairie Hachette, Paris, 1885.

Voirin P-J., *De l'imprévision dans les rapports de droit privé*, thèse, Nancy, 1922.

V – JURISPRUDENCE ALLEMAGNE

AG Frankfurt/M, 23 mai 1996, *NJW-RR*, 1996.

BGH, 7 Juli 1965, *JZ* 1965.

BGH, 29 Februar 1984, *JZ*, 1984.

BGH, 6 Dezember 1988, *NJW-RR*, 1989.

BGH, 14 Oktober 1992, *NJW* 1993.

BVG, 7 Februar 1990, Band 81, *NJW*, 1 BvR 26/84, 1990.

BVG, 19 Oktober 1993, *NJW* ; 1 BvR. 567/89, 1994

OLG Saarbrücken, 7 Oktober 1980, *OlGZ*, 1981.

OLG Karlsruhe, 20 März 1992, *NJW*, 1992.

Reichsgericht, 26 mai 1914, *RGZ*, Band 85.

Reichsgericht, 29 Februar 1916, *RGZ*, Band 88.

Reichsgericht, 3 Februar 1922, *RGZ* ; REP II. 640/21.

VI – LEGISLATION ALLEMANDE

Grundgesetz, BGBI, III, 1949.

Gesetz zur Modernisierung des Schuldrechts, Bundesgesetzblatt, 2001, Teil I, Nr 61, ausgegeben am 29.11.2001.

VII – JURISPRUDENCE FRANCAISE

Cour d'appel de Rouen, 9 février 1844, Recueil périodique, Dalloz.

Cour d'appel de Douai, 3 mai 1851, Recueil périodique, Dalloz.

Cour d'appel de Paris, 26 mai 1854, Recueil périodique, Dalloz.

Cour d'appel de Rouen, 3 juin 1854, Recueil périodique, Dalloz.

Cour d'appel de Grenoble, 18 août 1854, Recueil périodique, Dalloz.

Cour de cassation, Chambre civile, 9 janvier 1856, trois arrêts, Recueil périodique, Dalloz.

Cour de cassation, Chambre civile, 11 mars 1856, Recueil périodique, Dalloz.

Cour de Cassation, Chambre civile, 6 mars 1876, Recueil périodique, Dalloz.

Cour de cassation, Chambre commerciale, 3 novembre 1992, Bulletin civil IV, 1992, n°338, p.241.

Cour de cassation, Chambre commerciale, 24 novembre 1998, Bulletin civil 1998, IV, n°277, p.232.

Cour de cassation, Chambre civile I, 3 mai 2000, Bulletin civil 2000, I, n°131, p.88.

Cour de cassation, Chambre civile III, 17 janvier 2007, Bulletin civil 2007, III, n°5, p.3.

Cour d'appel de Nancy, Chambre commerciale, 26 septembre 2007, Dalloz, 2008.

Cour de cassation, Chambre commerciale, 29 juin 2010, Dalloz, 2010.

VIII – LEGISLATION FRANCAISE

Code civil, Dalloz, Paris, août 2016.

Loi n°2015-177 du 16 février 2015 relative à la modernisation et à la simplification du droit et des procédures dans les domaines de la justice et des affaires intérieures, texte n°1, JORF du 17 février 2015.

Rapport au Président de la République relatif à l'ordonnance n°2016-131 du 10 février 2016 portant réforme du droit des contrats, du régime général et de la preuve des obligations, texte n°25, JORF du 11 février 2016.

IX - DICTIONNAIRES

Bailly A., *Dictionnaire Grec Français*, Hachette, Paris 2000.

Gaffiot F., *Dictionnaire Latin Français*, Hachette, Paris, 1934.

Köbler G., *Rechtsfranzösisch, Deutsch-französiches und französisch-deutches, Rechtwörterbuch für jederman*, Verlag Franz Vahlen, München, 1998.

Larousse de la langue française, Tome II, Librairie Larousse, Evreux, 1977.

Rey A., *Dictionnaire historique de la langue française*, Le Robert, Tome I, Paris, 2000.

TABLE DES MATIERES

Questions juridiques aux éditions L'Harmattan

Dernières parutions

EXISTE-T-IL ENCORE UN SEUL « NON BIS IN IDEM » AUJOURD'HUI ?
Sous la direction de Delphine Brach-Thiel
«Nul ne doit pouvoir être jugé et condamné deux fois à raison des mêmes faits.» Si le principe est simple, c'est précisément son interprétation par de très nombreuses juridictions - pas toujours à l'unisson - qui pose question et explique le retour de ces interrogations sur le devant de la scène aujourd'hui. L'analyse ici présentée se veut riche et féconde de la rencontre entre universitaires belges et français, entre praticiens et chercheurs, entre européanistes, internationalistes ou pénalistes.
(Coll. Comité international des pénalistes francophones, 23.50 euros, 230 p.)
ISBN : 978-2-343-11828-4, ISBN EBOOK : 978-2-14-004143-3

ESSAI SUR LA NOTION D'EXÉCUTION CONTRACTUELLE
Alvarez Isabelle
L'exécution contractuelle constitue la cause impulsive de l'établissement du contrat qui, paradoxalement, est un mécanisme trop familier pour être bien connu. Adopter une méthode d'analyse alternative permet d'esquisser une définition de cette notion juridique. Est ici proposée une approche dynamique des échanges contractualisés, orientés vers la réalisation satisfactoire de l'opération économique, démontrant que cette phase exécutoire recèle un panel étendu de perspectives. (Étude à jour de l'ordonnance n° 2016-131 du 10 février 2016 portant réforme du droit des contrats, du régime général et de la preuve des obligations).
(Coll. Logiques Juridiques, 45.00 euros, 486 p.)
ISBN : 978-2-343-12604-3, ISBN EBOOK : 978-2-14-004271-3

LES ACCORDS COLLECTIFS DE GROUPE
Théodoropoulos Alexandra - Préface de Gérard Vachet
De simple expérimentation issue de la pratique, la négociation collective de groupe est devenue un véritable niveau de négociation collective reconnue par le législateur. L'accord de groupe est désormais consacré comme une norme créatrice de droits et d'obligations entre employeurs et salariés du groupe, mais sa place dans la hiérarchie des normes n'a pas été précisée. Cette situation génère de nombreuses interrogations quant à sa portée et à ses limites.
(Coll. Logiques Juridiques, 44.00 euros, 440 p.)
ISBN : 978-2-343-12269-4, ISBN EBOOK : 978-2-14-004330-7

LA SIMPLIFICATION DU DROIT DES SOCIÉTÉS À L'AUNE DU CAS HONGKONGAIS
L'exemple des SARL et SAS
Tortellier Nathalie - Préface de Mme le professeur Catherine Barreau
Cette étude comparative puise dans les règles et mécanismes de la société fermée à risque limité hongkongaise des techniques pouvant fortement contribuer à l'assouplissement et à

la simplification du droit des sociétés. L'analyse décortique la vie des SARL et SAS et propose l'application de la méthodologie pragmatique du droit hongkongais par thèmes dans un souci d'adaptabilité du droit français. Il ressort de cette analyse comparative 80 recommandations inspirées de la société hongkongaise pour développer une société outil au service de l'entreprise, une société adaptée et adaptable aux acteurs économiques contemporains.
(Coll. Logiques Juridiques, 49.00 euros, 638 p.)
ISBN : 978-2-343-11885-7, ISBN EBOOK : 978-2-14-004220-1

LE DROIT DE L'INFORMATIQUE
4e édition (2017)
Bismuth Yves
À travers l'étude des grands thèmes du droit de l'informatique (protection des logiciels et des données, contrats informatiques, protection des libertés, gestion du risque informatique), cet ouvrage permet au lecteur d'établir lui-même un diagnostic juridique des problèmes rencontrés à l'occasion de la mise en place d'un système informatique. Il est complété par des extraits de code, une bibliographie, un index et un lexique, et est à jour des dernières lois et décrets intervenus en la matière.
(38.00 euros, 436 p.)
ISBN : 978-2-343-11527-6, ISBN EBOOK : 978-2-14-004177-8

MÉTHODE ET ASPECTS FORMELS DE LA RECHERCHE
Petit manuel à l'usage des juristes (2e édition)
Marain Gaëtan
L'ouvrage propose un apprentissage de la recherche et de son formalisme qui doit permettre aux étudiants confrontés à la rédaction d'une thèse ou d'un mémoire en droit d'aborder ce travail avec sérénité. L'auteur donne ainsi une méthode pour définir le sujet, échafauder un plan et trouver la documentation utile. Est également abordée, entre autres, la question du référencement des sources et de la citation d'auteur. Des recommandations propres à l'organisation de la soutenance et à son bon déroulement sont prodiguées. Voici un guide à même d'éclairer les premiers pas du jeune chercheur en droit.
(15.50 euros, 138 p.)
ISBN : 978-2-343-12682-1, ISBN EBOOK : 978-2-14-004300-0

LA PROCÉDURE DE LIBÉRATION CONDITIONNELLE COMME OUTIL DE GESTION DU RISQUE
Ben Gadi Amélie - Préface de Joana Falxa
La procédure d'octroi de la libération conditionnelle des longues peines témoigne d'une sévérité accrue à leur égard. En imposant une évaluation de dangerosité, le législateur a souhaité «verrouiller» la procédure. Cependant, la notion de dangerosité est très complexe à définir et ne fait l'objet d'aucune définition légale. Elle introduit la notion de gestion du risque, ouvrant le chemin vers une justice de précaution. La présente étude éclaire la problématique de la réinsertion des longues peines.
(Coll. Bibliothèques de droit, 15.00 euros, 132 p.)
ISBN : 978-2-343-11550-4, ISBN EBOOK : 978-2-14-004296-6

LETTRE À TOUS CEUX QUI PERSISTENT À VOULOIR FAIRE LEUR DROIT
Charles Thierry
Le droit court derrière la «révolution numérique». Les algorithmes nous espionnent et restreignent les libertés publiques, ils calculent les indemnités au service des compagnies d'assurances. La diminution lente et continue des services chargés de veiller à l'application du droit affaiblit et parfois anéantit l'efficacité de ces lois. L'échec de la loi Hadopi est significatif à cet égard. Le mal est en fait bien plus profond et ne date pas d'hier. Nous vivons une époque de démolition des codes établis. Si le droit est partout, en définitive il n'est nulle part...
(20.50 euros, 204 p.)
ISBN : 978-2-343-12343-1, ISBN EBOOK : 978-2-14-004306-2

FÊTE ET DROIT PUBLIC
Sous la direction d'Adrien Azarete, Elie Guerrero et Thomas Moretto
S'inscrivant dans une approche globale et élargi à tout le droit public, le présent ouvrage, issu du colloque « Fête du Droit Public », a pour objet l'étude de l'application du droit public dans la fête par les différents acteurs de cette branche du droit. De l'autorisation de la fête à sa responsabilité, en passant par son organisation, son coût et sa sécurité, le droit public est présent partout, de par l'évidente présence et implication de la puissance publique et des collectivités territoriales.
(Coll. Bibliothèques de droit, 20.00 euros, 192 p.)
ISBN : 978-2-343-11018-9, ISBN EBOOK : 978-2-14-003946-1

LA DÉMOCRATIE EN DROIT INTERNATIONAL
Étude critique sur le statut juridique de la démocratie en droit international et la légitimité de l'imposer par la force
Alshiabani Abuhamoud
En droit international, la démocratie était jusqu'à très récemment absente. Malgré les appels lancés au début du 20e siècle, celui-ci a toujours considéré la démocratie comme une idéologie dans laquelle il ne doit pas s'impliquer. Après la fin de la Guerre froide et la victoire de la démocratie libérale, la démocratie s'est renforcée au plan international. Elle a exercé une pression considérable sur le droit international pour qu'il s'adapte aux nouvelles exigences des réalités politiques. Cet ouvrage traite de ce sujet et montre le contexte dans lequel se sont développés la démocratie et le concept d'ingérence démocratique.
(Coll. Logiques Juridiques, 39.00 euros, 408 p.)
ISBN : 978-2-343-10818-6, ISBN EBOOK : 978-2-14-003833-4

LES PRINCIPES GÉNÉRAUX DANS LA JURISPRUDENCE DE L'ORGANE DE RÈGLEMENT DES DIFFÉRENDS DE L'OMC
Aydi Ghozzi Mariem - Préface de Slim Laghmani
Représentant la justice marchande, le Système de règlement des différends de l'organisation Mondiale du Commerce (OMC) est censé rendre une meilleure justice. Bien qu'il ne constitue pas une véritable juridiction, il chemine sur les traces du juge international dans la détermination et la régulation du sens du droit de cette organisation, les principes généraux devraient en constituer des instruments de moralisation et de développement. Cependant, la méthode par laquelle l'organe de règlement des différends appréhende lesdits principes mérite une attention particulière.
(Coll. Droit aujourd'hui, 37.50 euros, 368 p.)
ISBN : 978-2-343-12079-9, ISBN EBOOK : 978-2-14-004047-4

LA RESPONSABILITÉ DES ENTREPRISES MULTINATIONALES POUR LES VIOLATIONS DES DROITS DE L'HOMME EN AFRIQUE
Opportunités et défis
Belporo Christelle
La question de la responsabilité des entreprises multinationales pour les violations des droits de l'homme est d'une actualité brûlante. Alors qu'à travers le monde les scandales se multiplient, sur le continent africain, des voix s'élèvent pour dénoncer les nombreuses violations des droits internationalement protégés. Cet ouvrage évalue les réponses offertes par le droit pour l'encadrement de la responsabilité juridique des entreprises multinationales à l'aune des instruments internationaux et africains.
(Coll. Études africaines, 20.50 euros, 200 p.)
ISBN : 978-2-343-11365-4, ISBN EBOOK : 978-2-14-004005-4

CONCEPTS ET PRATIQUES PROFESSIONNELLES EN DOUANES
Origines, procédures, régimes et valeur
Bouga Boukari Dan
Ce livre explique d'abord les concepts, c'est-à-dire le vocabulaire douanier de façon à ne saisir que l'essentiel. Il expose ensuite les exigences des pratiques douanières pour tous les scénarios du

commerce international. II procède enfin à des illustrations pour une meilleure compréhension des droits et obligations des opérateurs en douane.
(Harmattan Côte-d'Ivoire, 20.00 euros, 184 p.)
ISBN : 978-2-343-11805-5, ISBN EBOOK : 978-2-14-004075-7

LE DROIT POSTMODERNE
Une introduction
Barraud Boris
Au XIXe siècle le droit a changé d'ère passant du droit moderne au droit postmoderne. Sa principale caractéristique résiderait dans le développement d'une forme de concurrence juridique entre puissances publiques et puissances privées. La révolution copernicienne de la pensée juridique serait ainsi la rupture du lien consubstantiel entre droit et État que la modernité avait noué. La société civile serait désormais au cœur du jeu juridique. Ce livre propose quelques pistes et une grille de lecture afin de comprendre le nouveau droit que la globalisation modèle.
(Coll. Droit aujourd'hui, 32.00 euros, 320 p.)
ISBN : 978-2-343-12077-5, ISBN EBOOK : 978-2-14-003633-0

LE CONSEIL DE L'EUROPE ET LES COLLECTIVITÉS TERRITORIALES
Contribution à l'étude de l'autonomie locale
Kalimeri Vasiliki
Le Conseil de l'Europe est la première organisation internationale à avoir intégré l'acteur infra-étatique dans son action. La Charte européenne de l'autonomie locale et le Cadre de référence pour la démocratie régionale ont cristallisé la conception de la notion d'autonomie locale en Europe, élargie désormais à deux niveaux : le local et le régional. Au niveau extérieur, le traité de Maastricht intègre également les collectivités locales dans la reformulation du fonctionnement de l'Europe.
(Coll. Logiques Juridiques, 49.00 euros, 664 p.)
ISBN : 978-2-343-12019-5, ISBN EBOOK : 978-2-14-003697-2

GUIDE PRATIQUE DU CAPITAL INVESTISSEMENT ET DES AIDES PUBLIQUES
Créer, développer, transmettre son entreprise
Battini Pierre - Préface d'Olivier Millet
Cet ouvrage entend démystifier le capital investissement et répondre concrètement aux questions que se posent les entrepreneurs, leur donner les clés pour être efficaces, gagner du temps et avoir plus de chances de réussir leur projet. Beaucoup d'exemples et de cas concrets sont exposés. Ce livre traite la question des fonds d'investissements et des aides publiques sous différents angles : finance et outils financiers, juridique et montage des opérations, valorisations et accompagnement.
(30.00 euros, 292 p.)
ISBN : 978-2-343-12074-4, ISBN EBOOK : 978-2-14-003636-1

ET COMMENT VONT LES ENFANTS ?
Réflexions d'un notaire sur l'évolution de la parentalité des années 60 à nos jours
Dauptain Pierre
PMA, GPA, adoption, statut du beau-parent, familles homoparentales, ces sujets sont au cœur des débats contemporains et témoignent de l'évolution de la parentalité sur les cinquante dernières années. Avec un regard impartial, l'auteur inscrit sa réflexion dans les mouvements de la société tout entière. Fidèle à la méthode qui a fait le succès de son premier essai, il nous parle de droit en termes simples pour exposer les changements que la famille a connus en cinq décennies.
(Éditions Pepper/Harmattan, 22.50 euros, 218 p.)
ISBN : 978-2-343-12076-8, ISBN EBOOK : 978-2-14-003757-3

L'HARMATTAN ITALIA
Via Degli Artisti 15; 10124 Torino
harmattan.italia@gmail.com

L'HARMATTAN HONGRIE
Könyvesbolt ; Kossuth L. u. 14-16
1053 Budapest

L'HARMATTAN KINSHASA
185, avenue Nyangwe
Commune de Lingwala
Kinshasa, R.D. Congo
(00243) 998697603 ou (00243) 999229662

L'HARMATTAN CONGO
67, av. E. P. Lumumba
Bât. – Congo Pharmacie (Bib. Nat.)
BP2874 Brazzaville
harmattan.congo@yahoo.fr

L'HARMATTAN GUINÉE
Almamya Rue KA 028, en face
du restaurant Le Cèdre
OKB agency BP 3470 Conakry
(00224) 657 20 85 08 / 664 28 91 96
harmattanguinee@yahoo.fr

L'HARMATTAN MALI
Rue 73, Porte 536, Niamakoro,
Cité Unicef, Bamako
Tél. 00 (223) 20205724 / +(223) 76378082
poudiougopaul@yahoo.fr
pp.harmattan@gmail.com

L'HARMATTAN CAMEROUN
TSINGA/FECAFOOT
BP 11486 Yaoundé
699198028/675441949
harmattancam@yahoo.com

L'HARMATTAN CÔTE D'IVOIRE
Résidence Karl / cité des arts
Abidjan-Cocody 03 BP 1588 Abidjan 03
(00225) 05 77 87 31
etien_nda@yahoo.fr

L'HARMATTAN BURKINA
Penou Achille Some
Ouagadougou
(+226) 70 26 88 27

L'HARMATTAN SÉNÉGAL
10 VDN en face Mermoz, après le pont de Fann
BP 45034 Dakar Fann
33 825 98 58 / 33 860 9858
senharmattan@gmail.com / senlibraire@gmail.com
www.harmattansenegal.com

www.ingramcontent.com/pod-product-compliance
Lightning Source LLC
LaVergne TN
LVHW011009061026
849535LV00006B/1784